Helmut Lungershausen

Neu in der Schulleitung

Helmut Lungershausen

Neu in der Schulleitung

Ein Wegweiser für den erfolgreichen Start

 Carl Link

Bibliografische Information der Deutschen Nationalbibliothek

Die Deutsche Nationalbibliothek verzeichnet diese Publikation in der Deutschen Nationalbibliografie; detaillierte bibliografische Daten sind im Internet über http://dnb.d-nb.de abrufbar.

ISBN 978-3-556-06000-1

www.wolterskluwer.de
www.schulleitung.de

Bildnachweis: Alle Rechte an den HAWU-Cartoons sind Dr. Helmut Lungerschausen (Binnen) vorbehalten.
Satz: Satz-Offizin Hümmer GmbH, Waldbüttelbrunn
Umschlagkonzeption: Martina Busch, Grafikdesign, Fürstenfeldbruck
Druck: Wilhelm & Adam, Heusenstamm

Gedruckt auf säurefreiem, alterungsbeständigem und chlorfreiem Papier

Inhalt

Neu im Amt,
noch im Besetzungsverfahren
oder bisher erst Interesse
an der Leitung einer Schule?

Dr. Helmut Lungershausen

Liebe Kolleginnen und Kollegen,

dieses Buch wendet sich gezielt an Sie und will Ihnen beim Ankommen in dem neuen Beruf Schulleiterin/Schulleiter[1] Hilfestellung leisten. Lange galt ein Schulleiter als ein etwas herausgehobener Lehrer, dem man die Verwaltung der Schule übertragen hatte. Mit der Entwicklung der Schulen zu mehr Eigenverantwortung und Teilautonomie hat sich das grundlegend geändert. Schulleiter sein ist ein Fulltimejob mit hohen Anforderungen geworden.

Ein eigenständiger Beruf

Der Allgemeine Schulleitungsverband Deutschlands (ASD) hat bereits vor Jahren formuliert: »Schulleiter und ihr Leitungsteam sind nicht Lehrkräfte mit einem erweiterten Aufgabenkreis. Schulleiter und ihr Leitungsteam üben einen neuen, eigenständigen Beruf aus.«[2] Mittlerweile gibt es verschiedene Studiengänge für die Qualifizierung zur Schulleitung und auch die Kultusministerien reagieren langsam auf die von ihnen selbstgeschaffene Veränderung. In mehreren Bundesländern sind Programme zur Schulleitungsqualifizierung (SLQ) oder Maßnahmen zur Vorbereitung auf die Amtsübernahme eingerichtet worden, auch eigene Arbeitszeitordnungen für die Schulleiter befinden sich in der Planung oder Umsetzung. Darüber hinaus wird auch erwogen, bei größeren Schulen sogenannte Verwaltungsleiter einzusetzen, welche die Schulleitungen von anspruchsvollen Verwaltungsarbeiten entlasten sollen.

Alle diese Maßnahmen müssen jedoch gegen erhebliche Widerstände durchgesetzt werden, und es dauert lange, bis sie zum Vorteil der Schulleitungen umgesetzt werden. Deshalb sind Schulleitungsmitglieder auf ein hohes Maß an Eigeninitiative angewiesen. Sie müssen immer wieder autodidaktische Wege für ihre Qualifizierung oder Fortbildung gehen und die unterschiedlichsten Unter-

---

1 Im Folgenden wird auf die Doppelbezeichnung zugunsten der kürzeren männlichen Bezeichnung aus Gründen der Lesbarkeit verzichtet. Dies bezieht sich ebenso auf Kollegen, Schüler, Lehrer etc.
2 Allgemeiner Schulleitungsverband Deutschlands (ASD): Schulleitung in Deutschland 2005. Ein Berufsbild in Weiterentwicklung. Stuttgart, Raabe 2005, S. 64.

stützungsangebote annehmen. Dieses Buch soll Ihnen ein hilfreicher Ratgeber sein.

Eine anspruchsvolle Tätigkeit

Während früher die Schulleiter ihre Hauptaufgabe darin sahen, den Unterricht zu organisieren und die Schule oder das Kollegium zu vertreten, hat sich das Aufgabenspektrum heute stark erweitert. Das Amt eines Schulleiters wird heute als Führungsposition gesehen. Schulleitungen müssen mehrere Funktionen erfüllen: Führungskraft eines Dienstleistungsbetriebes, Visionär für die Entwicklung, Chef der Organisation, Vorgesetzter der Beschäftigten, Manager von Qualitätsprozessen, Repräsentant der Schule im Außenverhältnis, Kommunikator und Moderator im Innenverhältnis, Vorsitzender von Schulgremien und Konferenzen und anderes mehr.

Die Fülle und das Gewicht der Aufgaben wirken auf den ersten Blick erdrückend und können schnell das Gefühl der Überforderung hervorrufen. Da hilft es nur, sich die folgenden Punkte ins Bewusstsein zu rufen:

- Schulleiter sein ist ein Beruf, der ein hohes Maß an Bestätigung und positiver Berufsmotivation mit sich bringen kann.
- In einem Schulleitungsteam oder -tandem lassen sich Aufgaben nach Neigung und Befähigung zuordnen, aufteilen und arbeitsteilig erledigen.
- Der wechselseitige Austausch in einem Netzwerk mit Schulleitungskollegen ermöglicht einen Erfahrungszuwachs und bringt Synergie-Effekte.
- Es gibt eine Menge von Unterstützungsmöglichkeiten: Bücher und Fachzeitschriften, Kurse und Trainingseinheiten, Coaching und Supervision.
- Das Motto »Nobody is perfect« gilt auch (und gerade) für diesen Beruf!

Es mag auch ein gewisser Trost für Sie sein, dass selbst langjährige Schulleiter immer wieder Mal das Gefühl haben, der Fülle der Aufgaben oder ganz bestimmten Anforderungen nicht gewachsen zu sein.

»Gebrauchsanweisung« für das Buch

Wenn Sie neu in der Schulleitung tätig sind, werden Sie kaum Zeit haben, umfangreiche Bücher systematisch zu lesen. Das gilt auch für »Neu in der Schulleitung«, was sie gerade in der Hand halten. Das Buch versteht sich nicht als systematischer und vollständiger Überblick, sondern als Ratgeber, Nachschlagewerk und Orientierungshilfe für die erste Phase im neuen Beruf Schulleitung. Deshalb sollten Sie die Inhaltsübersicht und das Stichwortverzeichnis nutzen, um gezielt an die Informationen und Hinweise zu kommen, die Sie jeweils benötigen.

Auf der CD, die zu dem Buch gehört, finden Sie praktische Materialien, die Sie für Ihren Gebrauch in der vorliegenden Form nutzen, aber auch verändern und umstellen können.

Trotz aller Unterstützung und Hilfe werden sie als Neuer in der Schulleitung auch immer wieder angewiesen sein auf

– eine ordentliche Portion Improvisationsvermögen,
– einen gewissen Mut zur Lücke,
– eine Menge an Gelassenheit

und den unerschütterlichen Glauben, dass eigentlich alle Beteiligten das Beste für ihre Schüler erreichen wollen.

Mit einem Zitat von Georg Christoph Lichtenberg, dem Göttinger Professor und großen Aufklärer, wünsche ich Ihnen zusammen mit den Autoren (S. 204/205) dieses Bandes alles Gute und viel Erfolg in Ihrer neuen Tätigkeit!

> *»Alles, was also der eigentlich weise Mensch tun kann, ist:*
> *Alles zu einem guten Zweck zu leiten*
> *und dennoch die Menschen zu nehmen, wie sie sind.«*

Ihr
Dr. Helmut Lungershausen

1. Den Amtsantritt bewusst gestalten

1.1 Einleitung

Sie haben es geschafft, haben sich durchgesetzt gegenüber Mitbewerbern, konnten Mitwirkungsgremien, das Kollegium und/oder die vorgesetzte Dienstbehörde von sich überzeugen. In Kürze übernehmen Sie den faszinierendsten, facettenreichsten, zeitintensivsten, herausforderndsten und befriedigendsten Job, der an einer Schule zu vergeben ist, nämlich die Leitung. Herzlichen Glückwunsch! Ihre zukünftige Wirkungsstätte kennen Sie ja schon durch Recherchen im Internet, durch Gespräche mit der jetzigen Leitung, mit der Personalvertretung, mit den Vertretungen der Schülerschaft und des Elternrats, durch eine Vorstellung auf einer Konferenz oder Dienstbesprechung und durch die intensive Lektüre des Schulprogramms.

Neue Aufgaben

Aber auch wenn Sie Ihre Hausaufgaben gründlich gemacht haben und die Schule gut kennen, vielleicht sogar das Kollegium, wenn Sie also an der bisherigen Schule bleiben und nun dort an die Spitze aufrücken, so werden Sie nur in den seltensten Fällen die Aufgaben kennen, die jetzt auf Sie zukommen. Das gilt auch dann, wenn Sie zuvor bereits Leitungsaufgaben wahrgenommen haben, sei es als stellvertretendes Schulleitungsmitglied, sei es als Leitung einer Abteilung oder eines Bildungsgangs. Sie werden erstaunt sein, wie sehr 80 Zentimeter Schreibtischtiefe Ihre Wahrnehmung grundlegend verändern, je nachdem, ob Sie vor oder hinter dem Schreibtisch sitzen. Wenn Sie vor dem Schreibtisch sitzen, haben Sie in der Regel ein Gegenüber, das sich kümmert; das Ballast abnimmt und Dinge regelt, zu dem Sie Schüler schicken können, die sich Ihren Anweisungen verweigern, Eltern, die Ihnen das Leben schwer machen und Kollegen, die sich beharrlich gemeinsamen Vereinbarungen widersetzen.

Viele Erwartungen

Jetzt haben Sie hinter sich lediglich eine Wand und vor sich ein Gegenüber voller Erwartungen. Vor dem Schreibtisch fällt es nicht schwer, Luftballons mit guten Ideen und konkreten Handlungsvorschlägen aufzupusten. Wenn diese dann platzen, ist aus Sicht des Kollegiums schnell das Gegenüber hinter dem Schreibtisch schuld. Heute freuen Sie sich über die bunten Ballons und schubsen diese über den Schreibtisch hinweg in Richtung Kollegium. Dort kommen sie dann merkwürdigerweise als Ballast an und sinken bleiern zu Boden. Vor dem Schreibtisch ist es unverfänglich, Fragezeichen zu produzieren, hinter dem Schreibtisch werden Ausrufezeichen erwartet.

✐ Arbeitshilfe: 1.1.a Selbstanalyse

Kompetenzfelder		Profil			
Organisation und Verwaltung	Zeitmanagement				
	Informationsmanagement				
	Organisationsverhalten				
Weiterentwicklung der Schule	Zukunftsorientierung				
	Diagnosefähigkeit und strategisches Denken				
	Kreativität und Innovationskraft				
Kommunikation und Kooperation	Auftreten und persönliche Wirkung				
	Gesprächsführung				
	Kooperation				
Führung	Mitarbeiterorientierung				
	Überzeugungskraft, Durchsetzungsvermögen				
	Leistungsorientierung				
	Selbstmanagement, Konfliktfähigkeit				

noch nicht genügend ausgeprägt

nur teilweise ausgeprägt

ausgeprägt

sehr ausgeprägt

Quelle: Akademie für Lehrerfortbildung und Personalführung Dillingen

Rollenwechsel

Die wenigen Beispiele mögen ausreichen, um zu verdeutlichen, welch grundlegender Rollenwechsel mit dem Amt der Schulleitung verbunden ist. Je eher Sie sich Ihrer neuen Rolle als Schulleitung bewusst werden, desto authentischer werden Sie wahrgenommen. Hilfreich ist es, auch äußerlich diesen Wechsel zu vollziehen. Wenn Sie auf dem Flur von einer unbekannten Person, zum Beispiel einem Elternteil, mit der Frage angesprochen werden, ob Sie der Schulleiter sind, dann haben Sie alles richtig gemacht. Zum wichtigen Requisit wird übrigens spätestens jetzt ein Memo, das als guter Verbündeter hilft, die Flut an Informationen, Beobachtungen, Gesprächsnotizen und Geistesblitzen zu bändigen, die tagtäglich auf Sie einströmt.

☞ Tipp:

Sie benötigen ein Memo, in dem Sie die Namen Ihrer neuen Gesprächs- und Kooperationspartner sowie weitere Informationen festhalten. Ob das eine gebundene Kladde im DINA5-Format, eine Hülle mit Karteikarten oder Ihr Smartphone ist, hängt davon ab, was Ihnen am zweckmäßigsten erscheint. Dadurch soll sichergestellt werden, dass Sie vor Gesprächen oder Terminen mit einem kurzen Blick jeweils Namen und Problem präsent haben.

Auf Sie als Schulleitung kommen immense Aufgaben zu, auch in kleinen Systemen. Die Organisation bzw. Koordination der Umsetzung der kompetenzorientierten Lehrpläne, die Vorbereitung und Durchführung von Einstellungsgesprächen, die Personalauswahl und -beurteilung, die Auswertung von bundesweiten Leistungsvergleichen, die Organisation des Ganztags, insbesondere des offenen Ganztags mit der Einbindung externer Partner, Gespräche mit allen am Schulleben Beteiligten bis hin zu Schulträger und Schulaufsicht erfordern viel Zeit – Ihre Zeit.

Die Frage, die sich heute Schulleitungen stellt, ist weniger die Frage »Was mache ich in welcher Reihenfolge?«, sondern »Was mache ich erst einmal gar nicht?«. Auch an einer Halbtagsschule werden Sie zumindest anfangs ganze Tage, viele Abende, bisweilen Samstage und etliche unterrichtsfreie Tage verbringen, die im Kollegium nur unter dem Namen »Ferien« bekannt sind. Deshalb ist es besonders wichtig, dass Sie sich an Ihrer neuen Wirkungsstätte eine Arbeitsumgebung schaffen, die Ihnen gefällt.

✐ **Arbeitshilfe: 1.1.b Neue Rolle**

Bei der Übernahme einer Schulleiterstelle an der »eigenen« Schule können z.B. folgende Fragen für Sie nützlich sein:

1. Schüler und Eltern
   - Habe ich ein besonderes Image unter Schülern oder/und Eltern?
   - Hindert es mich daran, die neue Rolle effektiv auszufüllen oder ist es eher fördernd?

2. Kollegen
   - Gab es in der Vergangenheit mit Kollegen Probleme?
   - Wie wirken sich diese aus?
   - Wie verhalte ich mich gegenüber diesen Kollegen?
   - Kann ich meinen ehemaligen Kollegen ohne Vorurteile gegenübertreten?
   - Können mir diese Kollegen Vertrauen entgegenbringen?

- Welche Freundschaftsdienste erwarten Kollegen von mir?
- Wollen mich einige Kollegen zum »Verbündeten« machen?
- Wie verhalte ich mich ihnen gegenüber?
- Was passiert, wenn ich den Wünschen, Erwartungen und Hoffnungen nicht nachkomme?
- Wechseln die Kollegen dann in das Lager der permanenten Kritiker des Schulleiters?
- Welche Ängste haben die Kollegen?

3. Öffentlichkeit
   - Werde ich die Schule nach außen gut präsentieren können oder eilt mir ein »Ruf« voraus?
   - Kann ich meine Kontakte zur Presse weiterhin nutzen oder erwarten die Medien jetzt ein anderes Verhalten?
   - Muss ich mich gegenüber den Vereinskameraden und in der Öffentlichkeit (z.B. in der Gaststätte, beim Einkaufen) anders verhalten? Was wird von mir erwartet?

4. Rollenwechsel
   - Wie kann ich meinen Rollenwechsel deutlich machen? (Verhalten, Kleidung, Teilnahme an informellen Veranstaltungen)
   - Welche Informationsgespräche führe ich mit wem?
   - Wem bereitet mein Rollenwechsel Probleme – und wie reagiere ich darauf?

Atmosphäre des Büros

Wie haben Sie die Atmosphäre empfunden, als Sie das erste Mal Ihr zukünftiges Büro betraten? Haben Sie sich spontan wohl gefühlt oder empfanden Sie das Ambiente eher kalt und unpersönlich? Oft reichen einige wenige persönliche Gegenstände, die Sie mitbringen oder die Sie in der Schule vorfinden, ein Möbelstück oder ein paar Bücher, die Sie inspirieren. An Ihrem neuen Arbeitsplatz werden Sie angenehme, aber auch schwierige Gespräche führen, »Lagebesprechungen« haben, wichtige Besucher empfangen. Richten Sie Ihr Büro so her, dass Sie jeden Tag gerne dort sind und Sie sich dort wohlfühlen.

Lage des Büros

Von der äußeren Lage her sollte Ihr Büro unbedingt an das Sekretariat angrenzen, mit einer Verbindungstür zum Sekretariat und einer Tür zum Gang. Dieser Standard ist nicht überall verständlich. Äußern Sie noch vor Ihrem offiziellen Amtsantritt sehr bestimmt diesen Anspruch und drängen Sie auf dessen Umsetzung. Beim internen Möbelrücken bitten Sie den Hausmeister um Unterstützung, aber rechnen Sie damit, dass Sie auch eigene Freunde mobilisieren müssen. Scheuen Sie sich nicht, die Schulaufsicht einzubinden, falls »Ihr« Büro anderweitig genutzt wird und sich Widerstand regt, dass Sie nun dieses Büro für sich beanspruchen. Da in der Regel sowohl der Schulträger als auch die Schulaufsicht froh sind, Sie gefunden zu haben, wird man gerne bereit sein, Sie zu Beginn Ihrer Tätigkeit besonders zu unterstützen.

Möblierung des Büros

Das gilt auch für die Möblierung, wenngleich knappe öffentliche Kassen eher auf kreative eigene Lösungen setzen. Manche Kommunen verfügen über zentrale Möbellager, aus denen man sich bedienen darf; manchmal findet man sehr brauchbare Gegenstände in abgelegenen Ecken der eigenen Schule oder man erfährt frühzeitig von der Auflösung einer Bildungseinrichtung und rettet von dort ein Sideboard, das den Bestand gut ergänzt.

☞ Tipp:

Sie werden jetzt sehr viel mehr Schreibtischarbeit zu erledigen haben als bisher. Das kann sich nachteilig auf Ihren Rücken und Ihr allgemeines Wohlbefinden auswirken. Verlagern Sie deshalb einen Teil Ihrer Arbeit an ein Stehpult. Stehpulte gibt es in sehr unterschiedlichen Ausführungen. Zu empfehlen sind verstellbare Modelle, die auch als Ablage oder Projektionstische einsetzbar sind. (Abb. aus www.schaefer-shop.de, Preis 189 €)

Nicht immer muss das Büro neu eingerichtet werden, um sich darin wohl zu fühlen. Oft reicht es aus, ein paar Möbel umzustellen oder gar wegzustellen und ein paar persönliche Stücke hinzuzustellen. Vielleicht gibt es bei Ihnen vor Ort die Möglichkeit, aus dem städtischen Museum Bilder als Leihgabe in Ihr Büro zu hängen. Auch Ergebnisse des Kunstunterrichts, wie Collagen und Zeichnungen und Werke ehemaliger Schülerinnen und Schülern, die Sie in der Schule finden, können eine Wand bereichern.

Noch einfacher ist das Anbringen einer großen gespannten weißen Leinwand, die Sie kaum erkennbar in kleine Quadrate unterteilen. Bitten Sie Kollegen, Eltern, Schüler, die Sekretärin, den Hausmeister u.a.m. sich der daneben liegenden Pinsel samt Farbe zu bedienen und jeweils ein kleines Quadrat zu gestalten. Auf diese Weise wächst die Wanddekoration allmählich zu einem kollektiven, aber sehr persönlichen Kunstwerk heran.

Mit Beginn Ihrer Tätigkeit als Schulleitung sollte Ihr Arbeitsplatz entsprechend Ihren Vorgaben gestaltet und mit persönlichen Akzenten versehen sein. Dann können Sie nicht nur diesen Punkt auf Ihrer To-do-Liste als erledigt abhaken und sich voll dem Alltagsgeschäft widmen. Bedeutsamer ist, dass für alle am

Schulleben Beteiligten deutlich wird (und werden soll), dass nicht nur das Namensschild neben der Türe zur Schulleitung ausgewechselt wurde, sondern neue Akzente gesetzt wurden, die weitere Veränderungen erwarten lassen.

☞ Tipp:

Beachten Sie bei Gestaltungswünschen den Gesamtzustand der Schule, insbesondere des Lehrerzimmers. Wenn die ganze Schule dringend renovierungsbedürftig aussieht und nur das Zimmer der Schulleitung top eingerichtet ist, wird der hierarchische Abstand durch den optischen Eindruck vertieft. Erstellen Sie in diesem Fall ein Gesamtkonzept zur schrittweisen Renovierung der Räume.

✐ Arbeitshilfe: 1.1.c Checkliste Büroeinrichtung

	vorhanden	ausreichend	Änderungs-bedarf
Lage des Büros			
zentral in der Schule und zum Lehrerzimmer			
eigener Eingang			
nur erreichbar über Sekretariat			
Ausschilderung			
Büroeinrichtung			
ausreichend großer Schreibtisch			
Lichtverhältnisse			
Schrank			
Schreibtischlampe ausreichend			
ergonomischer Stuhl			
Waschbecken, evtl. im Schrank			
Liegemöglichkeit			
Grünpflanzen			
Bilder			
Besprechungsmöglichkeit			
Besprechungstisch (rund)			
erweiterbar durch Zustelltisch			

	vorhanden	ausreichend	Änderungs-bedarf
Stühle			
Technische Einrichtung			
Stromanschlüsse			
Telefonanlage			
PC – modern genug für meine Bedürfnisse			
Notebook (für Präsentationen)			
Vernetzung der Computer in der Verwaltung			
vorhandene Software			
Scanner			
Bildschirmgröße und -art			
Maus			
Internetzugang, Schnelligkeit, Flatrate			
Stellmöglichkeit für Beamer			
Projektionsflächen			
Flipchart			
Pinnwand			
Ablage- und Aufbewahrungsmöglichkeiten			
Sideboards			
abschließbarer Aktenschrank			
Hängeregister			
Garderobe, evtl. im Wandschrank			
fahrbarer Bürocontainer			
Ablagekörbe (Posteingang, Postausgang)			

1.2 Die ersten Kontakte

Vom ersten Tag an werden Lehrkräfte, Schülerinnen und Schüler, bisweilen Eltern und weitere Besucher bei Ihnen anklopfen. Ihre Unterstützung, Ihre Entscheidung, Ihr Rat, Ihr Eingreifen oder einfach Ihre Unterschrift sind gefragt.

Es ist wichtig für das Kollegium, aber auch für die Schülerinnen und Schüler, zu wissen, wann Sie zu erreichen sind. Am einfachsten ist es, wenn Sie Ihren aktuellen Stundenplan und ggf. feste Termine außen an oder neben Ihre Tür aushängen, praktischerweise in einer Prospekthülle, so dass Sie die Schilder schnell austauschen können. Sollten Sie ganztägig außer Hauses sein (oder halbe Tage), so machen Sie auch dies publik.

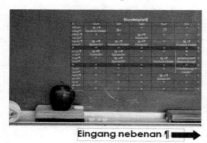

Abb. 1: Stundenplan der Schulleitung   Abb. 2: Abwesenheit bekannt machen

Reservieren Sie in der Stundentafel anfangs einen festen Termin für Einzelgespräche mit Kollegen und weisen Sie diesen im Plan aus. Auch wenn diese Gespräche erst dem gegenseitigen Kennenlernen dienen, so ist die Hürde doch groß, ohne konkreten Anlass das Büro der Schulleitung aufzusuchen. Von daher bedarf es flankierender Maßnahmen, die dem Kollegium die Angst nehmen, die Türe zur Schulleitung zu überschreiten. Ein Plakat im Sekretariat mit einem indirekten Appell könnte hier vielleicht Abhilfe schaffen.

Vorschlag für den Aushang:

Liebe Kolleginnen und Kollegen,

ich würde Sie gerne kennenlernen.

Duftender Kaffee/milder Tee/stilles Wasser steht an folgenden Tagen und Zeiten in Raum 3 für Sie bereit.

Bitte tragen Sie einfach Ihren Namen unten ein. Ich freue mich auf das Gespräch.

Die Schulleiterin/Der Schulleiter

Tag	von – bis	Name	Tag	von – bis	Name	Tag	von – bis	Name
Di 09.09	09:15–09:45		Mi 10.09.	11:30–12:00		Do 11.09.	12:30–13:00	
Di 16.09.	10:00–10:30		Mi 17.09.	12:00–12:30		Do 18.09.	13:30–14:00	
Di 23.09.	10:00–10:30		Mi 24.09.	12:00–12:30		Do 25.09.	13:30–14:00	
Di 30.09.	10:00–10:30		Mi 01.10.	12:00–12:30		Do 02.10.	13:30–14:00	

Abb. 3: Einladung für Einzelgespräche mit Kollegen

Mit der Personalvertretung empfiehlt sich frühzeitig eine »große Pause« (Jour fixe), zu vereinbaren, in der man sich wöchentlich auf kurzem Wege austauscht. Steht einmal nichts an, so lässt man das Treffen ausfallen. Planen Sie zusätzlich einmal im Monat einen festen Termin ein, der Raum für einen kollegialen Austausch bietet.

Antrittsrede

Während Sie die Möglichkeit hatten, sich im Vorfeld Ihrer Bewerbung intensiv über die Schule und das Schulleben, über die Aktivitäten von Schulpflegschaft und Schülerschaft, über besondere Projekte etc. zu informieren, wissen weder die Kollegen noch die Schülerschaft oder die Eltern oder das Verwaltungspersonal der Schule viel mehr über Sie als Ihren Namen, Ihr Alter, den Namen der Schule, an der Sie zuvor gearbeitet haben und ggf. Ihren Aufgabenbereich dort. Selbstverständlich ist man neugierig auf Sie.

Unabhängig von der Größe der Schule und vom Bundesland, in dem Sie tätig sind, und den Gepflogenheiten vor Ort: Am Anfang steht das Wort. Ob im Rahmen einer kleinen Feierstunde oder zu Beginn einer Lehrerkonferenz – Ihre Rede wird sehr aufmerksam und in allen ihren Nuancen wahrgenommen und muss den hohen Erwartungen von Menschen genügen, die praktisch von Natur aus zu den kritischsten Menschen überhaupt gehören, nämlich Lehrern.

Neben einer knappen Vorstellung Ihrer Vita und den Beweggründen, weshalb Sie sich just an dieser Schule um die Leitung beworben haben, entfalten Sie in der Rede Ihre Vision von Schule sowie die zentralen Entwicklungslinien, die Ihnen in Ihrer Arbeit vorschweben. Im Prinzip also eine kleine »Regierungserklärung«, die dem Kollegium Ihre Pläne und Absichten und erste Handlungsschritte offenbart. Anders als Regierende dürfen und sollten Sie es sich leisten, die Rede auf 10 bis 15 Minuten zu begrenzen und eine stärkere Anschaulichkeit ist allemal von Nutzen.

Das »Gesicht« der Antrittsrede

Bevor Sie sich an den eigentlichen Text der Rede machen, sollten Sie ein Motiv wählen, das Ihre Rede wie ein roter Faden durchzieht. Das kann eine Metapher sein, ein Wortspiel, Anlehnungen an Dichter bzw. Romanautoren und an deren Helden (Wilhelm Busch, Astrid Lindgren, Erich Kästner, Joanne K. Rowling, Wolfgang Goethe etc.) oder an Songs (Pink Floyd: The wall; Scorpions: Winds of change).

Kaufmännische Berufsschulen können z.B. aus dem Themenfeld (Eröffnungs-)Bilanz, technische Berufsschulen aus dem des Antriebs schöpfen. Bei Schulen, die den Namen großer Persönlichkeiten tragen, wird das einfacher gelingen als bei Schulen, die nach Straßennamen benannt wurden. Aber es lohnt sich, hier Zeit zu investieren, weil Ihre Rede dann durch Authentizität und Einzigartigkeit positiv herausragt.

Wenn Sie darauf bauen, im Netz schon irgendwie etwas Passendes zu finden, riskieren Sie mit einem weißen Blatt an das Rednerpult zu treten. Zurzeit sind nur wenige Reden von Schulleitungen öffentlich zugänglich und wenn, dann sind sie nicht auf Ihre konkrete Situation, auf Ihr Kollegium und Ihre Schule zugeschnitten. In der Regel finden Sie Anregungen, kommen aber nicht umhin, selber zur Feder zu greifen.

Raster für Ihre »Regierungserklärung«:

Was?	Do!	Don't!
(Bei Wahlen durch die Schulkonferenz oder Feiern bei Anwesenheit von Schulträger und/oder Schulaufsicht) Dank für das ausgesprochene Vertrauen	Sofern unterlegener Hausbewerber im Publikum sitzt: Zusammenarbeit anbieten	Begründen, weshalb Sie die Stelle bekommen haben; Eigenlob
Angaben zur Person/ zum Werdegang: Wer bin ich, was verbindet mich mit dieser Schule?	Bezüge herstellen zur Schule, zum Namensgeber der Schule, zur Schulform, zum Stadtteil etc.	Hinweis auf Ihre herausragenden Leistungen, auf Bestnoten bei Laufbahnprüfungen oder die Rekordzeit, in der Sie die Karriereleiter hochgeklettert sind. Heben Sie sich nicht zu sehr aus dem Kollegium hervor, das sich zum größten Teil aus Personen zusammensetzt, denen vergleichbare Erfolge versagt blieben (oder die solche nie angestrebt haben). Mit dem Tag des Amtsantritts zählt auf der Habenseite Ihrer Schulleitungsqualitäten ohnehin nur noch das Heute und niemals das Gestern. Das gilt übrigens jeden Tag aufs Neue.
Die eigene Vision von Schule: Was ist mir wichtig? Wofür stehe ich? Wo sehe ich die Schule in 10 Jahren?	Überzeugende, begründete Darlegung einiger **weniger**, aber zentraler Vorstellungen, z.B. zur inhaltlichen Ausrichtung/Profilbildung der Schule, zu Ihrem Verständnis von Lehren und Lernen und zur Zusammenarbeit von Schulleitung, Kollegium, Schülerschaft und Eltern	Resümee wissenschaftlicher Abhandlungen, Anhäufung von Zitaten aus Veröffentlichungen renommierter Professoren, Kommentare zu bundesweiten bzw. internationalen Vergleichsstudien; belehrender Charakter
Entwicklungsschwerpunkte aufzeigen: Wie geht es weiter? Was sind die nächsten Schritte?	Wertschätzend die bisherige (programmatische) Arbeit der Schule anhand konkreter Beispiele herausstellen, Stärken der Schule betonen, Kontinuität zusichern	»tabula rasa« ankündigen: »Jetzt wird alles anders.«
Einladung zum Gespräch und Betonung der gemeinsamen Arbeit an gemeinsamen Zielen	Ausdrücklicher Hinweis auf die offene Tür zu Ihrem Büro, eventuell Sprechzeiten bekanntgeben, an denen Sie auf alle Fälle im Büro erreichbar und spontan ansprechbar sind	Gespräche nur nach Terminvereinbarung; Hinweis auf hohe Arbeitsbelastung

Abb. 4: »Do's and Dont's« Antrittsrede der Schulleitung

Kollegium/Konferenz

Möglicherweise schließt sich an Ihre Vorstellung im Kollegium sogleich die erste Konferenz oder Dienstbesprechung an. Sie schaffen leicht eine angenehme Atmosphäre, wenn Sie in die Rolle des Gastgebers schlüpfen und für ein paar angenehme Überraschungen sorgen.

☞ Tipps:

- je nach Größe des Kollegiums ein kleines Buffet mit Kaffee, Tee, Wasser, Obst, Gebäck, Fingerfood und bunten Bonbons vorbereiten und vor der Konferenz oder in der Pause zum Frühstück/Imbiss einladen (vielleicht verfügt die Schule über eine Lernküche, wo mit Unterstützung von Fachlehrkräften und/oder Schülerinnen und Schülern zum Selbstkostenpreis Häppchen hergestellt werden können);
- den Konferenzraum/das Lehrerzimmer von alten Zeitungen, Verlagsprospekten aus vorvergangenen Jahren, Pappbechern, Kartons u.a.m. befreien (lassen) und den Raum mit ein paar Pflanzen (Efeu macht viel her und kostet nicht viel), Schnittblumen, Blättern oder Ästen dekorieren;
- sich die Namen der Lehrkräfte möglichst schon vorab merken, indem Sie mehrmals die Kollegiumsliste durchgehen und sich auf der Fotowand, die in vielen Lehrerzimmern für die neuen Kollegen hängt, das Gesicht zum Namen einprägen;
- dem Kollegium eine Möglichkeit bieten, die eigenen Wünsche und Erwartungen an Sie zu kommunizieren. Das könnte zum Beispiel mittels Kartei- oder Metaplankarten geschehen, die Sie samt Filzstiften auslegen und die dann in eine ansprechend gestaltete Box »Wünsche und Erwartungen« eingeworfen werden, die Sie im Lehrerzimmer aufstellen. Aufregender ist die Variante, im Lehrerzimmer einen großen verzweigten Ast entweder von der Decke abzuhängen oder in eine Bodenvase zu stellen und vorbereitete bunte Papierstreifen auszulegen, die, von den Lehrern beschriftet, als Schleifen um die Zweige gebunden werden;
- in die Tagesordnung die Kaffeepause/den Imbiss mit aufnehmen und nicht nur den Beginn der Konferenz festlegen, sondern zu jedem Tagesordnungspunkt die voraussichtliche Dauer in Klammern hinzufügen.

Schüler

Nicht nur die Lehrer sind gespannt auf Sie, auch die Schüler, und hier insbesondere die Kleinen, die oft und gerne die Nähe zur Schulleitung suchen, möchten wissen, wer da neu an die Schule kommt. Aber auch in großen Systemen, wie sie zum Beispiel die beruflichen Schulen oder Gesamtschulen darstellen, und wo der persönliche Kontakt zur engen Schulleitung weniger direkt ist, sollten Sie sicherstellen, dass jeder Lernende Sie zumindest einmal gesehen hat. Wenn Sie das Glück haben, zu Schuljahresbeginn das Amt zu übernehmen, ist es einfacher, da Sie in der Regel ohnehin die neuen Jahrgänge begrüßen. Dennoch bleibt die Frage, wie die anderen Jahrgänge Sie kennenlernen. Überlegen Sie, welche der folgenden Varianten für Sie infrage käme:

☞ **Tipps:**

- Laden Sie sämtliche Schüler noch in der ersten Woche nach Amtsantritt in einer »großen« Pause (alternativ 15 Minuten vor Ende der letzten Stunde) in die Aula oder Turnhalle, ins Forum oder in das Pädagogische Zentrum ein und stellen sich vor; bei großen Systemen könnte dies abteilungsweise oder bildungsgangsweise geschehen.
- Gehen Sie durchs Haus und zeigen Sie sich in den Klassen kurz persönlich (pro Klasse ca. 5–10 Minuten). Vergessen Sie nicht, diesen Besuch den jeweils dort unterrichtenden Lehrkräften vorher – entweder persönlich oder durch Anschlag am Schwarzen Brett – anzukündigen.
- besuchen Sie stellvertretend für die Klassen die Vollversammlung der Schülervertretung und geben Sie den Schülern der Schülervertretung Gelegenheit schon frühzeitig ihre dringendsten Anliegen vorzubringen.
- Sofern die Schule über einen Monitor im Eingangsbereich verfügt, nutzen Sie einen Bereich des Bildschirms, um während eines begrenzten Zeitraums – zum Beispiel während der ersten zwei Wochen – ein Foto von sich und ein paar wenige Begrüßungsworte zu platzieren.
- Vereinbaren Sie mit den Beratungslehrkräften der Gymnasialen Oberstufe eine Kurzvorstellung während der parallel stattfindenden Stufenversammlungen am 1. Schultag nach den Ferien und besuchen Sie diese hintereinander.
- Fertigen Sie einen Artikel für die schuleigene Homepage an und stellen Sie ihn zusammen mit einem Foto unmittelbar nach Amtsantritt ins Netz. Auf diese Weise können auch Eltern Sie kennenlernen.
- Verfassen Sie einen Artikel für die Schülerzeitung und gewähren Sie den jungen Reportern der Schule bald ein Interview oder veranlassen Sie dieses. Vergessen Sie nicht, ein Foto von sich beizufügen.
- Verteilen Sie unter den Schülern – zusammen mit weiteren Infos zum neuen Schuljahr und einer Übersicht der wichtigsten Termine im Schuljahr – ein Blatt mit einer Begrüßungsrede samt Foto.
- Hängen Sie an das Schwarze Brett im Foyer der Schule, möglichst auf DIN A3-Format vergrößert, Ihr Konterfei, darunter einen Begrüßungstext.

Neben wenigen Angaben zur Person und zu Ihrem Werdegang, zu Ihren Vorstellungen und Ihren Erwartungen gehört in die Vorstellungsrunde unbedingt das Angebot an die Schülerschaft, dass jeder Schüler bei Ihnen auf offene Türen stößt. Geben Sie Raum für Fragen und seien Sie auf Fragen gefasst, die in ihrer Einfachheit eine verblüffende Herausforderung darstellen.

Sekretariat/Hausmeister

An allen Schulen sind ein Hausmeister und eine Sekretärin beschäftigt, auch wenn diese gleichzeitig an weiteren Schulen der Umgebung arbeiten und nur für eine begrenzte Stundenzahl zur Verfügung stehen. Größere Schulsysteme haben dagegen mehrere Sekretärinnen, eventuell eine Verwaltungsleiterin, einen Hallenwart, einen Schulassistenten, einen Medienwart, eine Bibliothekarin u.a.m. Oft kennen diese die Schule in ihrem Kompetenzbereich sehr gut, und gerade zu Beginn Ihrer Tätigkeit als Schulleitung können die Insiderkenntnisse der Verwaltung für Sie von großem Nutzen sein. Vereinbaren Sie sehr rasch mit allen eine gemeinsame Runde, vor allem, um die Bedürfnisse und Sorgen der Verwaltung kennenzulernen. Vereinbaren Sie dann einen festen Zeitpunkt, zu dem Sie sich mit dem Sekretariat regelmäßig treffen, z.B. jeden ersten Dienstag im Monat um 08:30 Uhr. Tauschen Sie sich auch mit dem Hausmeister, dem Medienwart u.a. regelmäßig aus.

☞ Tipp:

Mit »Ihrer« Sekretärin müssen Sie vertrauensvoll und gut zusammenarbeiten können. Investieren Sie Zeit für ein längeres Kennenlern-Gespräch bei einer Tasse Kaffee. Zeigen Sie Interesse an der Person und offenbaren auch Sie ein Stück Ihrer Person. Man kann sich nur schätzen lernen, wenn man sich besser kennt.

Stellt sich schon nach kurzer Zeit heraus, dass die persönliche Konstellation nicht tragbar ist, sollten Sie den Schulträger zu einem Personalwechsel bewegen.

✎ Arbeitshilfe 1.2: Checkliste Rundgang

Lesen Sie sich die Checkliste durch und gehen Sie mit ihr durch das Schulgebäude. Sie bietet Ihnen Hilfestellung bei der Betrachtung der Schule. Aufgrund der Checkliste erfahren Sie möglicherweise, wo die Stärken oder Schwächen der Schule liegen, z.B. in einer großzügigen Aula oder in einem zu kleinen Lehrerzimmer, das für Gesamtkonferenzen wenig geeignet ist. Auf diese Weise lernen Sie die Schule kennen, können besser planen und evtl. Arbeits- bzw. Themenschwerpunkte für Ihre ersten Wochen als neuer Schulleiter festlegen.

Ort	Bemerkungen
Eingang/Zugang zur Schule	
übersichtlich und erkennbar	

Ort	Bemerkungen
Schule ausgeschildert und leicht zu finden	
Schulgelände erkennbar (Einzäunung etc.)	
Parkplätze (für Besucher/für Lehrer/für Schüler)	
Zustand des Schulgeländes	
Wege	
Beleuchtung	
Sauberkeit	
Grünanlagen	
Pausenbereich, Raum für »bewegte Pausen«	
Sitzgelegenheiten	
Ruhezonen	
evtl. Spielgeräte, z.B. Tischtennisplatten	
Gefahrenpotenzial	
Eingangsbereich	
Beschilderung (Verwaltung, Schulleitung, Lehrer-zimmer etc.)	

Benachbarte Schulen

Das Kennenlernen der Schulleiter benachbarter Schulen ist zwar zeitaufwendig, aber lohnenswert. Nehmen Sie Kontakt zu den Schulleitungen sämtlicher Schulformen in der näheren Umgebung auf und vereinbaren Sie einen Antrittsbesuch. Es ist nicht verkehrt, wenn Sie ein paar Visitenkarten mit dem Schullogo – alternativ mit einem Foto der Schule – dabei haben. Die persönliche Begegnung erleichtert später nicht nur unbürokratische Lösungen – zum Beispiel bei Schulwechsel von Schülerinnen und Schülern, sondern den professionellen Austausch auf Augenhöhe. Weitere Hinweise finden Sie im Abschnitt 3.4.

Besuchen Sie zudem regelmäßig Netzwerktreffen oder sogenannte Runde Tische und Stammtische für Schulleitungen, sofern diese vor Ort angeboten werden und treten Sie einer Schulleitungsvereinigung bei, die Sie gegen einen geringen Beitrag über aktuelle schulpolitische Themen informiert und Unterstützung bei schulrechtlichen und dienstrechtlichen Fragestellungen bietet. Folgen Sie auch Einladungen politischer Parteien unterschiedlicher Couleur; es wird immer wieder Anliegen geben, wo der unmittelbare Kontakt zu einem Ratsmitglied vorteilhaft ist, um Beschlüsse schneller herbeizuführen. Die Teilnahme an jährlichen Schulleitungskongressen zerstreut jedweden Selbstzweifel.

1.3 Aus dem Schatten des Vorgängers

Wer sich um das Amt der Schulleitung bewirbt, bringt eigene Ideen von Schule mit, hat bestimmte Erwartungen und Ansprüche an die Qualität von Unterricht, an das kollegiale Miteinander, an die Zusammenarbeit mit Eltern, will gestalten, weniger verwalten. Nicht umsonst zählen Kreativität und Innovationsbereitschaft zu den Schlüsselkompetenzen von Schulleitungen.

Aber ach, auch wenn die Verlockungen noch so groß sind, Dinge zu verändern, und sei es nur ein veraltetes Formular, leben Sie zunächst mit den Unzulänglichkeiten und nutzen Sie, was Ihr Vorgänger eingeführt hat. Die Kölner haben dafür einen sehr treffenden Spruch in ihr »Grundgesetz« aufgenommen, der da lautet »Et hätt noch immer jot jejange!«(»Es ist doch immer gut gegangen!«). Dahinter verbirgt sich weniger die kategorische Ablehnung von Neuerungen als vielmehr der Appell vor der Anerkennung dessen, was vor Ihrer Zeit an der Schule geleistet wurde und was ja offensichtlich mehr oder minder erfolgreich war, denn die Schule existiert ja weiterhin.

Schulen sind keine wendigen Segeljollen, die je nach Windrichtung die Segel setzen und einen neuen Kurs aufnehmen, sondern eher unbewegliche Tanker, die auch bei heftigen Stürmen ihren Kurs halten. Listen Sie deshalb zunächst einmal nur für sich auf, wo Sie Änderungsbedarf sehen und notieren Sie Ihre Ideen und Anmerkungen dazu. Halten Sie fest, an welchen neuralgischen Punkten etwa zum Schulprogramm gearbeitet werden muss und/oder was aus Ihrer Sicht gänzlich fehlt. Hinweise dazu finden Sie im Abschnitt 2.2.

Von der sprachlichen und inhaltlichen Überarbeitung von Formularen und Standardschreiben (Mitteilung über Abwesenheiten von Klassen/Lehrkräften, Bestellformulare für Anschaffungen aus dem konsumtiven Haushalt, Einladungsschreiben zu Ordnungsmaßnahmen, Darstellung des schulischen Etats etc.) über einen funktionierenden Geschäftsverteilungsplan und die Zuordnung von Zuständigkeiten bis hin zu einer veränderten Konferenzstruktur und der Einführung einer Feedback-Kultur – es wird kaum eine Schule geben, die auf allen Gebieten vorbildlich aufgestellt ist und die das umsetzt, was in der Fachliteratur an Ideen zur Gestaltung von guten Schulen diskutiert wird.

Denken Sie stets daran: An allen Schulen wird nur mit Wasser gekocht. Setzen Sie also weder sich noch das Kollegium unter Druck. Veränderungen brauchen Zeit, viel Zeit und Sie geben den Takt vor, allerdings nur solange wie Sie das Kollegium, die Eltern- und Schülerschaft an Bord haben, denn sonst zieht ein weiterer Artikel des Kölner Grundgesetzes, der da lautet »Kenne mer nit, bruche mer nit, fott domet.« (»Kennen wir nicht, brauchen wir nicht, weg damit.«) und der daran gemahnt, Änderungen nur mit viel Bedacht einzuführen.

Der Weg aus dem Schatten des Vorgängers wird sich von daher nur ganz allmählich vollziehen und nicht über Eingriffe in bestehende Strukturen, Gepflogenheiten und Traditionen, sondern über die Art und Weise, wie Sie sich in den schulischen Alltag einbringen. Die folgende Liste enthält Anhaltspunkte, wo Sie selber Zeichen setzen können, und zwar ohne andere zu verpflichten. Die Ausgestaltung der einzelnen Punkte bietet nicht nur zahlreiche Möglichkeiten der Abgrenzung zum Vorgänger, sondern sollte auch Ausdruck Ihrer persönlichen Präferenzen sein.

Ansatzpunkte für die eigene Profilierung

Anwesenheit in der Schule

Sind Sie eher eine Eule oder eine Lerche? Manche Schulleitungen beginnen ihren Arbeitstag bereits um 07:00 Uhr und verlassen die Schule gegen 15:00 Uhr; andere kommen dagegen kurz vor 08:00 und bleiben nicht selten bis nach 17:00 Uhr. Wichtig ist, dass Sie sich während der allgemeinen Unterrichtszeit in der Schule aufhalten und Ihre Anwesenheit mit der stellvertretenden Schulleitung absprechen.

Ein Mitglied der Leitung muss frühzeitig in der Schule sein, schon allein, um Krankmeldungen entgegenzunehmen und die Vertretung zu regeln. Sollten Sie ganztägige Termine wahrnehmen, weil Sie bspw. an einem Kongress teilnehmen oder eine Fortbildung für Schulleitungen besuchen, klären Sie rechtzeitig mit der Schulbehörde, wer ggf. zu informieren ist und/oder welcher Antrag (Dienstreise, Sonderurlaub) zu stellen ist.

Einrichtung von festen Sprechzeiten

Die Frage, ob Sie eine feste offene Sprechstunde anbieten wollen, in der Eltern, Lehrkräfte, Schülerinnen und Schüler mal spontan vorbeischauen können, hängt im Wesentlichen davon ab, ob Sie Ihre Tätigkeit im Tages- und Wochenablauf zeitlich selber bestimmen können, so dass Sie zuverlässig zur angegebenen Uhrzeit anwesend sind. Erfahrungsgemäß wird auch die beste Planung durch unvorhersehbare Ereignisse – vom Wasserrohrbruch über Fehlalarm und verärgerte Eltern, die unangekündigt erscheinen, um sich über eine Lehrkraft zu beschweren, bis hin zu statistischen Abfragen mit einem eng begrenzten zeitlichen Rahmen – umgeworfen. Bewahren Sie sich also eine gewisse Flexibilität.

Art und Umfang der Präsenz der Schulleitung im Lehrerzimmer und in der Mensa

Es wird nicht immer klappen, aber zeigen Sie sich in einer der »großen« Pausen im Lehrerzimmer. Hocken Sie sich mal an den einen, mal an den anderen Tisch – oft treffen sich ja immer wieder die gleichen Gruppen an einem bestimmten Tisch – und lernen Sie das Kollegium im informellen Gespräch kennen. Planen Sie diese Begegnungen in Ihrem Wochenplan von vornherein fest mit ein. Halten Sie sich morgens vor Unterrichtsbeginn im Lehrerzimmer auf, wird dies automatisch als Kontrolle gewertet (Verlassen alle sofort beim ersten Klingeln das Lehrerzimmer oder schenken sie sich noch einen Kaffee ein?). In den großen Pausen hingegen treffen Sie häufig auf dankbare Lehrkräfte, die über kleine Erfolge berichten, über Arbeiten, die im Unterricht entstanden sind, über Projekte und Wettbewerbe, an denen die Klassen sich beteiligen wollen oder sich beteiligt haben, über erfreuliche Entwicklungen von Schülerinnen und Schülern u.a.m. Diese informellen Begegnungen im Lehrerzimmer werden auch gerne dazu genutzt, eigene Ideen zur Verbesserung des Schulalltags loszuwerden: »Könnten wir nicht probeweise die Klingel abstellen, um mehr Ruhe in den Tagesablauf zu bekommen?« – »Ich fände es toll, wenn wir in der Oberstufe auf das Fachraumprinzip umstellen würden.« – »Ich würde gerne mehr Medien einsetzen, leider ist der Medienwagen nicht so verfügbar, wie ich ihn bräuchte. Ist an die Anschaffung weiterer Medienwagen gedacht?«. Sie erhalten wertvolle Einblicke in den Arbeitsalltag der Kollegen, in die Arbeitszufriedenheit bzw. Sorgen und in die Veränderungsbereitschaft des Kollegiums.

An Schulen mit Ganztagsunterricht sollten Sie die Gelegenheit nutzen und wenigstens ab und an auch in der schuleigenen Mensa essen. Neben zwanglosen Gesprächen erleben Sie hautnah die Atmosphäre und können mit eigenen Vorschlägen aufwarten, wenn Sie feststellen, dass die Essensausgabe und die Einnahme des Mittagessens nicht zufriedenstellend laufen. Zudem können Sie mitreden, wenn es um die Qualität des Essensangebots geht und berechtigte Kritik von unberechtigter unterscheiden. Schließlich werten Sie durch Ihre Teilnahme am Mittagessen den Betreiber auf und fordern indirekt durch Ihr Vorbild andere auf, von dem Mittagsangebot ebenfalls Gebrauch zu machen.

Teilnahme an schulischen Veranstaltungen außerhalb des Unterrichts

Oft ist das Schulleben sehr bunt: Der Förderverein organisiert an einem Samstag im Frühling einen Flohmarkt zur Aufbesserung der Kasse, der Literaturkurs führt gegen Ende des Schuljahres in der Stadthalle abends ein Theaterstück auf, eine Klasse gewinnt einen Landes- oder Bundeswettbewerb und feiert dies mit Eltern und Freunden in der Aula der Schule, der Schulzirkus präsentiert an einem Wochenende viermal seine neue Show, der Abiturjahrgang bietet für die Jahrgänge 5–7 eine Halloweennacht in der Aula an, der zehnte Jahrgang beteiligt sich an einem Geschichtsprojekt und lädt zu einer Gedenkveranstaltung am Samstagmorgen an einen historischen Ort etc.

Wie halten Sie es mit Ihrer Teilnahme an solchen Veranstaltungen? Manche Schulleitungen bleiben Veranstaltungen fern, wenn sie keinen eigenen Part haben; andere zeigen sich überall, zumindest zeitweise. Hier müssen Sie zwischen eigenen, berechtigten privaten und familiären Bedürfnissen und den Wünschen der beteiligten Personen nach Anerkennung durch die Schulleitung abwägen. Gerade zu Beginn Ihrer Amtszeit sollten Sie versuchen, solche Zusatztermine wahrzunehmen. Ihre Anwesenheit signalisiert den Beteiligten Interesse an außerschulischen Aktivitäten und Wertschätzung der geleisteten Arbeit. Sollten Sie einmal verhindert sein, stellen Sie sicher, dass ein anderes Mitglied der Schulleitung Sie vertritt. Vergessen Sie nicht, die Veranstaltung auf der nächsten Lehrerkonferenz oder im nächsten Infoblatt dankend zu erwähnen. Das bekräftigt die Beteiligten in Ihrem Tun und regt zur Nachahmung an.

Infos an Eltern und ans Kollegium

Unabhängig davon, welche Kanäle Sie benutzen – sei es, dass Sie in gedruckter Form über die Kinder Informationen an die Eltern verteilen, sei es über einen Newsletter auf der Homepage der Schule oder über einen geschützten Bereich zu Aktualitäten auf einer Internetplattform – Art und Umfang der Informationen an Dritte bieten eine weitere Möglichkeit sich vom Vorgänger abzugrenzen. Sichten Sie, was bislang an der Schule üblich war und entscheiden Sie, in welchem Rhythmus – monatlich, einmal im Quartal, jeweils zu Beginn eines

Schulhalbjahres oder anlassbezogen – Sie welche Informationen an die Eltern herausgeben. Informieren Sie u.a. über Auszeichnungen, Klassenfahrten, außerschulische Aktivitäten, gute Ergebnisse bei bundesweiten Vergleichsarbeiten, über personelle Veränderungen und Schwerpunkte der schulischen Entwicklungsarbeit. Je nach Größe des Kollegiums wird es auch erforderlich sein, Infobriefe an die Lehrkräfte und das Verwaltungspersonal zu verteilen.

Besonders gerne werden die Kurzportraits neuer Kollegen, jeweils mit einem Foto versehen, gelesen. Wichtige schulpolitische Änderungen gehören ebenso in eine Info wie schulinterne Vereinbarungen (etwa zum Handyverbot oder zur Wahrnehmung von Aufsichten) und Hinweise auf besondere Ereignisse. Unabhängig von der Info sollte zu Schuljahresbeginn an die gesamte Schulgemeinde der Jahresterminkalender ausgegeben bzw. ins Netz gestellt werden.

Anzahl und Umfang der Konferenzen

Wie häufig laden Sie das gesamte Kollegium zu einer Konferenz ein? Wie hat es Ihr Vorgänger gehalten und welche eigenen Erfahrungen bringen Sie bezüglich der Konferenzkultur mit? Sind monatliche Treffen angesagt oder reichen drei Konferenzen im Jahr (ggf. mit weiteren Dienstbesprechungen) aus, um die Weichen für die weitere schulische Entwicklung zu stellen? Ist sichergestellt, dass im Vorfeld von Beschlüssen Teilkonferenzen (Jahrgangsstufenkonferenzen, Fachkonferenzen, Abteilungs- bzw. Bildungsgangkonferenzen) Gelegenheit hatten, einen Antrag ausreichend zu diskutieren? Welche Möglichkeiten nutzen Sie, um Konferenzen zu straffen (Entlastung der Konferenz durch Vorabinformationen in einem Infobrief, zeitliche Höchstvorgaben für jeden Tagesordnungspunkt, Begrenzung der Rednerzeit)? Geben Sie bereits in der Einladung an, zu welchem Zweck der Tagesordnungspunkt aufgenommen wurde (reine Information, Beratung, Beschlussfassung)? Gestalten Sie den Konferenzablauf so, dass überwiegend Sie reden oder geben Sie anderen die Gelegenheit, Arbeitsergebnisse vorzustellen?

Transparenz

Die Forderung nach Selbstständigkeit und eigenverantwortlichem Arbeiten hat nicht nur Eingang in die Unterrichtspraxis gefunden, sondern findet ihren Niederschlag auch in einer veränderten Erwartungshaltung von Kollegen. Nicht alles, was »von oben« kommt, wird kritiklos hingenommen. Dem Wunsch mitzureden und umfassend informiert zu sein, sollten Sie offen begegnen. Informieren Sie insbesondere über Dinge, bei der die Schule Entscheidungsspielräume hat, z.B. über die Höhe des Fortbildungsbudgets, über den Ganztagszuschlag und die Verwendungsmöglichkeiten, über Rahmenbedingungen, die seitens des Ministeriums eingeräumt werden und die eine gewisse Flexibilität in Fragen der Unterrichtsorganisation (Einrichtung von Lernstudios, jahrgangsübergreifende Lerngruppen, Epochalunterricht etc.) ermöglichen.

Machen Sie es sich zudem zur Gewohnheit, Aufgaben, die in der Schule zu vergeben sind, zunächst am Schwarzen Brett auszuschreiben, und zwar auch dann, wenn es sich nicht um Beförderungsstellen handelt. Lehnen Sie sich dabei durchaus an professionelle Ausschreibungstexte überregionaler Tageszeitungen an und nehmen Sie neben den gewünschten Qualifikationen, Kenntnissen und Fertigkeiten auch Erfahrungen und Einstellungen in das Profil mit auf. Bitten Sie um die Vorlage einer schriftlichen Bewerbung. Das mag den einen oder anderen von einer Bewerbung abhalten, gibt Ihnen aber eine zusätzliche und relativ verlässliche Grundlage bei der Entscheidung, wem Sie die Aufgabe anvertrauen.

Auch bei Beförderungsstellen empfiehlt es sich, zunächst einmal intern offen auszuschreiben und zu schauen, welche Personen Interesse haben. Fertigen Sie erst nach Sichtung aller Bewerbungen die konkrete Aufgabenbeschreibung an, die Sie an die Schulaufsicht weiterreichen. Wenn Sie klar Ihre Erwartungen kommunizieren, die mit einer Beförderung verbunden sind, zugleich das Verfahren erläutern und die Kriterien, die der Entscheidung zur Stellenbesetzung zugrunde liegen, werden Sie auch bei denen, die nicht zum Zuge kommen, in einem solch offenen Verfahren eher auf Verständnis stoßen, als wenn Sie gezielt eine Person auf eine Beförderungsstelle ansprechen.

Kontrollen

Eine weitere Möglichkeit, sich von Ihrem Vorgänger abzugrenzen, liegt in der Art und Weise, wie Sie Ihrer Verpflichtung nachkommen, den Schulbetrieb zu kontrollieren. Stehen Sie jeden Morgen fünf Minuten vor Beginn des Unterrichts mit Blick auf die Uhr vor dem Haupteingang? Sammeln Sie regelmäßig die korrigierten Klassenarbeiten zur Überprüfung ein? Besuchen Sie ohne konkreten Anlass Lehrkräfte im Unterricht? Nehmen Sie an Fachkonferenzen auch dann teil, wenn Sie keine Lehrbefähigung in dem betreffenden Fach haben?

Beantworten Sie diese Fragen alle mit gutem Gewissen erst einmal mit »nein« und warten Sie mit sporadischen Kontrollen oder regelmäßigen Besuchen, bis Sie richtig in der Schule angekommen sind.

Delegation

Welche Aufgaben müssen Sie, welche möchten Sie unbedingt selber erledigen, welche lieber delegieren? In jedem Kollegium finden sich Lehrkräfte, die über das Kerngeschäft des Unterrichtens hinaus gerne zusätzliche Aufgaben übernehmen. Teils schlummern verborgene Kompetenzen und Talente im Kollegium, die nur darauf warten, abgerufen zu werden. Das gilt insbesondere für die Homepagegestaltung und die Organisation von Sportfesten, teilweise auch für Übergang Schule – Beruf.

Gehen Sie auf »Schatzsuche« und bieten Sie Möglichkeiten der professionellen Weiterentwicklung für Lehrkräfte, die an Sonderaufgaben wachsen möchten. Dies dient nicht nur der Nachwuchsförderung, sondern letztlich auch dem Ziel der Schulentwicklung, wenn es Ihnen gelingt Arbeitsgruppen einzurichten, die Aspekte des Schulprogramms aufgreifen und weiterentwickeln. Arbeitsgruppen entwickeln dabei eine ganz andere Dynamik, wenn die Schulleitung nicht unmittelbar mit am Tisch sitzt, aber mit Interesse das Geschehen verfolgt und im Austausch mit dem Sprecher der Arbeitsgruppe steht ebenso wie Lehrkräfte, die an selbst gewählten Aufgaben arbeiten, über sich hinauswachsen, wenn sie darauf bauen können, dass Sie vollstes Vertrauen in die Person haben.

Letztlich lösen Sie sich umso eher aus dem Schatten des Vorgängers, je früher es Ihnen gelingt, Menschen Mut zu machen und sie dafür zu gewinnen, notwendige Entwicklungsschritte zu gehen. Denn selbst im Kölner Grundgesetz heißt es »Nix bliev wie et wor!« (»Es bleibt nichts, wie es war!«), und das gilt für Schule allemal.

1.4 Der kommunikative Faktor

Bei der Fülle der Aufgaben, die auf Sie zukommen, wird die Bedeutung der Kommunikation häufig unterschätzt. Schule leiten heißt natürlich auch verwalten, regeln, Finanzen steuern, beurteilen, entscheiden – aber alle diese Tätigkeiten müssen in Verbindung mit anderen Menschen erfolgen, und das bedeutet Interaktion. Der Erfolg Ihrer Arbeit hängt deshalb ganz wesentlich davon ab, wie Sie mit anderen Menschen in Verbindung treten und kommunizieren.

Das nachfolgende Schema zeigt Ihnen, welche Kommunikationswege Ihnen offen stehen.

mündlich			schriftlich			
persönlich		allgemein	persönlich		allgemein	
Direktes Gespräch	Telefongespräch	Ansagen, Lautsprecherdurchsagen	Persönl. Brief	Persönl. E-Mail	Aushang, Rundbrief	Rundmail, Homepage

Abb. 5: Kommunikationswege der Schulleitung

Schriftlich? Mündlich!

Schule ist für einen Schulleiter Kommunikation in ihrer Reinform: mit Schülern, Eltern, Lehrkräften, der vorgesetzten Behörde und weiteren an Schule interessierten Gruppen. Wer als Schulleiter erst zum Gespräch getragen werden muss, wird sich in diesem Amt am Anfang sicherlich schwertun. Leichter fällt da manchen der gewohnte Griff in die Tasten des Computers, um den vielfältigen Ansprüchen durch schriftliche Stellungnahmen gerecht zu werden. Doch die Zahl der Anfragen und Aufgaben, die gerade von einem neuen Schulleiter zu bewältigen sind, ist so groß, dass Sie sich gut überlegen sollten, zu welchen Anlässen Sie den Computer bemühen, denn jeder schriftliche Text erfordert ein bedeutend höheres Maß an Bearbeitungszeit als der Griff zum Telefon – von anderen Gründen, die für das Telefon sprechen, ganz zu schweigen.

Zu welchen Situationen Kommunikationsanlässe entstehen, auf die Sie reagieren müssen, soll in einer Tabelle umfassend erläutert werden. Die schlechte Nachricht zuerst: Kommunikationsanlässe gibt es zuhauf. Die gute Nachricht: Zeitraubende Schreibarbeit ist nur an wenigen Punkten wirklich notwendig. Diese sind fett markiert. Das Prinzip dahinter lässt sich mit wenigen Worten so charakterisieren: Suchen Sie das persönliche Gespräch, nutzen Sie Standardformulare, beschränken Sie den Griff zum Computer – oder schlimmer noch zum Stift –, denken Sie zeitökonomisch und akzeptieren Sie Ihr Telefon als zentrales Arbeitsmittel. Niemals zuvor in Ihrem schulischen Werdegang hatte das Telefon eine solche Bedeutung. Die klassische Form der Schriftlichkeit ist also nur an wenigen Stellen erforderlich.

	Einzelne Person		Gesamtheit	
	mündlich	schriftlich	mündlich	schriftlich
Schüler	Mitteilung (1a)	Genehmigung, Verbot (1b)	Ansprachen (4a)	Durchsagen (4b) Mitteilungen (4c)
Eltern	Problemlagen von Einzelschülern (2)		**Mitteilungen an die Elternschaft (9)**	
Lehrkräfte	Ideen, Wünsche, Sorgen (3a)	Genehmigung (3b) **Beurteilung (8)**	**Mitteilungen an die Lehrkräfte (10)**	
Vorgesetzte	Anfragen (5)		Informationsveranstaltungen für Behörde (6)	
Öffentlichkeit	Mitteilungen an die Öffentlichkeit (7)		**auf einen Anlass bezogene Reden (11)**	

Abb. 6: Übersicht – Adressaten und Kommunikationsanlässe der Schulleitung

Mitteilung an Schüler (1a)

Wenn Sie einzelnen Schülern eine Nachricht zukommen lassen wollen, so kann dies am raschesten mündlich durch ein kurzes Gespräch passieren. Ihre Schüler sind in einer schnelllebigen Zeit großgeworden. Sie werden es nicht als Mangel an Aufmerksamkeit für ihr Anliegen erleben, wenn der Schulleiter auf dem Pausenhof oder im Vorübergehen das Wort an sie richtet. Den sehr zeitgemäßen Gedanken, Schülern durch E-Mails oder auf anderen digitalen Wegen entgegenzukommen, sollten Sie sich dreimal überlegen: Diese Wege werden von Schülern gerne und oft benutzt. Multiplizieren Sie also die Zahl Ihrer Schüler mit zwei Kontakten pro Schüler im Halbjahr und der Dauer in Minuten, die solch ein digitaler Austausch Sie kosten wird. Denn bei der Formulierung der Antwort wollen Sie selbstverständlich nicht spießig, sondern geistreich wirken, trotzdem muss der Schulleiter deutlich durchscheinen. Haben Sie die »Büchse der Pandora« aber erst einmal geöffnet, bekommen Sie diese kaum noch zu.

Genehmigung oder Verbot für Schüler (1b)

Wenn Sie einzelnen Schülern Dinge erlauben oder verbieten wollen, die diese bei Ihnen mündlich oder schriftlich beantragt haben, empfiehlt sich oftmals die Schriftform. Auch dabei sollten Sie wieder die Zeit im Blick behalten: Greifen Sie auf die Standardformulare im Sekretariat zurück, die meist in großer Variabilität vorrätig sind. Sollte dies nicht der Fall sein, entwerfen Sie rasch ein eigenes Formular oder bitten Sie die Sekretärin, dies zu tun. Die Erfahrung zeigt außerdem: Viele der Standardformulare hätten dringend eine Renovierung notwendig. Nehmen Sie sich das für später vor, wenn Sie den drängenderen Problemen erfolgreich begegnet sind.

Problemlagen von Einzelschülern (2)

Wenn Sie einzelne Eltern in einem speziellen Fall kontaktieren, hat dies meist unangenehme Gründe: Ihnen sind Dinge zu Ohren gekommen, um die der Schulleiter sich persönlich kümmern sollte. Unterdrücken Sie den Impuls, mit einem ebenso bestimmten wie einfühlsamen Schreiben an die Eltern herantreten zu wollen, greifen Sie lieber zum Telefon. In vielen Fällen lässt sich das Problem bereits am Telefon in der Hälfte der Zeit beheben, die der Brief Sie gekostet hätte. Überdies nehmen Eltern deutlich das Signal auf, dass jemand sich persönlich an sie wendet, wenn es Probleme gibt, ggf. hilft das persönliche Gespräch an einem vereinbarten Termin. Denken Sie immer daran: Ganz gleich, was Sie schreiben, es wirkt kalt und amtlich, ein Gespräch kann hier viel nachhaltiger zu einer Lösung führen.

Ideen, Wünsche und Sorgen von Lehrkräften (3a)

Auch im Umgang mit einzelnen Lehrkräften sollten Sie immer das direkte Gespräch suchen. In Forschungseinrichtungen ist es teilweise üblich, nur über hausinterne E-Mails zu kommunizieren, obwohl man keine zwei Büros weit voneinander entfernt sitzt. Lassen Sie das besser: Es kostet mehr Zeit und wirkt unpersönlich. Entweder der Kollege findet in der Pause die Gelegenheit, Sie anzusprechen. Dazu sollten Sie sich die Pausen auch ganz bewusst von Terminen freihalten und sich im Lehrerzimmer irgendwo gut sichtbar positionieren, oder er vereinbart gezielt einen Termin.

NUR BEI DER DIREKTEN KOMMUNIKATION UNMITTELBAR MÖGLICH

- Situationsbezug herstellen
- auf Reaktionen eingehen
- Einwände oder Vorbehalte erkennen
- Rückfragen stellen und beantworten
- Missverständnisse ausräumen
- Einverständnis erzielen

Genehmigungen gegenüber Lehrkräften (3b)

Alle Anträge von Lehrkräften (z.B. Tagesausflüge oder Sonderurlaub) sollten von Ihnen schriftlich erwidert werden. Auch dafür gibt es Standardformulare, die Sie erst im Sekretariat abrufen und später mal überarbeiten. Wenn Sie Ihre Tätigkeit in diesem Bereich weiter optimieren wollen, speichern Sie die Vordrucke irgendwann auf Ihrem Computer, füllen Sie diese am Computer aus und haben den ganzen Vorgang neben dem Ausdruck für den Kollegen und die Akten auch noch auf Ihrem Rechner.

Ansprachen an Schüler (4a)

Versammlungen der gesamten Schülerschaft rufen nach einer vorgefertigten Rede: Tatsächlich haben Schüler einen feinen Sinn für authentische Ansprache. Mir sind bislang nur wenige Redner untergekommen, die einem vorgefertigten Text die Lebendigkeit geben konnten, die eine Ansprache nach gegliederten Stichworten entfaltet. Also auch hier: Lassen Sie das Schreiben, jedenfalls das raumgreifende einer vollständigen Rede und wenden Sie sich direkt an die Schüler.

Durchsagen für Schüler (4b)

An einer Stelle, an der Sie es überhaupt nicht erwarten würden, sollten Sie sich unbedingt Zeit für eine Niederschrift nehmen: bei der Vorbereitung von Durchsagen. Selten habe ich Durchsagen von Schulleitern während eines Schulvormittags erlebt (z.B. bei der Verkündigung von Hitzefrei), bei denen nicht Unschärfen enthalten gewesen wären, die im Nachgang zu großen Irritationen geführt hätten. Solche Unschärfen sind typisch für gesprochene Sprache. Bei einer Durchsage sind sie aber ungemein lästig, und Sie fangen die Irrtümer dann nicht mehr ein – denn mehr als eine Durchsage zu demselben Thema ist kaum statthaft. Leider passieren Durchsagen meist als Folge von plötzlichen Ereignissen; der Druck sofort zu sprechen ist groß. Widerstehen Sie fünf Minuten, schreiben Sie sich erst Ihre Durchsage auf und lassen Sie noch einmal jemanden gegenlesen.

Mitteilungen an Schüler (4c)

Mitteilungen an die gesamte Schülerschaft oder einzelne Jahrgangsstufen werden traditionell über ein ins Klassenbuch eingelegtes Informationsblatt oder Aushänge bekannt gemacht. Hier versteht sich die Schriftform auch von selbst, allerdings ist der Zeitaufwand für die Erstellung überschaubar, denn Schreiben, die länger als eine Seite sind, werden ohnehin kaum zur Kenntnis genommen.

Anfragen an Vorgesetzte (5)

Der Schulleiter, der neu im Amt ist, steckt in dem Dilemma, sich als Führungspersönlichkeit zeigen zu wollen, die überzeugende Entscheidungen souverän trifft, und gleichzeitig oftmals der Hilfe zu bedürfen. Auch Schulleiter haben Vorgesetzte. Dies sind Personen, die zumeist selbst jahrelang Leitungserfahrung gesammelt haben oder Juristen, die auch bei besonders verzwickten Fällen eine Antwort wissen. Ehe Sie also ein Problem verschleppen oder eine gediegene schriftliche Anfrage mühsam und dann verspätet an Ihre übergeordnete Behörde formulieren, greifen Sie lieber zum Telefon und fragen Sie das Know-how ab, das Ihnen selbst noch fehlt. Man wird es Ihnen in der Behörde danken, denn das Problem landet, wenn es für Sie zu einer nicht mehr lösbaren Größe angewachsen ist, ohnehin auf dem Schreibtisch Ihrer Vorgesetzten und verursacht dann viel Arbeit, die sich durch einen kurzen Anruf hätte vermeiden lassen.

Informationsveranstaltungen für Ihre Behörde (6)

Dass Sie als neuer Schulleiter vor der versammelten Mannschaft Ihrer vorgesetzten Behörde einen Vortrag halten müssen oder sich in anderer Weise mitteilen wollen, kommt gewiss kaum vor. Diesen Fall können wir also außer Acht lassen.

Mitteilungen an die Öffentlichkeit (7)

Schule ist ein öffentlicher Ort und Sie sind darin der Repräsentant. Was bislang singuläres Ereignis war, etwa als Folge einer Teilnahme an Schulwettbewerben, zu denen Sie sich in der Presse geäußert haben, wird mit Ihrer Ernennung zum Schulleiter ein Dauerzustand. Natürlich sind Sie von den Leistungen Ihrer Schule überzeugt und wollen diese auch vernünftig dargestellt wissen. Bevor Sie sich nun aber in vorformulierten Texten erschöpfen, die am Augenmerk der Öffentlichkeit und daher auch am Interesse der örtlichen Presse vorbeigeschrieben sind, nehmen Sie Kontakt auf. In den Redaktionen auch kleiner Lokalzeitungen sitzen in aller Regel Vollprofis, die genau das gute Gespür für die aktuellen Themen Ihrer Region haben, das Ihnen noch vollständig fehlt. Indem Sie versuchen eine Gesprächskultur mit der ortsansässigen Zeitung aufzubauen, setzen Sie das richtige Signal für eine vertrauensvolle Zusammenarbeit.

Die Zeitfresser

Beurteilungen von Lehrkräften (8)

Bei Beurteilungen von Lehrkräften müssen Sie das Rad nicht neu erfinden: Bevor Sie Schulleiter geworden sind, sind bereits Dutzende von Beurteilungen verfasst worden, die für einen bestimmten Zeitraum aufgehoben werden müssen und in der Schule folglich vorrätig sind. Greifen Sie auf diese Beurteilungen zurück und entwickeln Sie daraus einen eigenen Stil. Trotzdem wird dieser Bereich Ihrer neuen Tätigkeit viel Zeit und Aufmerksamkeit erfordern, denn an den Beurteilungen hängen Hoffnungen, manchmal ein ganzes Berufsleben mitsamt einer Familie. Also nehmen Sie sich die Zeit, die Kollegen haben es verdient und Sie sind es Ihrer Professionalität schuldig.

Mitteilungen an die Elternschaft (9)

Für Mitteilungen an die gesamte Elternschaft sollten Sie sich unbedingt Zeit einräumen: Der Missklang, den Sie durch ein unbeholfenes Wort auslösen, erzeugt einen Widerhall noch nach Monaten. Elternbriefe sind ein probates Mittel, den Informationsanspruch zufriedenzustellen. Ob Sie diese Briefe dann durch die Klassenlehrer an alle Schüler verteilen lassen oder auf Ihrer Homepage veröffentlichen, spielt für die Kommunikation nur eine nachgeordnete Rolle, allerdings lassen sich durch eine Veröffentlichung auf der Homepage erhebliche Ressourcen und Geldmittel einsparen.

Mitteilungen an die Lehrkräfte (10)

Sind die Lehrkräfte als Ganzes der Adressat, so gilt, was auch für Mitteilungen an die gesamte Elternschaft Gültigkeit hat: Nehmen Sie sich Zeit und bringen Sie Ihr Anliegen präzise zu Papier. Auch die große Nähe zwischen Schulleiter und Kollegium beispielsweise in Grundschulen oder Gesamtschulen sollte Sie nicht verführen, nachlässig zu sein. Hier zählt jedes Wort. Unzulänglichkeiten bereinigen Sie nur durch mühsame Einzelansprachen oder korrigierte Fassungen des ersten Schreibens, professionell wirken Korrekturversuche nicht.

Auf einen Anlass bezogene Rede (11)

Die Einweihung der neuen Turnhalle steht bevor, ein Gebäudetrakt wird übergeben, ein Theaterstück Ihrer Schule sorgt für positives Aufsehen, ein Mäzen hat ein bedeutendes Geschenk übergeben – jetzt sind Sie als Schulleiter gefragt. Nehmen Sie sich Zeit und formulieren Sie eine persönliche Rede, die die Menschen berührt. Ich kann Ihnen versichern, ganz gleich, wie elegant und wohltönend das ist, was Sie niederschreiben, es wird immer weniger Wirkung haben als das, was Sie als Menschen erscheinen lässt, der seiner Freude über ein Ereignis sprachlichen Ausdruck verleiht. Die Reden, die mich und die Zuhörerschaft gelangweilt oder unberührt gelassen haben, kamen immer von schlecht vorbereiteten Rednern oder solchen, deren Freude nur gespielt war. Menschen haben einen untrüglichen Instinkt dafür, ob Ihr Gegenüber mit Herz und Verstand dabei ist oder die Rede nur eine intellektuelle Fingerübung ist. Wenn es Ihnen dann noch gelingt, in Ihre Rede einige wenige launige oder humorvolle Bemerkungen einzubauen, wird die Schulöffentlichkeit es Ihnen danken.

Vielleicht vermissen Sie für die Kommunikationsanlässe Vorlagen auf der beiliegenden CD-ROM? Sie hätten sich gewünscht, fertige Ansprachen oder Mitteilungen nur zu übernehmen und auf Ihre Schule anpassen zu können? Dieser Wunsch ist nachvollziehbar, aber er geht an dem Anspruch vorbei, der an Ihr neues Amt gestellt wird: Gedankliche Schärfe und authentische Emotionen sind die Währung, in der Sie auszahlen sollten, wenn Sie erfolgreich sein wollen. Vorformulierte Texte greifen da immer zu kurz.

☞ Tipp:

»Ich weiß erst, was ich gesagt habe, wenn ich gehört habe, was der Andere verstanden hat.«

Solche wichtigen Grunderkenntnisse der Kommunikation verdanken wir F. Schulz von Thun, der die Psychologie der menschlichen Kommunikation so anschaulich dargestellt hat, dass auch Laien die Materie verstehen und praktisch nutzen können. Sein Standardwerk »Miteinander reden« gehört mittlerweile zum Grundwissen der meisten Sozial- und Lehrberufe. Eine gelegentliche Auffrischung der Kenntnisse ist (nicht nur) für die professionelle Kommunikation unerlässlich.

Schulz von Thun, F.: Miteinander reden, Bd. 1–3, Reinbek, rororo, fast jährlich aktuelle Auflage

---

⊕ Auf der CD-ROM finden Sie zum Kapitel 1 folgende Arbeitshilfen:

Arbeitshilfe 1.1.a: Selbstanalyse

Arbeitshilfe 1.1.b: Neue Rolle

Arbeitshilfe 1.1.c: Checkliste Büroeinrichtung

Arbeitshilfe 1.2: Checkliste Rundgang

2. Die Schule als Entwicklungslandschaft verstehen

2.1 Einleitung

Wer die Leitung einer Schule übernimmt, wird mit einer Fülle von Aufgaben konfrontiert. Die Schwierigkeit dabei ist, zu entscheiden, was zuerst angefangen werden muss und was noch länger liegen bleiben kann. Jeder Betroffene hängt nämlich die Priorität seines Anliegens hoch. Die Schulbehörde erwartet, dass ihre Vorgaben zügig umgesetzt werden, der Schulträger drängt bei Haushalt und Gebäudebewirtschaftung, das Kollegium erwartet spürbare Entlastungen und die Verbesserung der Arbeitsplätze und die Eltern drängen zur Umsetzung der schon lange geplanten Ganztagsbetreuung. Wem soll man als erstes nachgeben?

Für die Beantwortung dieser Fragen gibt es kein Patentrezept. Es lässt sich auch keine allgemeine Prioritätenliste erstellen. Jede Schule hat nämlich einen unterschiedlichen Entwicklungsstand, also auch verschiedene Stärken und verschiedene Schwächen und Probleme. In dieser Situation empfiehlt sich das Denken in einer »Entwicklungslandschaft«[1].

Jede Schulleitung muss für ihre Schule entscheiden, wohin die nächsten Schritte getan werden müssen und in welcher Reihenfolge die Aufgaben und Probleme abgearbeitet werden sollen. Für die Schulentwicklung gibt es weder eine konkrete Zielvorgabe noch ein Navi! Folglich ist es die Aufgabe der Schulleitung, den Kurs zu bestimmen.

Für neue Schulleiter ist das besonders wichtig, wenn die Leitung länger vakant war oder nicht entsprechend wahrgenommen wurde. In diesen Fällen wird von dem neuen Amtsinhaber erwartet, dass er die Richtung vorgibt. Lassen Sie sich aber nicht verlocken, vorschnelle Entscheidungen zu treffen. Verfahren Sie nach den folgenden Schritten, so dass Sie zu reflektierten und nachvollziehbaren Entscheidungen kommen.

Das Navigieren in der schulischen Entwicklungslandschaft setzt zunächst eine Bestandsaufnahme voraus, sozusagen die Kartographie der Schule muss erfasst werden (Abschnitt 2.2).

Sobald der Überblick über die Entwicklungslandschaft gewonnen ist, lassen sich die Problemfelder identifizieren, sozusagen die Baustellen lokalisieren (Abschnitt 2.3).

---

1 Vgl. Horster, L.: Changemanagement und Organisationsentwicklung, in: Buchen/Rolff (Hrsg.): Professionswissen Schulleitung, 2. Auflage, Weinheim und Basel, Beltz 2009, S. 229 ff., hier S. 281 ff.

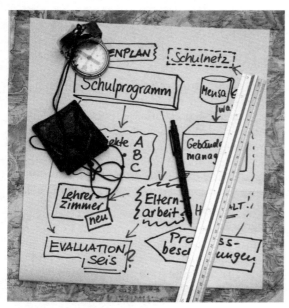

Abb. 7: Karthographie der Schule

Da nicht an allen Baustellen gleichzeitig gearbeitet werden kann, schließt sich als dritter Schritt das zeitlich gegliederte Arbeitsprogramm an, gewissermaßen das Kursbuch für den Weg der Schulleitung durch die Entwicklungslandschaft (Abschnitt 2.4).

Die Entwicklungslandschaft der Schule ist von den harten G-Faktoren (Gebäude, Gremien, Geld) geprägt und wird von den weichen M-Faktoren (Menschen, Meinungen, Miteinander) bestimmt (Abschnitt 2.5).

Alle Faktoren zusammen bestimmen das System Schule, auf das abschließend der Blick geworfen wird (Abschnitt 2.6).

2.2 Bestandsaufnahme

Die Bestandsaufnahme »Ihrer« neuen Schule lässt sich auf vielfältige Weise (Checkliste, Karteikärtchen-Sammlung, Gliederung) gestalten. Sie müssen die Methode wählen, die Ihnen am anschaulichsten und plausibelsten erscheint. Ich habe gute Erfahrungen mit einer Darstellung gemacht, die an eine Mindmap angelehnt ist und stelle Ihnen diese Möglichkeit vor.

Die Schule steht im Mittelpunkt, die zentralen Äste sind angefügt und alle weiteren Aspekte der Schule können nach und nach ergänzt werden. Sie können sich an der Abbildung orientieren, müssen aber schulspezifische Besonderheiten, regionale Gegebenheiten und schulformbezogene Aspekte ergänzen, z.B.:

Grundschule	Kindergärten/Horte, Schullaufbahnempfehlungen bzw. -einstufungen, weiterführende Schulen
Förderschulen	Soziale Institutionen, Pflegeeinrichtungen, Inklusion
Haupt-/Realschule	Berufspraktika, Arbeitsagentur, Berufliche Schulen
Gesamtschule	Didaktische Differenzierung
Gymnasium	Zulieferer-Schulen, Schüleraustausch, Abitur, Hochschulen
Berufliche Schule	Betriebe, berufliche Maßnahmeträger, Arbeitsagentur, Praktika

Abb. 8: Schulformen und ihre Besonderheiten

Die Darstellung wird besonders anschaulich, wenn sie relativ groß gestaltet wird, z.B. auf einer Flipchart, die Sie in Ihrem Dienstzimmer aufhängen können. So haben Sie Ihre Entwicklungslandschaft immer vor Augen und können den Fortschritt Ihrer persönlichen Erkundungstour kennzeichnen.

Sobald Sie eine erste Orientierung zu einem Punkt gewonnen haben, bekommt er eine Kennzeichnung mit einem Sternchen. Sind Ihre Erkenntnisse dann schon etwas weiter fortgeschritten und vertieft, kommt ein zweites Sternchen hinzu. Wenn es Bereiche gibt, die Sie bereits sehr gut überschauen und verstehen, wird ein drittes Sternchen hinzugefügt. Auf diese Weise erhalten Sie eine sehr plastische Übersicht, inwieweit die Entwicklungslandschaft der Schule von Ihnen bereits erkundet wurde.

Abb. 9: Grundlage für die Erfassung der Entwicklungslandschaft Schule

Bei dieser Form der Darstellung können Sie nicht nur fällige Erweiterungen vornehmen, sondern auch Querverbindungen herstellen und einzeichnen, Kommentare notieren oder Memozettel anbringen. Soweit es möglich ist, sollten Sie die anderen Mitglieder der Schulleitung in die Erkundung einbeziehen. Sie können Ihnen wertvolle Hinweise und Einschätzungen vermitteln und Sie auf Punkte oder Probleme hinweisen, die Sie noch gar nicht beachtet oder ausreichend gewürdigt haben.

Eine auf diese Weise bearbeitete und aufbereitete Mindmap ist eine gute Grundlage für die nächsten Schritte Ihres Vorgehens.

☞ Tipps:

- zur Erkundung des Schulgebäudes:
  Besorgen Sie sich einen Bauplan der Schule. Falls er in der Schule nicht vorliegt, können Sie ihn vom zuständigen Architekt des Schulträgers erhalten. Begehen Sie planmäßig alle Räume zu Ihrer Orientierung.

- zum Einprägen der Kooperationspartner:
  Beschriften Sie Kärtchen für die verschiedenen Bereiche mit den Namen Ihrer Kommunikationspartner, z.B. für Schulträger, Schulbehörde, Arbeitsamt usw. Stecken Sie das entsprechende Kärtchen ein, wenn Sie mit den Betreffenden zu tun haben. Auf diese Weise haben Sie immer die Namen präsent.
- zur Einarbeitung in den Schulhaushalt:
  Bitten Sie den Mitarbeiter, der bei Ihrem Schulträger für die Schulfinanzen zuständig ist, um eine Einweisung zum Schulhaushalt. Bereiten Sie Ihre Fragen vor und leiten Sie diese vor dem Gespräch zu. In der Regel erhalten Sie eine ausführliche, kompetente und freundliche Auskunft.
- zum Umgang mit »schwarzen Kassen«:
  Wenn Ihnen bei der Übernahme sogenannte schwarze Kassen übertragen werden sollen, ist besondere Vorsicht geboten. Lösen Sie insbesondere Kassen mit hohen Beträgen auf, z.B. indem Sie diese einem Förderverein übertragen oder in den offiziellen Schulhaushalt einbringen. Die »Kaffeekasse« können Sie von der Sekretärin führen lassen. Achten Sie aber auf die gesonderte Verwahrung des Geldes.

2.3 Erfassung der Baustellen

Wenn Sie einen Bereich erfassen und bewerten, haben Sie es mit drei Einflussfaktoren zu tun, die Sie zu einem Gesamtbild zusammenfügen.

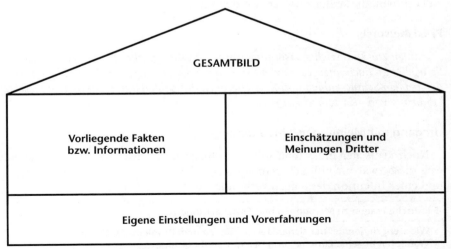

GESAMTBILD

Vorliegende Fakten bzw. Informationen

Einschätzungen und Meinungen Dritter

Eigene Einstellungen und Vorerfahrungen

Abb. 10: Bausteine, die zum Gesamtbild führen

Bei der Erkundung der Schule werden Sie mit einer großen Zahl von Informationen bzw. Fakten konfrontiert: Akten, Beschlüsse, Aufstellungen und sonstige Unterlagen. Daneben werden Ihnen Meinungen und Einschätzungen vermittelt: Kommentare, (mehr oder weniger gut gemeinte) Hinweise und Ratschläge, Warnungen und Selbstdarstellungen. Fakten und Meinungen nehmen Sie auf der Grundlage oder dem Hintergrund Ihrer persönlichen Einstellungen und Vorerfahrungen wahr. Dadurch werden Ihre Wahrnehmungen gefiltert und bewertet, was zu Ihrem persönlichen Gesamtbild führt. Es ist wichtig, sich diesen Prozess in das Bewusstsein zu rufen, um zu vermeiden, dass das entstehende Gesamtbild nicht zu stark von der Realität abweicht.

Umgang mit Fakten

Fakten sind nicht immer die zuverlässigen und wirklichkeitsgetreuen Informationen, denen wir rückhaltlos vertrauen können. Deshalb ist es erforderlich, sie einem Check zu unterziehen, der anhand der fünf kritischen Fragen erfolgen kann.

---

5 kritische Fragen zu Fakten

- Von wem/aus welcher Quelle stammen die Informationen?
- Sind die Informationen vollständig, d.h. werden die relevanten Aspekte abgedeckt?
- Sie die Informationen zeitnah/aktuell?
- Sind sie angemessen aufbereitet/dargestellt?
- Welche zusätzlichen Informationen muss ich noch einholen?

Diese Fragen können Sie davor bewahren, vorschnell zu einer Einschätzung zu kommen, die später revidiert werden muss.

Praxisbeispiel:

Zahlen zur Unterrichtsversorgung werden häufig »geschönt«, d.h. von offizieller Seite eher zu hoch angegeben, von Seiten der Schulen eher zu niedrig. Ebenso werden bei den Schülerzahlen und Klassengrößen die Zahlen häufig taktisch festgesetzt (Führung von »Karteileichen«).

Umgang mit Meinungen/Einschätzungen

Noch kritischer muss man mit Meinungen und Einschätzungen umgehen, weil diese zwar oft hilfreich gemeint sind, aber meistens mit einem Interesse und einer Intention desjenigen verbunden sind, der sie äußert.

---

5 kritische Fragen zu Meinungen und Einschätzungen

- Wie steht derjenige, der sich geäußert hat, zu dem Problem/der Person etc.?
- Womit hat er seine Einschätzung belegt oder begründet?
- Was hat er nicht oder nur »zwischen den Zeilen« gesagt?
- Was ist seine Intention oder seine Absicht in Bezug auf mein Handeln?
- Wen müsste ich ergänzend fragen, um die Einschätzung zu relativieren?

Bei der Einschätzung von persönlichen Meinungen und Einschätzungen hilft am besten die »Mehrperspektivität«. Wenn Sie den Betroffenen, einen Befürworter und einen kritisch Eingestellten befragen, können Sie am ehesten ein relativ realistisches Bild gewinnen. Verschaffen Sie sich auch Klarheit über die Tendenz Ihrer wichtigsten Ratgeber. Ist z.B. Ihr Stellvertreter ein eher vorsichtiger Mensch, der lieber warnt und bremst, oder möchte er Sie eher zum Handeln und »Gas-geben« veranlassen? Wenn Sie sich darüber klar geworden sind, können Sie seine Äußerungen besser einstufen. Im Rahmen einer Kommunikation, die auf Offenheit und Vertrauen zielt, kann es auch hilfreich sein, direkte Nachfragen zu stellen.

Praxisbeispiel:

- *»Vielen Dank für Ihre persönliche Einschätzung. Ich höre da eine ziemlich starke Kritik an unserem Schulträger heraus. Wollten Sie mir das mitteilen?«*
- *»Mit Ihrer Mitteilung kann ich so noch nichts anfangen. Weshalb haben Sie mir von dem Vorfall erzählt?«*

Reflexion der persönlichen Einstellung und Vorerfahrungen

Die größte Falle bei der Wahrnehmung und Einschätzung liegt oft in uns selbst. Es ist heute Allgemeingut, dass wir unsere Wahrnehmungen auf dem sehr persönlichen Boden unserer Werte und Einstellungen vornehmen. Wir hören lieber Positives über unsere eigene Person, wir lesen, hören oder sehen eher und lieber Kommentare, die unsere Meinung bestätigen und wir halten an ersten Einschätzungen lange fest, auch wenn es dafür keine weiteren Belege gibt. Das alles ist bekannt, aber dennoch glauben viele Führungskräfte, objektiv, neutral und ausgeglichen zu urteilen und zu handeln. Deshalb ist es gut, sich auch hier fünf kritischen Fragen zu stellen.

5 kritische Fragen zur persönlichen Einstellung und zu Vorerfahrungen
• Wie ist meine Grundeinstellung zu dem Punkt (dagegen/dafür/neutral)?
• Welche Vorerfahrungen habe ich zu diesem Thema gemacht?
• Was liegt mir eher nicht und führt schnell zu Ablehnung oder Aufschub?
• Was liegt mir am Herzen und wird zu positiv von mir wahrgenommen?
• Zu welchen Beurteilungsfehlern neige ich?

Zur Frage der Grundeinstellung und ethischen Orientierung wird Führungskräften empfohlen, ihr persönliches »Mission Statement« zu formulieren. Wenn Sie sich in einer ruhigen Stunde dafür Zeit nehmen können, finden Sie Leitfragen dazu bei den Arbeitshilfen.

⊘ **Arbeitshilfe 2.3.a: Mein persönliches Mission Statement**

Nehmen Sie sich dafür etwa 30 Minuten Zeit.
Hören Sie dazu eine angenehm entspannende Musik.
Machen Sie es sich bequem.

Nehmen Sie sich den Ausdruck dieser vier Seiten und einen Bleistift vor (Arbeiten Sie nicht am Computer!). Schreiben Sie das auf, was Ihnen zu den Leitfragen in den Kopf kommt: assoziativ, ungeordnet, stichwortartig! Es ist zunächst nur für Ihre eigene Reflexion gedacht.

LEITFRAGEN

Überzeugungen
Welche ethischen Grundüberzeugungen und Maßstäbe prägen mein Denken und Handeln?

Werte
Welche drei bis fünf Werte sind für mich die wichtigsten?

Lassen Sie sich in eine Rangfolge bringen?

Verhalte ich mich so, dass ich diese Werte auch lebe?

Für welche Werte bin ich bereit, Opfer zu bringen oder Verzicht zu üben?

Welche Werte schätze ich bei anderen Menschen?

Wie eng (konkret) oder weit (abstrakt) sollen die Regeln gefasst sein?

Welche Eigenschaften sollte eine gute Lehrkraft mitbringen?

Wo sehe ich den Schwerpunkt meiner pädagogischen Arbeit?

REFLEXION

Nehmen Sie sich die Antworten in einem zeitlichen Abstand von 2–4 Wochen erneut vor. Unterstreichen Sie Ihre wichtigsten Aussagen. Überlegen Sie, was Sie noch verändern oder ergänzen würden.

Vereinbaren Sie in Ihrem Leitungsteam, dass jeder für sich dieses Mission Statement erstellt. Benutzen Sie eine Klausurtagung oder ein pädagogisches Wochenende, um (zunächst nur) über die beiden letzten Seiten zu sprechen.

Vielleicht gelingt es Ihnen, auf dieser Basis ein »Mission Statement« Ihrer Schulleitung zu entwickeln.

Quelle: www.hl-training-coaching.de

Falls Sie sich noch nicht mit Wahrnehmungs- bzw. Beurteilungsfehlern auseinandergesetzt haben, werden hier die wichtigsten kurz erläutert:

Halo-Effekt

Eine besonders hervorstechende Eigenschaft wird als Ankerreiz für die Beurteilung der übrigen Eigenschaften verwendet und »überstrahlt« diese. Beispiel: Die Wahrnehmung an einem Bewerber (»rote Haare«) führt zur Einschätzung »unzuverlässiger Charakter«.

Milde-, Strenge- und Tendenz zur Mitte-Fehler

Menschen mit einen Helfer-Syndrom und solche, die unter schlechten Beurteilungen gelitten haben, neigen eher zu milden und positiven Beurteilungen. Sie können einer Sache immer noch positive Seiten abgewinnen.

Menschen, die zielstrebig und erfolgreich ihren Weg gehen, erheben ihre Stärke zum Maßstab und urteilen eher streng oder hart. Sie finden an allem die kritischen Punkte.

Menschen, die nicht gern explizit Position beziehen und bei Entscheidungen eher zurückhaltend sind, hüten sich vor extremen Einschätzungen. Ihre Urteile fallen immer gemäßigt nach beiden Seiten aus (Lieblingszensur »3«).

Fehler des ersten Eindrucks

Wir schätzen Personen und Situationen nach ganz kurzer Wahrnehmung ein und neigen zum Festhalten an dieser Einschätzung, auch wenn sich dafür keine Anhaltspunkte mehr bieten. Der Fehler tritt häufig in Verbindung mit den anderen auf.

Praxisbeispiel:

Die Sitzung des Ausschusses begann erst zehn Minuten nach Plan. Die Schulleiterin hat mit dem unpünktlichen Beginn »Unzuverlässigkeit« und »Ineffizienz« assoziiert. Da sie selber großen Wert auf Zuverlässigkeit und Effizienz legt, bewertet sie die Arbeit im Ausschuss als sehr negativ. Obwohl in den folgenden Sitzungen pünktlich begonnen wird, bleibt ihr Urteil stabil.

Baustellen identifizieren

Wahrscheinlich sehen Sie auf den ersten Blick eine Menge Baustellen an der Schule. Sie haben sich viel vorgenommen, und Lehrerkollegium, Schülerschaft und Eltern erwarten von Ihnen viel, auch wenn das nicht immer dasselbe ist. Deshalb besteht die Gefahr der Verzettelung. Für die erste Zeit ist es wichtig, sich auf wenige Baustellen zu beschränken. Nur so können Sie die Übersicht behalten, Einfluss ausüben und die Angelegenheit zu einem erfolgreichen Abschluss führen. Deshalb gilt hier der Grundsatz »Weniger ist mehr!«.

Zur Orientierung sind drei wesentliche Bereiche aufgeführt, in denen erfahrungsgemäß ein Handlungsbedarf neuer Schulleiter besteht:

Unterricht

Lassen Sie sich auf keine großen Projekte ein, die nicht von der großen Mehrheit des Kollegiums getragen werden. Unterstützen Sie Programme und Maßnahmen zur Verbesserung der Unterrichtsqualität, zur Entwicklung von Unterrichtsteams und zur Entwicklung der schuleigenen Curricula.

Zusammenarbeit

Zeigen Sie Farbe hinsichtlich Ihres Kommunikations- und Arbeitsstils. Unterstützen oder initiieren Sie Maßnahmen zur Verbesserung der Kommunikation und der Kooperation sowie zur Vermeidung bzw. Bearbeitung lähmender Konflikte.

Schulorganisation

Falls Ihre Arbeitsbedingungen zur Erledigung des allgemeinen Geschäftsbetriebs der Schule unbefriedigend sind, müssen Sie für bessere Voraussetzungen sorgen. Beginnen Sie aber nicht mit einer aufwendigen Renovierung Ihres Arbeitszimmers, sondern sorgen Sie für die Verbesserung der Verwaltungsabläufe (Organisations- und Aktenplan, Strukturierung der Arbeitsabläufe).

Entscheidung ist erforderlich

Bei dem Prozess der Erfassung der Baustellen sollten Sie Ideen abfragen und Meinungen einholen. Weitere Mitglieder der Schulleitung, die Personalvertretung, die Steuergruppe und andere Meinungsführer aus dem Kollegium, Eltern-, Schüler- und Schulträgervertreter können wichtige Beiträge zur Entscheidungsfindung liefern, aber die fällige Entscheidung darüber, was in Angriff genommen wird, liegt bei dem Schulleiter. Gute Führung zeigt sich daran, ob die Auswahl der Baustellen transparent gemacht wird und der Entscheidungsprozess reflektiert abläuft.

Markieren Sie die vorgesehenen Baustellen auf Ihrer Flipchart, indem Sie die entsprechenden Punkte farbig gestalten.

✒ Arbeitshilfe 2.3.b: Problemanalyse

1. Was ist das Problem?
2. Wer sind die Betroffenen? a. Wer profitiert vom Status quo? b. Wer hat Einschränkungen/Nachteile hinzunehmen?
3. Wie hoch ist der Veränderungsdruck/Reformstau? a. Wer erwartet Veränderungen? b. Wer stellt sich gegen Veränderungen?
4. Wann wäre die Problembeseitigung sinnvoll?
5. Welche Ressourcen wären erforderlich?
6. Wer muss beteiligt werden?
7. Welche Genehmigungen/Anträge sind erforderlich?
8. Welche Kommunikationsarbeit muss geleistet werden?

Bewertung:

Fazit:

Bedeutung für die Schule	Niedrig	Mittel	Hoch
Zeitliche Priorität	Niedrig	Mittel	Hoch

Zeitl. Priorität:

hoch	Delegieren.	Nebenbei erledigen.	Muss ich unverzüglich angehen.
mittel	Kann noch warten.	In Planung aufnehmen.	Muss ich für nächste Zeit einplanen.
niedrig	Kann ich vergessen.	Kann noch warten.	In Planung aufnehmen.
Bedeutung:	niedrig	mittel	hoch

Quelle: Lungershausen

2.4 Planung des Navigationskurses

Ob, wie und in welcher Reihenfolge Sie die Baustellen abarbeiten, wird durch Ihren Kurs bestimmt. Dieser Kurs kann nicht linear verlaufen, indem Sie eine Reihenfolge festlegen und diese dann einfach verfolgen. Häufig ist es sinnvoll und erforderlich, Phasen parallel zu planen oder zu bearbeiten, manchmal hängt ein Schritt auch von Vorarbeiten in einem anderen Bereich ab. Dazu kommen Erwägungen, die durch Bedeutung und Dringlichkeit bedingt sind.

Dabei können Ihnen drei Denkmodelle helfen, die hier kurz vorgestellt werden: Das Pareto-Prinzip, die ABC-Analyse und das Dringlichkeitsquadrat.

Das Pareto-Prinzip beschreibt ein relativ konstantes Wert-Mengen-Verhältnis von ca. 80 zu 20%. Der italienische Volkswirtschaftler Pareto[2] hatte dies anhand des Volksvermögens ermittelt (20% der Familien besitzen 80% des Volksvermögens).

In der Folge wurde das Pareto-Prinzip auf viele andere Bereiche übertragen. So werden Sie feststellen (oder schon wissen) dass ungefähr 80% der produktiven Beiträge an der Schule von nur 20% der Lehrkräfte kommen. Bezogen auf Ihre Arbeit wird es vermutlich so sein, dass Sie mit 20% Ihrer Arbeitszeit 80% Ihrer Arbeitsergebnisse erledigen, und die restlichen 80% müssen Sie für 20% der Ergebnisse aufwenden. Sie haben viel gewonnen, wenn Sie erkennen und realisieren, welche Arbeiten jeweils zu den 20% oder den 80% gehören. Dann können Sie zielgerichtet entscheiden, was Sie mit Vorrang behandeln oder zunächst liegenlassen können.

---

2 Vilfredo Pareto, franz.-ital. Volkswirt und Soziologe, 1848–1923.

Ein ähnliches Verfahren ist die ABC-Analyse, bei der Sie Ihre Tätigkeiten in die drei Kategorien einstufen: A = sehr wichtig, B = wichtig, C = weniger wichtig. Entsprechend wird für die drei Kategorien der Einsatz an Zeit, persönlicher Energie und Ressourcen geplant.

Das »Dringlichkeitsquadrat« zur Einstufung von Vorhaben und Arbeiten geht angeblich auf den US-General Eisenhower[3] zurück, der die zwei wesentlichen Planungskriterien »Wichtigkeit« und »Dringlichkeit« in einer Matrix kombinierte.

	DRINGLICH	NICHT DRINGLICH
WICHTIG	**A**	**B**
NICHT WICHTIG	**C**	**D**

A Diese Vorhaben müssen auf die Agenda und sofort oder zeitnah abgearbeitet werden.
B Diese Vorhaben müssen in den Zeitplan so eingebaut werden, dass sie nicht vergessen werden.
C Diese Vorhaben können durch Delegation oder Routinen schnell erledigt werden.
D Diese Vorhaben kann man vergessen oder nachrangig behandeln.

Abb. 11: Das Dringlichkeitsquadrat

Bei Ihrem weiteren Vorgehen ist es vorteilhaft, die Priorität der Vorhaben nicht ganz allein zu bestimmen, sondern auf Empfehlungen und Einwände zu hören.

☞ **Tipp:**

Arbeiten Sie in dieser Phase mit einer Moderationswand, an der Sie Ihre Vorhaben mit Karten und Zusatzvermerken anpinnen. Bitten Sie Ihre Gesprächspartner um Meinungen und Einschätzungen. Auf diese Weise erhalten Sie ein Stimmungsbild, das Ihnen viel über die Durchsetzungschancen der jeweiligen Projekte verrät.

---

3 Dwight D. Eisenhower, US-General im 2. Weltkrieg, später US-Präsident, 1890–1969.

Masterplan

Nach dem entsprechenden Anhörungs- und Beratungsverfahren können Sie dann daran gehen, den Kurs festzulegen. Dabei können Sie sich an der Gestaltung eines Masterplans[4] orientieren, wobei insbesondere die Darstellung der Vorhaben in einem Gantt-Diagramm (Balken-Plan) sehr geeignet ist, weil in dieser Form der zeitliche Ablauf sowie mögliche Parallelen, Überschneidungen und Abhängigkeiten verdeutlicht werden. Damit Sie Ihre Vorhaben immer im Blick haben, ist es auch hier zweckmäßig, den Plan auf eine Flipchart zu übertragen und im Arbeitszimmer präsent zu haben.

Mein Masterplan für das erste Jahr

Sept	Okt	Nov	Dez	Jan	Feb	Mär	Apr	Mai	Jun	Jul
		Ausbau und Unterstützung des Unterrichtsentwicklungsprozesses ▶								
						Erstellung eines Konzepts zur Kommunikation und Konfliktbearbeitung ▶				
				Neugestaltung der Büroorganisation ▶						

Abb. 12: Darstellung der Vorhaben im Gantt-Diagramm

Ein solcher Masterplan ist eine gute Grundlage für Gespräche zu verschiedenen Anlässen:

- Er ist die Grundlage der Strategieplanung und des Veränderungsmanagements der Führungskraft (für Schulleiter selbst).
- Er dokumentiert die geplante Entwicklungsrichtung und zeigt Perspektiven auf (für Beteiligte/Betroffene, schulische Gremien).
- Er dient als Beleg für Führungsaktivitäten und als Grundlage für Zielvereinbarungen mit Vorgesetzten (für die Schulbehörde).
- Er belegt die erforderlichen Investitionen und den Bedarf entsprechender Haushaltsmittel (für den Schulträger).

---

4 Vgl. Lungershausen, H.: Der Masterplan als Führungsinstrument der Schulleitung. In: SchulVerwaltung Niedersachsen 10/2008, S. 262 ff., SchulVerwaltung Bayern 1/2009, S. 18 ff. und SchulVerwaltung Hessen/Rheinland-Pfalz 4–5/2010, S. 130 ff. u. 149 ff.

- Er wird zu einem Bestandteil der Unterlagen für die externe Evaluation der Schule (für die Schulinspektion).

⊛ Arbeitshilfe 2.4.a: Masterplan Balkendiagramm

Mein Masterplan-Chart für XYZ-Schule

V.-Nr.	Gestaltungs-bereiche	2010/2011 (Sept–Aug)	2011/2012 (Sept–Aug)
1	A		
2	B		
3	C	Herbstferien / Weihnachtsferien / Osterferien / Sommerferien	Herbstferien / Weihnachtsferien / Osterferien / Sommerferien
4	D		
5	E		
6	F		

V.-Nr.	Gestaltungs-bereiche	2012/2013 (Sept–Aug)	2013/2014 (Sept–Aug)
1	A		
2	B		
3	C	Herbstferien / Weihnachtsferien / Osterferien / Sommerferien	Herbstferien / Weihnachtsferien / Osterferien / Sommerferien
4	D		
5	E		
6	F		

V.-Nr.	Gestaltungs-bereiche	2014/2015 (Sept–Aug)	2015/2016 (Sept–Aug)
1	A		
2	B		
3	C	Herbstferien / Weihnachtsferien / Osterferien / Sommerferien	Herbstferien / Weihnachtsferien / Osterferien / Sommerferien
4	D		
5	E		
6	F		

✎ Arbeitshilfe 2.4.b: Masterplan Dokumentation

Nr. 1	Vorhaben	Zeitbe-darf	Anfang (Soll)	Ende (Soll)	Bedarf Arbeitszeit	Bedarf Mittel	Zwischen-ergebnisse	Einfüh-rung (Soll)
	Ziel	Voraus-setzung	Anfang (Ist)	Ende (Ist)	Aufge-wandt	Aufge-wandt	Ergebnis	Einfü-hung (Ist)
Nr. 2	Vorhaben	Zeitbe-darf	Anfang (Soll)	Ende (Soll)	Bedarf Arbeitszeit	Bedarf Mittel	Zwischen-ergebnisse	Einfüh-rung
	Ziel	Voraus-setzung	Anfang (Ist)	Ende (Ist)	Aufge-wandt	Aufge-wandt	Ergebnis	
Nr. 3	Vorhaben	Zeitbe-darf	Anfang (Soll)	Ende (Soll)	Bedarf Arbeitszeit	Bedarf Mittel	Zwischen-ergebnisse	Einfüh-rung
	Ziel	Voraus-setzung	Anfang (Ist)	Ende (Ist)	Aufge-wandt	Aufge-wandt	Ergebnis	
Nr. 4	Vorhaben	Zeitbe-darf	Anfang (Soll)	Ende (Soll)	Bedarf Arbeitszeit	Bedarf Mittel	Zwischen-ergebnisse	Einfüh-rung
	Ziel	Voraus-setzung	Anfang (Ist)	Ende (Ist)	Aufge-wandt	Aufge-wandt	Ergebnis	

Quelle: www.hl-training-coaching.de

☞ Tipp:

Führen Sie zu allen Arbeitssitzungen oder Besuchen einen Data-Stick mit, auf dem Ihr Masterplan und weitere wichtige Vorhaben dokumentiert sind. Achten Sie auf eine möglichst anschauliche Darstellung. Auf diese Weise können Sie jederzeit (und quasi aus dem Stegreif) zu den Vorhaben Ihrer Schule referieren oder Auskunft geben.

Change Management

Bei allen Vorhaben sollten Sie die wichtigsten Erkenntnisse des Change Managements[5] berücksichtigen, damit Ihr Plan nicht im Vorhinein zum Scheitern verurteilt ist.

---

5 Vgl. Kostka, C., Mönch, A.: Change Management. 4 Auflage, München, Carl Hanser 2009.
   Lungershausen, H.: Change Management – Schlagwort oder Zauberformel? Wie Schulleitungen Veränderungsprozesse erfolgreich gestalten können. In: SchulVerwaltung Niedersachsen 9/2009, S. 230 ff. In: SchulVerwaltung Bayern 11/2009, S. 301 ff. In: SchulVerwaltung Nordrhein-Westfalen 3/2010, S. 81 ff. In: SchulVerwaltung Hessen/Rheinland-Pfalz 6/2010, S. 197 ff.

Dazu gehört, dass Sie ...

- die Notwendigkeit des Vorhabens vermitteln können (Ziel und Begründung müssen anderen einleuchten),
- die Erfolgschancen (fördernde und hemmende Faktoren) untersucht haben,
- die Interessen der Betroffenen erkunden und realistisch einschätzen (die Vorteile der Maßnahme müssen die Nachteile mittelfristig übertreffen),
- für ein angenehmes Umfeld und gute Arbeitsbedingungen bei Einführung und Umsetzung von Veränderungen sorgen.

Diese Punkte haben besondere Bedeutung in einer Zeit, in der die Schulen unter dem Druck stehen, mehr Aufgaben übernehmen zu müssen und nicht über erweiterte Ressourcen zu verfügen. So kommt es, dass sich sowohl die Kollegien wie die Schulleitungen überlastet und gestresst fühlen. Diese Ausgangslage verursacht an den Schulen Widerstände und Unverständnis für neue Anforderungen. Wenn aber Neuerungen wirkungsvoll umgesetzt werden sollen, geht das nur mit der Unterstützung aller Akteure.

Wenn Sie also Ihren Navigationskurs festlegen, dann berücksichtigen Sie die Stimmung und die Interessen Ihrer »Trekking-Gruppe«, damit Sie nach einer bestimmten Wegstrecke nicht plötzlich als Wanderführer ohne Gefolgschaft dastehen.

2.5 Harte und weiche Faktoren

Bei der Einschätzung und Bewertung einer Schule gibt es harte und weiche Faktoren, und wenn Sie sich die Entwicklungslandschaft Ihrer Schule vergegenwärtigen wollen, sollten Sie diese in eine angemessene Relation setzen.

Auf den ersten Blick machen sich die harten Faktoren bemerkbar: ein ansehnliches oder ein heruntergekommenes Gebäude, eine ansprechende oder abstoßende Gestaltung der Räume, eine gute oder mangelhafte Ausstattung mit Medien, ein üppiger oder knapper Etat, mehr oder weniger gut funktionierende Gremien, ausreichende oder mangelhafte Versorgung mit Sekretärinnen(-stunden). Alle diese Punkte sind wichtig, aber nicht entscheidend dafür, ob die Schule erfolgreich arbeitet. Tatsache ist, dass Schulen, die über gleiche oder ähnliche Ressourcen verfügen, zu völlig unterschiedlichen Ergebnissen und Erfolgen kommen. Schule erfolgreich gestalten hängt nämlich nicht nur von den harten Faktoren ab.

G-Faktoren oder »Schul-Hardware«	M-Faktoren oder »Schul-Software«
Gebäude	Menschen, Mitarbeiter
Gelände	Medien, Meinungen
Gremien	Maßstäbe, Moral
Geschäftsausstattung	Muße, Manieren
Gegenstände	Miteinander
Geräte	Moderation, Mediation
Geld	Mitsprache
Gesetze	Mut

Abb. 13: Harte und weiche Faktoren in der Schule

So wichtig es ist, sich für eine angemessene Ausstattung mit Ressourcen einzusetzen, so wichtig ist es aber auch, die weichen Faktoren im Auge zu behalten. Sie sind nämlich häufig entscheidend für das Wohl oder Wehe der Schule. Wie die Menschen miteinander kommunizieren und umgehen, was sie motiviert und bewegt, welche Arbeitsatmosphäre und welches soziale Klima herrschen, das wirkt sich weit intensiver auf die Entwicklungslandschaft der Schule aus. Deshalb müssen Sie bei der Planung Ihrer Vorhaben und Schritte dafür sorgen, dass harte und weiche Faktoren im angemessenen Verhältnis berücksichtigt werden.

Erfahrungen aus Organisationen belegen, dass generell die M-Faktoren unterschätzt werden. Die folgenden Bereiche sind ganz wesentlich für das Funktionieren der Organisation Schule und erfordern Ihre besondere Aufmerksamkeit:

- Ein Kommunikationsverhalten, das von Offenheit und Freundlichkeit geprägt ist.
- Eine Feedback-Kultur in der direkt und ehrlich, aber mit Wertschätzung gearbeitet wird.
- Ein Konfliktmanagement, das Auseinandersetzungen aufgreift und zur Bereinigung oder Klärung führt.
- Umgangsformen, die den Weg zwischen steifer Korrektheit und kumpelhafter Flapsigkeit finden.

Prüfen Sie sich selbst in diesem Zusammenhang, in welchem Bereich Ihre Fähigkeiten stärker oder schwächer entwickelt sind. Wenn bei Ihnen die »hard skills« besser entwickelt sind, werden Sie vermutlich eher den Blick auf die harten Faktoren werfen und dort aktiv werden. Dabei besteht die Gefahr, die weichen Faktoren zu unterbewerten und ihnen nicht die gebührende Aufmerksamkeit zu schenken. Und umgekehrt gilt das entsprechende.

☞ Tipp:

Im Abschnitt 6.2 finden Sie Hinweise, wie Sie Ihr Selbstbild mit der Wirkung auf andere (Fremdbild) abgleichen können. Mithilfe dieses Vorgehens können Sie sich Klarheit darüber verschaffen, wo bei Ihnen Stärken oder Entwicklungspotenziale gesehen werden.

»hard skills«:	»soft skills«:
• Geld beschaffen	• Mitarbeiter motivieren
• Plan aufstellen	• Kommunikationskultur schaffen
• Konzepte erstellen	• Konflikte entschärfen
• Beschaffungen optimieren	• Kritik annehmbar äußern
• Organisation straffen	• Skeptiker überzeugen
• Rechtslage ermitteln	• Atmosphäre schaffen

Abb. 14: Beispiele für »hard skills« und »soft skills«

Wenn Sie realisieren, dass Sie eher zu den harten oder weichen Faktoren tendieren, müssen Sie für einen Ausgleich sorgen. Langfristig können Sie Ihre Fähigkeiten und Kompetenzen trainieren und entwickeln, kurzfristig ist es hilfreich, wenn Sie Mitglieder der Schulleitung haben, die in diesem Bereich besser befähigt sind. Nutzen Sie dieses Potenzial zur Beratung oder übertragen Sie entsprechende Aufgaben.

⚙ **Arbeitshilfe 2.5: Feedback-Burger**

Wirkungsvolles Feedback = wertschätzendes Feedback

1. Starten Sie mit einem freundlichen Einstieg.

2. Verwenden Sie Ich-Botschaften bei den drei Schritten: Wahrnehmung, Wirkung, Wunsch.

3. Drücken Sie Ihre positive Hoffnung/Einstellung als Fazit aus.

Zur Merkhilfe: Der Feedback-Burger

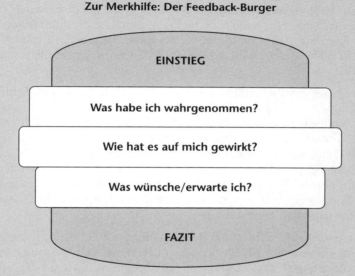

EINSTIEG

Was habe ich wahrgenommen?

Wie hat es auf mich gewirkt?

Was wünsche/erwarte ich?

FAZIT

Beispiel:

1. Sie haben das Ergebnis Ihrer Gruppe anschaulich präsentiert, dafür herzlichen Dank!
2. a) Ich habe festgestellt, dass Sie dabei recht leise gesprochen haben.
   b) Das hat auf mich einen relativ unsicheren Eindruck gemacht.
   c) Ich wünsche mir, dass Sie etwas lauter und akzentuierter sprächen, weil Sie dann viel sicherer und souveräner wirken.
3. Denken Sie doch bitte bei Ihrer nächsten Präsentation daran – alles Gute dazu!

2.6 Schule als System

Ein besseres Verständnis der Entwicklungslandschaft Ihrer Schule werden Sie auch entwickeln, wenn Sie die Organisation Schule als System verstehen. Dabei lässt sich der Blick von außen auf die Schule richten, nämlich wie die Schule in das Gesellschaftssystem eingepasst ist. Die andere Betrachtung schaut in die Schule, nämlich wie die Organisation sich selbst in Funktion hält.

Schule im Gesamtsystem

Das System Schule hat eine gesellschaftliche Funktion, nämlich durch die Qualifikation der jungen Menschen für eine volkswirtschaftliche Reproduktion zu sorgen. Gibt es nicht genügend Nachwuchs an qualifizierten Menschen, kommt es zu schwerwiegenden Problemen (geringere Produktion, geringeres Steueraufkommen, fehlende Mittel für staatliche Aufgaben, Altersarmut etc.). Deshalb ist Bildung eine staatliche Aufgabe, die in Form öffentlicher Schulen organisiert ist.

Neben dieser gesellschaftlichen Aufgabe muss sich das System Schule auch den individuellen Bildungsansprüchen der Bürger stellen. Bildung sichert die Existenz, und je besser sie ist, desto besser sind die persönlichen Entwicklungschancen. Hinzu kommen die Erwartungen und Ansprüche der übrigen Beteiligten am Bildungssystem, die ein Eigeninteresse an der Funktion des Gesamtsystems haben. Beispiel: Die Gymnasien erwarten von den Grundschulen einen Anteil von potenziellen Schülern, der über die erforderlichen Leistungsmerkmale verfügt, um dort bestehen zu können. Denn nur so ist die Existenz von Gymnasien dauerhaft gesichert.

Ein wesentlicher Gesichtspunkt der Gestaltung von Schule muss deshalb die Frage sein, inwieweit die Schule den Ansprüchen und Erfordernissen der anderen Systeme genügt. Das Gesamtsystem funktioniert nämlich nur dann auf Dauer, wenn die Leistungserwartungen und die tatsächlich erbrachten Leistungen sich in etwa entsprechen.

Dieser Blickwinkel auf die Schule war lange Zeit aus dem Blick geraten, wird aber durch bildungsökonomische Untersuchungen, die OECD-Vergleiche und die entsprechenden Studien (Pisa) jetzt hochaktuell.

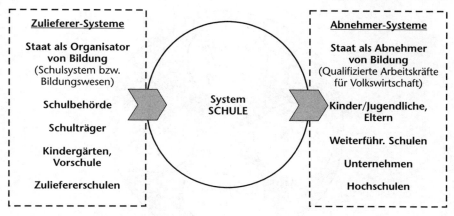

Abb. 15: Blick auf die Schule im Gesamtsystem

Funktion des Systems Schule

Die Entwicklungslandschaft der Schule erschließt sich erst richtig, wenn die Funktion des Systems verstanden wird. Ein soziales System besteht aus seinen Elementen (Personen, Gremien, Gruppen), den Beziehungen untereinander, den herrschenden Regeln und der Abgrenzung zur Umwelt.

An einer kleinen Schule mit einem Kollegium von 10 Lehrkräften bilden diese Elemente jeweils ein Subsystem, an einer großen Schule können Abteilungen, Jahrgangsstufen, Arbeitsgruppen, Fachteams die Subsysteme strukturieren. Dabei ist davon auszugehen, dass die Interessen der Subsysteme nicht identisch sind. Damit das System aber nicht auseinanderfällt, bestehen Regeln, welche die Beziehungen innerhalb des Systems strukturieren und es nach außen abgrenzen.

Eine wichtige Funktion hat das Schulprogramm mit einem Leitbild, das alle Subsysteme zu der Arbeit nach gemeinsamen Grundsätzen und Werten verpflichtet. Eine Regel lautet, dass dieses Programm nicht explizit infrage gestellt werden darf, weil es z.B. zur Abgrenzung von vergleichbaren Schulen dient. Innerhalb des Systems gibt es aber auch die latente Regel, dass man das Schulprogramm nicht ganz so ernst nehmen darf. Denn wenn man diese Fülle edler Ziele tatsächlich verwirklichen wollte, müsste man sich ja richtig anstrengen.

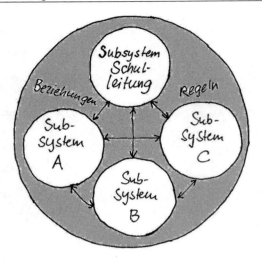

Das hat praktische Konsequenzen: Wenn Sie sich als Schulleiter in einer Konferenz auf das bestehende Schulprogramm berufen und die konsequente Umsetzung fordern, wird zwar offiziell niemand widersprechen, aber ein (unterschiedlich großer) Teil des Kollegiums wird denken:»Wieder große Worte, warten wir mal ab, was passiert, schließlich müssten wir ja die Arbeit machen!«

Der Zusammenhang von formalen, informellen und latenten Regeln wurde als»Funktionsgrammatik der Organisation«[6] beschrieben und gibt Aufschlüsse, warum vieles nicht so klappt, wie es offiziell vorgesehen und geregelt ist.

Das Regelwerk des Systems Schule

Die Schule wird – wie jede Organisation – von Regeln auf drei verschiedenen Ebenen geprägt:

1. Die formalen Regeln sind bindende Bestimmungen, wie sie z.B. im Schulgesetz, der Konferenzordnung und in Dienstanweisungen formuliert sind. Sie werden offiziell oder explizit nicht infrage gestellt. Wenn sie nicht beachtet werden, drohen Sanktionen.
2. Informelle Regeln bilden sich im Laufe der allgemeinen Kommunikation und Zusammenarbeit heraus. Sie können auf der einen Seite der Organisation dienen, wenn z.B. Arbeitsabläufe auf»dem kleinen Dienstweg« schneller und effizienter erledigt werden können. Beispielhafte Regel:»Eintragungen in die Fahrtenkladde ersetzen die offizielle Genehmigung der Dienstreise«. Auf der anderen Seite können sie auch kontraproduktiv sein, wenn sich dadurch

---

6 Vgl. Zech, R.: Latente Regeln des Funktionierens der Organisation Schule. In: Bartz u.a. (Hrsg.): PraxisWissen Schul-Leitung, Köln, LinkLuchterhand 2009, Beitrag 62.21.

negative Folgen für die Organisation ergeben können. Beispiel »Elternbeschwerden wimmeln wir erst mal ab!«

3. Latente Regeln bestimmen das Handeln der Organisationsmitglieder, ohne dass ihnen diese bewusst werden. Sie sichern eine Art »Gemeinsinn« in der Organisation, was sich nützlich oder schädlich auswirken kann. Werden latente Regeln in der Organisation thematisiert, formuliert und untersucht, dann sind sie nicht mehr latent.

Von Seiten der Schulleitung mag die Erwartung bestehen, dass in erster Linie die formalen Regeln den Umgang im System bestimmen, faktisch wird aber die Realität am stärksten von den latenten und informellen Regeln beeinflusst.

Praxisbeispiel:

An einer Schule besteht die latente Regel »Unsere Überzeugung, dass wir zu stark belastet sind und dringend Entlastung brauchen, darf niemand infrage stellen.« Eine Kollegin hat diese Regel nicht verinnerlicht. Sie geht ihrer Arbeit fröhlich und erfolgreich nach, jammert nicht, beteiligt sich an einer freiwilligen Projektgruppe und übernimmt Teilaufgaben bei der Qualitätsentwicklung. Der Schulleiter sieht die Qualitäten der Kollegin und bringt sie als neue didaktische Leiterin ins Gespräch. Er wundert sich, dass sich im Kollegium erheblicher Widerstand und Unwillen artikuliert: »Ich weiß gar nicht, was Sie gegen Frau ... haben, sie macht doch eine ausgezeichnete Arbeit!«

Die latente Regel hat zu einem Zirkelschluss im Kollegium geführt, der sich immer wieder selbst bestätigt:

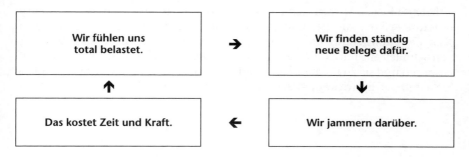

Abb. 16: Zirkel im Kollegium

Mit ihrem Verhalten hat die Kollegin gegen die latente Regel verstoßen und sich sozial isoliert. Deshalb ist es nicht verwunderlich, dass der Vorschlag, sie zur didaktischen Leiterin zu machen, auf Ablehnung stößt.

☞ Tipp:

Bevor Sie personelle Vorschläge machen, Anträge einbringen oder Neuerungen vorstellen, sollten Sie sich über die von den latenten Regeln geprägte Meinung oder Einstellung im Kollegium klar werden. Manchmal werden Vorschläge nur abgelehnt, weil sie von »oben« kommen. Prüfen Sie deshalb, ob es sinnvoll ist, dass jemand anders den Vorschlag macht oder den Antrag einbringt.

Es gibt auch latente Regeln, die sich nützlich auswirken können. Sie werden insbesondere von positiv und optimistisch denkenden und handelnden Menschen initiiert. Zu einer angenehmen Arbeitsatmosphäre tragen auf diese Weise oft Kollegen bei, ohne zu realisieren, dass sie latente Regeln eingeführt haben.

☞ Tipp:

Der Beitrag von Menschen, die durch ihre kommunikativen Fähigkeiten zu einer positiven Atmosphäre beitragen, wird oft unterschätzt. Zeigen Sie Ihre Wertschätzung für diesen Beitrag zu einer guten Schule, unterstützen Sie entsprechende Aktivitäten und bedanken Sie sich mit einer kleinen Aufmerksamkeit.

(Gut geeignet sind kleine Pralinenschachteln mit dem Aufdruck »Kleiner Dank« o.ä.)

Latente Regeln wirken sich besonders aus auf das Arbeitsklima, die Kollegiumsatmosphäre, die persönliche Kommunikation, die Zusammenarbeit in Teams, die Einstellung und Stimmung gegenüber Neuerungen, das Verhältnis von Schulleitung und Kollegium. Sie sehen, dass es sich lohnt, latente Regeln aufzuspüren und sie zu thematisieren. Auf diese Weise können Sie viele verborgene Stellen in der Entwicklungslandschaft der Schule aufdecken.

⊘ **Arbeitshilfe 2.6: Latente Regeln**

Beispiel für die latente Funktionsgrammatik einer Schule

System der Organisationsregeln

sinnvolle	**formale Regeln**	überholte	**bewusster Bereich**
funktionale	**informelle Regeln**	dysfunktionale	**unbewusster Bereich**
unschädliche/ nützliche	**latente Regeln**	schädliche	

1. Liste latenter Regeln

Alle nachfolgenden Regeln sind echt, auch wenn sie nicht alle aus derselben Organisation stammen. Die Tatsache, dass die Regeln alle eine negative Konnotation haben, liegt daran, dass latente Funktionsgrammatiken nur dann analysiert werden, wenn der Eindruck entstanden ist, dass hier Probleme, z.B. hinsichtlich Veränderungsblockaden, liegen könnten. Mit diesem konstruierten Beispiel ist nicht behauptet, dass es in Schulen generell so zugeht. Sein Sinn besteht in der Veranschaulichung der theoretischen Ausführungen über das Wirken von latenten Regeln in Organisationen.

- Wir müssen unter allen Umständen zusammenhalten, denn die Welt ist feindlich und kalt!
- Jede Einmischung von außen ist unzulässig!
- Schließe die Tür deines Klassenzimmers; was hier passiert, geht nur dich etwas an!
- Habe keine Probleme; die anderen haben ja auch keine!
- Wer eine Funktionsstelle hat, ist deshalb per se inkompetent!
- Wenn du etwas durchsetzen willst, gehe nicht zu dem, der zuständig ist, sondern zu dem, der sich »wirklich auskennt« (und zum eigenen Netzwerk gehört)!

- Kritik von Eltern ist in jedem Fall zurückzuweisen; sie ist entweder unberechtigt oder beruht auf Unkenntnis der genauen Sachlage!
- Der individuelle Gestaltungsraum darf in keiner Weise beschränkt werden; Formalität ist Bürokratisierung, Hierarchie ist Herrschaft. Beides ist darum abzulehnen!
- Vermeide Selbstfestlegungen; sie widersprechen der pädagogischen Autonomie einer Lehrkraft!

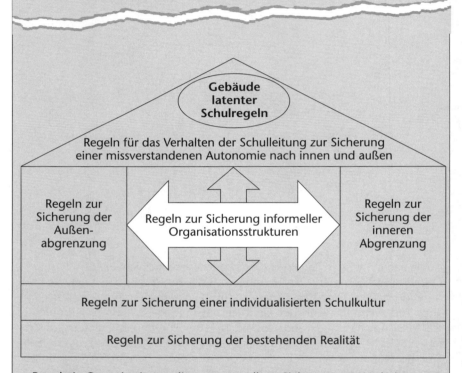

Regeln in Organisationen dienen generell zur Sicherung von Verhaltensweisen, die die kommunizierenden und interagierenden Personen wechselseitig voneinander erwarten. Damit gewährleisten sie die Stabilität von Organisationsstrukturen. In diesem Beispiel legt die Schule größten Wert darauf, dass ihre – leider missverstandene – Autonomie nicht durch störende externe oder interne Steuerungsimpulse angetastet wird. Dafür hat sie ein stabiles Gebäude latenter Funktionsregeln errichtet, was natürlich nicht bewusst geschehen ist, sondern sich in langer Praxis herausgebildet hat.

Das Gebäude ruht auf einem soliden Fundament von Regeln zur Sicherung der bestehenden Realität bzw. zur Nichtveränderung des Vorhandenen. Das

Fundament besteht in einer zweiten Schicht aus den Regeln zur Sicherung einer individualisierten Schulkultur, denn diese ist die Folge der flankierenden Abgrenzungsregel nach außen und innen, um sich nicht als störend empfundenen Einflussnahmen auszusetzen. Die Schulleitung wird als Wächter des Gebäudes der Veränderungsresistenz installiert und nicht etwa als Gestaltungsinstanz einer pädagogischen Organisationsentwicklung. Intern stabilisieren die Regeln zur Sicherung von Informalität das Gebäude in alle Richtungen; sie verhindern Festlegungen, verbindliche Absprachen und formale Steuerungsstrukturen der Organisation.

Alles, was in einer Organisation geschieht, hat irgendeinen Nutzen, sonst würde es nicht geschehen; aber es hat normalerweise auch eine Kostenseite des Schadens. Der Nutzen der dargestellten latenten Funktionsgrammatik besteht darin, dass die einzelnen Lehrerinnen und Lehrer einen maximalen individuellen Handlungsspielraum haben. Ein Schaden tritt allerdings in zweifacher Weise ein: Die vermeintlichen individuellen Freiräume münden insgesamt in eine individualisierte Schulkultur mit der Gefahr der Isolierung der Handelnden voneinander. Diese Individualisierung führt zu einer Nichtsteuerbarkeit der Schule als Ganzes und zur Veränderungsresistenz gegen- über den sich wandelnden Anforderungen der Umwelt.

Eine Schule, die auf der Grundlage dieser beispielhaft angeführten oder ähnlicher latenter Regeln handelt, ist kaum in der Lage, die Herausforderungen einer autonomen pädagogischen Organisation in einer anspruchsvollen Umwelt zu bewältigen. Hier wäre ein eingreifendes Regelmanagement der Schulleitung dringend geboten.

Quelle: Zech, Rainer: Latente Regeln des Funktionierens der Organisation Schule (Beitrag 62.21) in: Bartz, Adolf; Dammann, Maja; Huber, Stephan G.; Kloft, Carmen; Schreiner, Manfred (Hrsg.): PraxisWissen SchulLeitung. Basiswissen und Arbeitshilfen zu den zentralen Handlungsfeldern der Schulleitung. Köln, Carl Link (Loseblattwerk)

⊙ Auf der CD-ROM finden Sie zum Kapitel 2 folgende Arbeitshilfen:

Arbeitshilfe 2.3.a: Mein persönliches Mission Statement

Arbeitshilfe 2.3.b: Problemanalyse

Arbeitshilfe 2.4.a: Masterplan Balkendiagramm

Arbeitshilfe 2.4.b: Masterplan Dokumentation

Arbeitshilfe 2.5: Feedback-Burger

Arbeitshilfe 2.6: Latente Regeln

3. Das Umfeld der Schule erkunden

3.1 Einleitung

Bedenken Sie bei Ihrem Amtsantritt stets: Sie sind nun Schulleiter. Sie vertreten die Schule nach Außen und sind der erste Repräsentant und auch Botschafter Ihrer Schule. Deswegen gilt es an dieser Stelle ganz besonders abzuwägen, welche eventuellen Einladungen man ausschlagen kann und bei welchen Ereignissen man sich vertreten lassen kann. Verinnerlichen Sie, dass der erste Auftritt meist einen bleibenden Eindruck hinterlässt. Selbstverständlich ist es ein Unterschied, ob Sie Schulleiter in einer Großstadt sind oder ob Sie eventuell der Leiter der einzigen Schule im Ort sind. Das kann manchmal durchaus anstrengender sein, da lokal eine viel stärkere Präsenz erwartet wird, als in einer Stadt, wo Sie nur einer von vielen sind. Gleich ist allerdings beiden Situationen: Ihr Handeln fällt auf Ihre Schule zurück.

Dadurch tragen Sie natürlich eine große Verantwortung, aber diese sollte Sie nicht erdrücken. Vielmehr beflügelt Sie nun die Aussicht auf den Gestaltungsspielraum, die Ihnen Ihr neuer Posten beschert. Sie können eigene Akzente setzen und der Schule in einem gewissen Umfang Ihren »Stempel aufdrücken«.

Im Umfeld der Schule haben Sie es mit »Pflichtpartnern« zu tun, mit denen Sie »qua Amt« zusammenarbeiten müssen. Dazu gehören Schulverwaltung, Schulträger und die Schulen, die als Zulieferer und Abnehmer Ihrer Schüler fungieren. Daneben gibt es die »Kür«, bei der Sie entscheiden müssen, welche Kontakte Sie zuerst herstellen und ausbauen werden.

Stürzen Sie sich nicht Hals über Kopf in viele Aktivitäten und Kontakte, sondern sondieren Sie zunächst, welche Einrichtungen oder Kooperationspartner für Ihre Schule von besonderer Bedeutung sind. Falls es noch keine Kartei der Kooperationspartner gibt, lohnt es sich, ein solches Verzeichnis für die Schule anzulegen. Darin werden die Kommunikationsverbindungen notiert und hinter den Angaben steht die jeweilige Kontaktperson. Ergänzt werden die Angaben mit dem Namen desjenigen, der von Seiten der Schule den Kontakt pflegt. Sie müssen unterscheiden können, ob Sie als Schulleiter den Kontakt persönlich pflegen wollen oder ob Sie diese Aufgabe delegieren können.

Bei der Kontaktaufnahme sollten Sie auch berücksichtigen, ob Sie Ihren Gesprächspartner in die Schule einladen oder ihn besuchen.

Aufnahme- und Willkommenskultur

Die Würdigung der Besucher Ihrer Schule ist schon zu Beginn Ihrer Amtszeit ein neuer Akzent, den Sie setzen können. Treten Sie einfach vor Ihr Büro oder den Verwaltungstrakt und schauen sich den Bereich an, in dem Ihre Gäste – seien es Eltern, Kollegen oder andere Gesprächspartner – auf den Termin mit Ihnen warten müssen. Sehen Sie sich in diesem Wartebereich um und fragen Sie sich, ob Sie sich dort wohlfühlen und willkommen fühlen. Wenn dies der Fall ist: Herzlichen Glückwunsch! Im anderen Fall sollten Sie Änderungen herbeiführen und eigene Akzente setzen.

Der Wartebereich einer Schule muss nicht dem Wartezimmer eines Arztes gleichgesetzt werden, und doch bestimmt dieser Bereich eventuell schon die Atmosphäre des zu führenden Gesprächs. Je willkommener sich Ihre Gäste fühlen, desto positiver kann der Gesprächseinstieg verlaufen und ist das Thema noch so heikel.

Achten Sie darauf, dass Besucher nicht das Gefühl vermittelt bekommen, als Bittsteller auftreten zu müssen. Diese Zeiten sollten in der Schule vorbei sein. Ein kleiner Tisch mit Zeitschriften, vielleicht ein Info-Brett mit schuleigenen Informationen, eine Bank oder zwei, drei Stühle machen das Warten auf einen Gesprächstermin schon um einiges angenehmer. Eine Investition, die nicht allzu hoch ist, sich aber durchaus auszahlt.

Einladungen und Repräsentation

So, wie Sie nun Gastgeber werden, werden Sie auch Gast sein. Ein Gast, der als Schulrepräsentant eingeladen wird. Dies vor Augen müssen Sie bei jeder Einladung entscheiden, ob Sie diesen Termin persönlich wahrnehmen möchten, ihn delegieren, freundlich absagen oder gänzlich außer Acht lassen. Das Letztere ist nicht empfehlenswert, wenigstens eine kurze schriftliche Absage sollten Sie in Betracht ziehen. Das kostet Sie nicht viel Zeit und hinterlässt trotzdem einen guten Eindruck.

Einladungen der umliegenden Schulen zu Schulfeiern sollten Sie anfangs persönlich wahrnehmen. Das bietet Ihnen die Möglichkeit, die anderen Schulkulturen kennenzulernen und sich ggf. auch dort vorzustellen. Später können solche Termine durchaus delegiert werden.

Chefsache sollten Veranstaltungen des Schulträgers sein, gerade zu Beginn vielleicht lieber eine Einladung zu viel als zu wenig annehmen. Mit der Zeit erkennen Sie auch bei diesen Anlässen, welche Sie zu priorisieren haben, und welche delegiert oder freundlich abgesagt werden können.

Bei allen Kontakten ist es hilfreich, die Visitenkarte und eine Übersicht über die Schule (Merkblatt oder Schulflyer) griffbereit zu halten. Diese Hilfsmittel tragen dazu bei, dass der Kontakt nicht so schnell in Vergessenheit gerät.

In diesem Kapitel erhalten Sie Anregungen, wie Sie Ihre Außenwirkung strukturieren können. Sie erfahren, wie und wo Auftritte gelingen und welche Außenkontakte schon zu Beginn Ihrer Amtszeit unerlässlich sein sollten.

3.2 Die Schulverwaltung oder -behörde

Die Schulverwaltungen oder Schulbehörden sind in Deutschland wegen der Länderzuständigkeit für die Schulbildung recht unterschiedlich strukturiert. Deshalb kann die Übersicht nur eine grobe Orientierung bieten.

Oberste Schulbehörde	Kultusministerium/ Schulministerium	Umsetzung der Schulgesetze Schul- und Unterrichtsorganisation Richtlinienkompetenz Curricula Erlasse
Obere Schulbehörde	Bezirksregierung Oberschulamt Landesschulbehörde Landesschulamt	Lehrerpersonalien Rechtsvertretung Schulfachliche Zuständigkeit für – Gymnasien – Gesamtschulen – Berufliche Schulen
Untere Schulbehörde	Schulamt Schulrat	Schulfachliche Zuständigkeit für – Grundschulen – Hauptschulen – Realschulen – Förderschulen

Abb. 17: Klassifizierung und Aufgaben der Schulbehörden

Die Schulbehörden befinden sich zurzeit in einem Umbruch. Traditionell hat sich die Schulbehörde als **Schulaufsicht** verstanden, deren Hauptaufgabe darin bestand, den Schulen Vorgaben zu machen und deren Einhaltung oder Umsetzung zu kontrollieren.

Mit der zunehmenden Eigenverantwortung und Teilautonomie der Schulen soll sich die Funktion der Schulbehörde in Richtung einer **Dienstleistungsagentur** wandeln: Die Schulbehörden sollen mehr beratend und unterstützend tätig werden. Dieser Prozess erfordert jedoch ein Umdenken von hierarchischen Strukturen zu einem partizipativen Umgang miteinander und wird vermutlich noch eine ganze Weile dauern. Dennoch ist anzuerkennen, dass einige Schulbehörden sich programmatisch in diese Richtung bewegen.

Die 10 Leitthesen zur Neuausrichtung der Landesschulbehörde[1]

1. Wie die Schulen kennt die Landesschulbehörde keinen Stillstand.
2. Wir bauen auf dem Erreichten auf.
3. Wir entwickeln ein gemeinsames Leitbild mit einem nachhaltigen Qualitätsmanagement.
4. Akzeptanz und Partizipation sind die Basis für den Veränderungsprozess.
5. Die organisatorische Umstrukturierung und eine verbesserte Steuerungs- und Servicefähigkeit gehen Hand in Hand.
6. Jede Mitarbeiterin, jeder Mitarbeiter ist wichtig.
7. Unser besonderes Augenmerk gilt dem Prozess des Zusammenwachsens der Außenstellen und der Standorte sowie den neu zu gründenden Dezernaten.
8. Als eine ihrer zentralen Aufgaben gewährt die Landesschulbehörde auch weiterhin die Beratung und Unterstützung der Schulen.
9. Wir sind eine moderne Dienstleistungsorganisation.
10. Unser Ziel ist ein Höchstmaß an Qualität in den Schulen.

In einigen Schulbehörden wurden auch Funktionen ausgelagert, z.B. wurde für die behördliche Evaluation in einigen Ländern die eigenständige Schulinspektion eingerichtet.

☞ Tipp:

Erkundigen Sie sich bei den Qualifikationsveranstaltungen für die Schulleitungstätigkeit nach den konkreten Beratungs- und Unterstützungsangeboten der Schulbehörde sowie nach Fortbildungsangeboten, die sich speziell an Schulleitungen wenden.

Ein Kritikpunkt der Schulleitungen an der Obersten und Oberen Schulbehörde entzündet sich immer wieder an der Menge und dem Umfang von Neuerungen, die den Schulen auferlegt werden. »Es wird schon wieder eine neue Sau durch's Dorf gejagt!« lautet die Feststellung im norddeutschen Idiom. Problematisch daran ist, dass es den Schulleitungen überlassen wird, die Kollegien für die erforderlichen Änderungen zu motivieren. Wenn die Lehrer an der Grenze ihrer Belastung arbeiten, hilft selbst das raffinierteste Change Management wenig zur Einstimmung auf Veränderungsvorhaben, die fast immer mit einer erheblichen Menge an Arbeit verbunden sind.

---

1 www.landesschulbehoerde-niedersachsen.de/aktuelle-meldungen/neuausrichtung-der-niedersaechsischen-landesschulbehoerde-1(03/2011).

Ihre Kontakte

Als Schulleiter haben Sie insbesondere mit drei Vertretern der Schulbehörde zu tun. Es handelt sich erstens um die Person, die für Ihre Schule schulfachlich zuständig ist. Zweitens gibt es eine verantwortliche Person für die Lehrerpersonalien, und drittens werden Sie ab und zu die Hilfe einer schul- und verwaltungsrechtskundigen Person einholen müssen.

Die für Sie zuständige schulfachliche Person (Dezernent/in, Regierungsschuldirektor/in) hat Sie vermutlich in Ihr Amt eingeführt und dürfte Ihnen bekannt sein. Bitten Sie sie um ein Informationsgespräch nach der Einführung und notieren Sie sich alle Fragen, die mit der Schulbehörde zu tun haben. Fragen Sie auch nach den weiteren Personen, mit denen Sie zu tun haben werden und lassen Sie sich ggf. gleich vorstellen.

☞ Tipp:

Besorgen Sie sich das Organigramm der zuständigen Schulbehörde mit den Namen und Telefonnummern der für Sie zuständigen Personen. Halten Sie diese Unterlage bei Gesprächen mit oder in der Schulbehörde bereit, dann wissen Sie, von welcher Person oder welchem Dezernat die Rede ist.

Das Verhältnis zu Ihrer schulfachlich zuständigen Person (im folgenden Dezernent genannt) ist für Sie und Ihre Schule von großer Bedeutung. Deshalb sollten Sie ein besonderes Augenmerk auf den Kontakt haben. Finden Sie zunächst heraus, wie der Dezernent orientiert ist: Ist er noch ein Vertreter der Schulaufsicht, der den Respekt vor seiner Amtsautorität genießt und auf die Einhaltung des Dienstwegs großen Wert legt? Oder ist es jemand, der Sie gerne unterstützt und einen kollegialen Umgang auf Augenhöhe pflegt?

Als nächstes ist von Interesse, welchen Arbeits- und Informationsstil der Dezernent bevorzugt. Es gibt Dezernenten, die regelmäßige kurze Berichte gern zur

Kenntnis nehmen. Andere wollen nur in dringenden Problemfällen konsultiert werden.

✎ **Arbeitshilfe 3.2: Anleitung Namen-Leporello**

Anleitung zur Erstellung eines Leporellos mit den Namen der Kooperationspartner für die Hosentasche

1. Zweite Seite ausdrucken
2. Seite falten wie unten erläutert
3. Felder beschriften
4. Stets dabei – immer Namen parat!

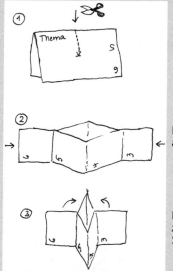

Anleitung:

Blatt quer falten (zu Größe A5) und entlang der Perforierung aufschneiden (1).

Blatt aufklappen und längs der aufgeschnittenen Perforierung falten.

Blatt an den beiden Längsseiten halten und zusammenschieben, sodass sich der Schnitt öffnet (2–3).

Dienstliche Kommunikation

Stellen Sie Ihre dienstliche Kommunikation auf die jeweilige Disposition Ihres Dezernenten ein. Daneben gilt als generelle Empfehlung für fast alle Fälle: Die Personaleinsparung hat auch in den Schulbehörden zu verdichteter Arbeit geführt, d.h. die Dezernenten sind dankbar für vermeidbare Arbeit. Formulieren Sie Ihre Anfragen oder Anliegen knapp und treffend, reichen Sie klar strukturierte Unterlagen ein und sorgen Sie für die Einhaltung von Terminen. Prüfen Sie auch genau, welche Kompetenzen den Schulen Ihres Bereichs übertragen wurden und was Sie als Schulleiter entscheiden können. In diesen Fällen sollten Sie selbstständig handeln und nur in ganz problematischen Fällen um Rat anfragen.

Mit der Schulbehörde tauschen Sie häufig Unterlagen und Dokumente aus, die Rechtswirkung besitzen, z.B. Einstellungsunterlagen, Beurteilungen, Ordnungsmaßnahmen. In diesen Fällen ist es wichtig, dass die Unterlagen nicht verloren gehen und Termine eingehalten werden. Zum Nachweis, dass eine Sendung von Ihrer Schule an die Schulbehörde termingerecht abgegangen ist, dient ein **Postausgangsbuch**. Darin vermerkt die Sekretärin, wann welche Sendung zur Post gegeben wurde. Falls an Ihrer Schule so etwas noch nicht existiert, können Sie es schnell und problemlos einführen. Postausgangsbücher gibt es im Bürofachhandel, oder die Sekretärin legt eine entsprechende Datei an.

In den Schulbehörden werden zunehmend auch die Instrumente der Personalwirtschaft eingesetzt, die für die Schulen propagiert werden: Mitarbeitergespräche und Zielvereinbarungen. Am besten Sie erkundigen sich bei dem Informationsgespräch mit Ihrem Dezernenten, ob und wann Sie mit solchen Maßnahmen konfrontiert werden. Bereiten Sie sich auf solche Anlässe vor, indem Sie Ihre Anliegen klar strukturieren und für die Zielvereinbarung selbst Vorschläge machen (wenige Ziele, smart formuliert und treffend begründet). Wenn Sie schon dazu gekommen sind, die Grundzüge des Masterplans Ihrer Schulleitung (Abschnitt 2.4) zu entwerfen, kann eine solche Unterlage sehr hilfreich sein. Die meisten Dezernenten werden Vorschläge dieser Art gern aufgreifen.

☞ Tipp:

Ziele, die handlungsleitend und überprüfbar sind, werden »smart« formuliert:

S spezifisch
M messbar
A angemessen
R realistisch
T terminiert

3.3 Der Schulträger

Mindestens genauso wichtig wie der Antrittsbesuch bei der Schulbehörde ist auch der Besuch und die Vorstellung bei der Verwaltung Ihres Schulträgers. Hier sitzen die Menschen, mit denen Sie in den nächsten Jahren zusammenarbeiten werden, bei denen Sie offene Ohren für Gebäudeprobleme oder Renovierungen erhalten wollen. Menschen, die zuständig sind, Ihren Etat oder Ihren Budgetbedarf zu berechnen, Menschen, die über Ihren Bedarf an Sekretärinnen-Stunden entscheiden und über die Einstellung des Hausmeisters entscheiden. Hier ist aber auch die politische Instanz angesiedelt, die über die Existenz Ihrer Schule entscheiden kann.

Erste Kontakte

Sie werden viele Telefonate mit diesen Menschen führen, viele E-Mails hin und her senden, Anträge schicken oder Anfragen bearbeiten. Genau deshalb ist es wichtig, diese Personen auch von Angesicht zu Angesicht zu kennen. Für Sie ist das ebenso wichtig, wie für die Sachbearbeiter, die dann auch das Gesicht zur Schule kennen und wissen, mit wem sie es zu tun haben. Hier bedeutet die persönliche Vorstellung also wieder, Ihrer Schule ein Gesicht zu geben und damit eine persönliche Verbindung herzustellen, die für eine gute Zusammenarbeit sehr wichtig ist.

In kleinen Gemeinden, wo Sie möglicherweise die einzige Schule vor Ort vertreten, wird der Bürgermeister ein großes Interesse daran haben, gut mit Ihnen zusammenzuarbeiten. Eine Schule im Dorf ist wichtig, und angesichts rückläufiger Schülerzahlen versuchen viele Lokalpolitiker, die Schule vor Ort zu erhalten.

In den Städten und Kreisen ist meistens ein Schulamt oder eine entsprechende Abteilung für die Schulen zuständig. Zu dem Leiter dieser Einrichtung sollten Sie einen guten Kontakt pflegen. Aber es geht nicht nur um die Verwaltungsspitze, die Sie aus der Presse, den Vorstellungsrunden, dem Bewerbungsverfahren oder aber der Amtseinführung schon kennen. Vielmehr geht es um die Sachbearbeiter, die sich in erster Linie um die Auftragsausführung kümmern, ohne normalerweise direkten Kontakt zu den einzelnen Schulen zu haben.

Bringen Sie doch einfach mal in Ihrer Anfangszeit persönlich ein Anschreiben oder einen Antrag zum Rat- oder Kreishaus, statt diese per E-Mail oder Boten zu senden. Schon haben Sie eine willkommene Gelegenheit, sich vorzustellen und Ihr Gegenüber kennenzulernen. Besonders wichtig sind die Vertreter der Abteilungen Kämmerei und Gebäudemanagement, die Mitarbeiter der Personalbewirtschaftung und auch die Kollegen des zuständigen Jugendamtes. Machen Sie sich mit den zuständigen Jugendhelfern bekannt. Dies kann später helfen, viele Probleme vertraulich und schnell zu bearbeiten.

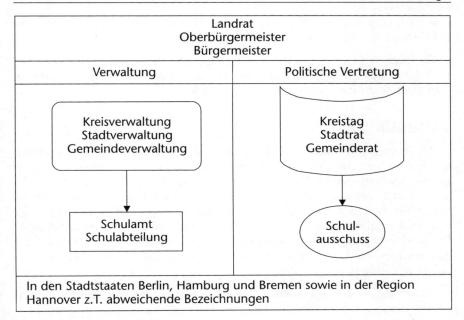

Abb. 18: Organisation des Schulträgers

Schule als Gegenstand der Politik

Nach diesen ersten Kontakten sollten Sie sich vergegenwärtigen, dass Schule ein Politikum ist und oft in entsprechende Auseinandersetzungen hineingezogen wird. Das wird so sein, auch wenn Sie sich persönlich vornehmen, in der lokalen Politik nicht mitzumischen.

Schulschließungen und Schulzusammenlegungen, Gründung einer Schule und Einführung neuer Schulformen sowie Errichtung und Umbau von Schulgebäuden sind Gegenstand harter politischer Auseinandersetzungen. Sie selbst werden vielleicht versucht sein, bei solchen Maßnahmen nur Ihren pädagogischen Maßstab anzulegen, aber Sie dürfen nicht enttäuscht sein, wenn andere das nicht tun. Vielleicht haben Sie selbst schon die Erfahrung gemacht, dass häufig auch die Besetzung einer Schulleiter-Stelle nach politischen Kriterien erfolgt.

Die Schulentwicklungsplanung erfolgt im Schulausschuss, einem Fachausschuss des Stadtrates oder Kreistages, in den auch Vertreter der Schulen berufen werden können. Da hier Vorentscheidungen für die o.g. Maßnahmen getroffen werden, ist es wichtig, über die Arbeit des Schulausschusses informiert zu sein. Erkundigen Sie sich, wer die Schulen im Schulausschuss vertritt, und nehmen Sie Kontakt zu dieser Person auf. Bitten Sie z.B. darum, Ihnen die Einladungen und Protokolle zuzuleiten. Da die Sitzungen des Schulausschusses in der Regel öffentlich sind, können Sie daran teilnehmen, wenn ein Tagesordnungspunkt für Sie oder Ihre Schule wichtig ist.

Vielleicht verfügen Sie in Ihrem Kollegium über Mandatsträger, die im Gemeinderat, Stadtrat oder Kreistag sitzen. Nutzen Sie diese Verbindung für die Information und Interessenvertretung der Schule.

3.4 Schulen

Bereits zu Beginn Ihrer Amtszeit sollten Sie den Kontakt zu Ihren Nachbarschulen suchen. Die Zeit für eine Tasse Kaffee oder einen kurzen Rundgang bei den Nachbarn sollten Sie sich nehmen und in Ihren Terminplan fest einplanen. Denn Sie werden zukünftig in der Regel mit diesen Kollegen zusammenarbeiten. Sei es in den städtischen Schulleiterkonferenzen, sei es bei Fragen der Schülerübernahme oder aber -aufnahme. Grundschulen oder weiterführende Schulen bilden hier keinen Unterschied. Trotz oder vielleicht gerade wegen einer entstehenden Konkurrenzsituation ist es nicht nur eine Frage der Höflichkeit, sich den Nachbarn vorzustellen.

Sie werden bei diesen Besuchen eine ganze Menge über die eigene Schule erfahren, eben aus einer ganz anderen Perspektive. Man kann bei genauem Zuhören, Schwächen oder Stärken der Außendarstellung erkennen und weiß, woran eventuell zu arbeiten ist. Gleichzeitig dient dies auch der Profilierung der eigenen Schule.

Schule als Teil des Bildungsangebots

In der Regel ist das Kennenlernen der umliegenden Schulen beziehungsweise die Zusammenarbeit mit ihnen durch zwei besondere Aspekte geprägt. Einerseits können diese Schulen nämlich als »Zulieferer« für Ihre eigene Einrichtung dienen oder aber sie gehen eine Kooperation in bestimmten Teilen Ihrer Arbeit mit den Nachbarn ein. Selbstverständlich kann es auch zu einer Schnittmenge beider Aspekte kommen, sodass damit die Wichtigkeit der Kontaktaufnahme nochmals verdeutlicht wird.

Unter dem Begriff »Zulieferer« können verschiedene Beziehungen aufgezeigt werden, derer Sie sich bewusst werden sollten. Als Schulleiter einer Grundschule sind Sie ein »Zulieferbetrieb« für die weiterführenden Schulen. Hierbei müssen Sie die programmatische Ausrichtung, die Zielführung und die schulische Atmosphäre kennenlernen, die Ihre jeweiligen Nachbarn auszeichnen.

Denn nur so können Sie im späteren Verlauf authentische und fundierte Beratungen mit Eltern durchführen, wenn es um die weitere Schulwahl der Kinder geht. Je näher Sie die anderen Systeme in einem Gespräch erhellen können, umso höher wird Ihre Beratungsleistung geschätzt, was wiederum auf die Außenwirkung der eigenen Schule abfärben wird.

Aber auch als Schulleiter einer weiterführenden Schule sollten Ihnen die Nachbarn und deren Arbeitsweise vertraut sein. Denn gerade bei den sensiblen Situationen, bei denen es um einen Schulwechsel innerhalb der Sekundarstufe I geht, heißt es, aufgepasst und gut beraten.

Die Sorge um die weitere schulische Ausbildung Ihrer dann ehemaligen Schüler sollte nicht an Ihrer Schultüre enden, vielmehr können Sie in diesen Situationen durch individuelle Beratungen wieder Positives für Ihre Einrichtung leisten, auch wenn der Weg des einen oder anderen Schülers bei Ihnen endet.

Grundsätzlich ist also hierbei festzuhalten, dass nicht nur der gute Kontakt sondern auch die fundierte Kenntnis der anderen Systeme für Ihre Schule nur von Vorteil ist.

Übrigens ist es kein Geheimnis, dass dies als Schulleiter einer weiterführenden Schule auch für die umliegenden Grundschulen gilt. Häufig sind diese an sich gleichen Einrichtungen schon durch unterschiedliche Einzugsbereiche und Elternschaften geprägt, sodass es sich lohnt, einen genaueren Blick zu riskieren. Schließlich ist es wichtig, zu erkennen, mit welchen unterschiedlichen Voraussetzungen Ihre zukünftigen Schüler an Ihre Schule kommen.

Das Erkennen und Anerkennen dieser Heterogenität kann sehr hilfreich sein, wenn es zum Beispiel um die Zusammensetzung der Eingangsklassen geht, das Bewerten und Analysieren der Zeugnisse und das Vorbereiten auf die Aufnahmegespräche, welche Sie mit den Eltern führen. Je genauer in diesen Fällen die Kenntnis der anderen Systeme ist, desto passgenauere Lösungen und Angebote können Sie schließlich aufzeigen.

Als Leiter einer Sekundarstufe I-Einrichtung stellen Sie auch einen Zulieferbetrieb dar. Ihre Schüler wechseln nach erfolgreicher Absolvierung der Schullaufbahn in Ihrer Schule entweder zu den Schulen, die eine gymnasiale Oberstufe anbieten, oder aber in eine Berufliche Schule.

Beide Felder sollten Ihnen vertraut sein, mit beiden »Abnehmern« müssen Sie sich auseinandersetzen und diese kennenlernen. Dabei werden Sie wahrscheinlich schnell feststellen, dass dieser Kontakt auch einen Wunsch der Abnehmer darstellt – aus den Gründen, die oben zuvor für das Verhältnis zwischen Grundschulen und weiterführenden Schulen dargelegt wurden.

Häufig können Sie schon auf Kontaktwege zurückgreifen und müssen keine Pionierarbeit leisten. Wichtig ist einzig, das neue Gesicht Ihrer Schule auch diesen Kollegen zu präsentieren.

Quelle für Information und Beratung

Dieser Kontakt hat selbstverständlich auch wieder viel mit individueller und guter Beratung zu tun. Gerade das Feld der Beruflichen Schulen entwickelt sich zur Zeit rasant, es werden immer mehr und neue Ausbildungsmöglichkeiten für Jugendliche angeboten, sodass es schwer fällt, sich ein einheitliches und übersichtliches Bild darüber zu verschaffen. Umso wichtiger ist der direkte Kontakt zu den beruflichen Ausbildungssystemen vor Ort, damit Sie dort einen Ansprechpartner finden, der Sie in kurzer Zeit auf dem Laufenden halten kann.

Keine Angst, diese Aufgabe fällt nicht Ihnen alleine zu. Vielmehr wird es an Ihrer neuen Schule wahrscheinlich einen Studien- und Berufswahlkoordinator geben, der sich verlässlich über neue Angebote informiert oder über diese informiert wird. Dennoch sollten auch Sie Ihre eigenen Augen und Ohren offen halten und im Zweifel einen Ansprechpartner vorhalten können, der Ihnen persönlich auf die Sprünge helfen kann.

Inklusion

Ein weiterer Aspekt der »Zulieferer«, der aber auch schon in die Kategorie Kooperation fällt, ist die Zusammenarbeit und das Kennenlernen der für Ihre Schule zuständigen Förderschulen.

Besonders unter dem Gesichtspunkt der Inklusion ist diese kollegiale Zusammenarbeit und der gegenseitige Kontakt unabdingbar. Sowohl die Kenntnis vorhandener Strukturen als auch der Aufbau neuer wird ein Aufgabenfeld sein, dem Sie sich zukünftig stellen müssen. Hierbei ist wichtig, nicht nur Einblicke in das Förderschulsystem zu erhalten, sondern auch die Kollegen mit den jeweiligen Förderschwerpunkten als Berater Ihrer Schule zu gewinnen und somit das Angebotsfeld Ihrer Einrichtung zu erweitern.

Die Inklusion wird eine der bestimmenden Thematiken der nächsten Jahre in der gesamtdeutschen Bildungspolitik sein, der sich alle stellen müssen, die in Schule tätig sind. Durch die Ratifizierung der entsprechenden UN-Charta ist der Anspruch auf inklusive Bildung gesetzlich zugesichert worden, sodass baldmöglichst entsprechende Reaktionen in den Bildungssystemen zu erwarten sind.

Je eher Sie sich also in Ihrem Schulbereich diesem Thema stellen, und je schneller Sie hier die notwendigen Kontakte zu den anderen Kollegen und Professionen aufnehmen, desto vorteilhafter wird dies für Ihre Schule und Ihre Schüler sein.

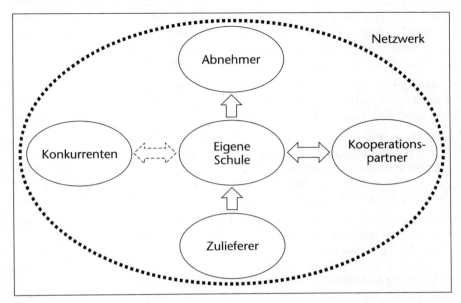

Abb. 19: Das schulische Netzwerk

Kooperationsmöglichkeiten

Nachdem durch die dargelegte sinnvolle Zusammenarbeit mit den Förder-schulen schon der Aspekt ein wenig von den »Zuliefer- und Abnehmerschulen« hin zu den Kooperationspartnern gerichtet wurde, lohnt es sich jetzt, diesen Ge-sichtspunkt genauer zu betrachten.

Denn gerade in Zeiten rückläufiger Schülerzahlen und teilweise geringer fi-nanzieller Mittel kann es sich lohnen, die Nachbarn eben nicht nur als Konkur-renten oder Abnehmer beziehungsweise Zulieferer zu sehen, sondern auch als starke Partner innerhalb eines regionalen Bildungsnetzwerks.

Dieses kann in gemeinsamen Unterrichtsangeboten münden, sodass viel-leicht der eine Nachbar die Lücke des anderen bei bestimmten Angeboten schließt und umgekehrt. Eine solche Kooperation dient den Interessen beider Schulen, da die jeweilige Angebotspalette vielfältiger werden kann, ohne größere Ressourcen in die Hand nehmen zu müssen. Eltern und Schüler werden Ihnen diese Kooperationen danken, ganz zu schweigen von Schulträgern, denen es stets ein Interesse ist, die regionalen Ausbildungsmöglichkeiten bei gleichbleibenden Ausgaben zu erweitern.

Solche Kooperationen können im Sinne der Schülerschaften über einzelne Kursangebote, wie dies in gymnasialen Oberstufen zum Beispiel immer wieder vorzufinden ist, hinausgehen. So sehen die Schulmodelle »Gemeinschaftsschule« in NRW und »Oberschule« in Niedersachsen auch Kooperationen bestehender Sekundarstufen-I-Schulen mit gymnasialen Oberstufen für Schüler vor, die die Zugangsberechtigung für diese schulische Ausbildung erlangen.

Hier geht es also nicht nur um eine gute Zusammenarbeit zwischen Nachbarn, sondern viel mehr um genaue Absprachen zwischen den einzelnen Kollegien, was sowohl fachliche Inhalte als auch methodisch-didaktische Modelle angeht.

Auch unabhängig von konkreten Schulformen ist die angesprochene Kooperation für alle Schulen erstrebenswert oder zumindest interessant. Denn durch eine solche Zusammenarbeit lassen sich die Unterschiede und Gemeinsamkeiten passgenau herausarbeiten, was wieder eine Basis für eine individuelle Bildungslaufbahnberatung ist und helfen kann, das eigene Schulprofil zu schärfen.

Was spricht dagegen auch mit »Konkurrenzschulen« ins Gespräch zu kommen, um zu sehen, ob durch eine jeweils eigene Positionierung auf dem regionalen Bildungsmarkt nicht genügend Platz für beide Systeme auch bei sinkenden Schülerzahlen ist? Das sind natürlich keine Gesprächsthemen, die Sie bereits beim ersten Kaffee Ihrem Schulleitungskollegen unterbreiten sollten. Trotzdem können Sie Augen und Ohren offen halten, die Lage Ihrer Schule analysieren und sich diese Option erhalten.

Gemeinsame Projekte

Eine einfache Art, einen Weg der Zusammenarbeit mit einem schulischen Nachbarn zu begehen, ist die gemeinsame projektbezogene Kooperation. Diese Projekte müssen (zunächst) nicht groß und kompliziert sein, gerade in den einfachen liegt oftmals der Reiz. Denn bei diesen ist der Kosten- und Nutzenfaktor schnell erkennbar, die Freude über eine gelungene Kooperation groß, und somit der erste Baustein für ein weiteres Zusammengehen gelegt.

Als Beispiel für ein Projekt kann eine gemeinsame Projektwoche unter einem gemeinsam vereinbarten Thema dienen, in der zum Teil Angebote für Schüler beider Schulen erstellt werden. Es kann aber auch ein zusammen veranstaltetes Sportfest der neuen Eingangsklassen sein.

Auch mit den Kollegien können Kooperationen vereinbart werden. Je nach Größe einer Schule sind manchmal auswärtige Referenten zu bestimmten Fortbildungsthemen für eine einzelne Schule finanziell nicht zu stemmen. Wenn allerdings zwei Einrichtungen eine gemeinsame Veranstaltung abhalten, wird die Finanzierbarkeit realistischer.

Praxisbeispiel:

Ein Kreis von Gesamtschuldirektoren in der Region Hannover hat sich den Be-
werbermangel auf Führungspositionen vorgenommen und für zehn Schulen eine ge-
meinsame Fortbildung organisiert, auf der jeweils zwei Schulangehörige trainiert
wurden, so dass diese sich hinreichend für die Bewerbung auf ein Schulleitungsamt
qualifiziert fühlten.[2]

Auch überschulische Treffen von Fachkonferenzen können den Blick der Kollegien weiten und andere Perspektiven ermöglichen. Über die Fachkonferenzen hinaus kann der Blick auch auf die übrigen Funktionsträger von Schulen, inklusive Ihnen, den Schulleitungen, gerichtet werden.

Häufig sind vor Ort bereits schulträgerinterne Leitungsgremien verankert, die sich um eine Einheitlichkeit bei vielen Fragen die jeweilige Kommune betreffend bemühen. Dies kann die Absprache einer regionalen Ferienregelung oder Brauchtumsveranstaltung betreffen, es kann aber auch um Themen wie die gemeinsame Versorgung der sogenannten »Übermittagskinder« bzw. des Ganztagsangebots gehen.

Es spricht nichts dagegen, mit diesen schon installierten Gremien auch über inhaltliche Fragestellungen und weitere Kooperationsmöglichkeiten zu debattieren. Nochmals, gerade in Zeiten sinkender Schülerzahlen ist dies ein Muss für jede regionale Bildungslandschaft. Selbstverständlich ist es auch in diesem Gremium nicht ratsam, als »Neuer« sofort mit der Tür ins Haus zu fallen oder eigene Ideen vehement durchsetzen zu wollen.

Sie sollten allerdings die Rolle des Neuen nutzen, um Fragen in diese Richtung zu stellen und abzuklären, was vielleicht schon vorhanden ist, worauf man aufbauen kann. Vielleicht kommen Sie dann gerade als Neuer in die Rolle eines »Eisbrechers«, der zumindest das Nachdenken über Strukturen einleitet.

Nicht alle aufgezählten Aspekte werden Sie und können Sie an Ihrer Schule sofort und in den ersten hundert Tagen beachten, bearbeiten und erfüllen. Sicherlich werden Sie einige Punkte auch in Ihrer zukünftigen Arbeit komplett über Bord werfen. Aber dies sollte Ihnen vor allen Dingen verdeutlichen, wie wichtig Ihre neuen schulischen Nachbarn sind.

Als neues Gesicht und Aushängeschild Ihrer Schule werden Sie bei diesen Einrichtungen bewusster wahrgenommen. Unterschätzen Sie hierbei Ihren Einfluss nicht, den Sie durch eben diese neue Rolle erhalten haben. Sie werden gehört, aber dabei dürfen Sie unter keinen Umständen das Zuhören verlernen.

---

2 Vgl. Dowerk, H.u. Lungershausen, H.: Motivierung und Qualifizierung für Führungsaufgaben. Eine wichtige Aufgabe
der Personalentwicklung. In: SchulVerwaltung Niedersachen 1/2010, S. 2 ff.

Zu den Vorteilen eines Netzwerkes unter dem Gesichtspunkt »Führung« werden Sie im Abschnitt 4.4 noch mehr erfahren. Falls Sie weitere Informationen zu dem Thema regionales Bildungsnetzwerk benötigen, so können Sie sich die Handreichung »Ein Bildungsnetzwerk kann man nicht verordnen, aber aufbauen.« aus dem Internet herunterladen[3]. Dort finden Sie ein Beispiel aus dem Rhein-Sieg-Kreis, einem großen Landkreis im Südwesten Nordrhein-Westfalens.

Erkennen rollenbedingter Konflikte[4]

Schließlich hat der Kontakt zu Schulleitern anderer Schulen auch noch einen ganz persönlichen Aspekt. Sie lernen dabei, dass viele Schulleiter ganz ähnliche Probleme haben, die immer wiederkehren und die vielleicht auch Ihnen im Umgang mit dem Kollegium zu schaffen machen.

Der Schulleiter sagt über das Kollegium:	Das Kollegium sagt über den Schulleiter:
Sie mauern bei vielen Vorhaben und ziehen nicht mit.	Er überfordert uns und belastet uns durch neue Vorhaben.
Sie wollen keine Verantwortung übernehmen.	Er entscheidet, ohne das Kollegium ausreichend zu beteiligen.
Sie meckern über fast alles, was von der Schulleitung kommt, erkennen Positives nicht an.	Er kritisiert häufig, aber er gibt kaum Lob und vermittelt keine positive Bestätigung.
Sie sind unzuverlässig (vergessene Aufsicht, zu späte Unterrichtsaufnahme, nicht eingehaltene Termine).	Er hat kein Vertrauen zu uns, er kontrolliert Kleinigkeiten, man kann es ihm nicht recht machen.
Sie geben Fehler nie zu, haben immer eine Entschuldigung als Ausrede.	Er gibt uns bei Beschwerden zu wenig Rückendeckung und Unterstützung.
Sie lesen die Informationen und Hinweise nicht.	Wir werden nicht ausreichend/ umfassend genug informiert.

Abb. 20: Typische Vorwürfe seitens der Schulleitung/des Kollegiums

Solche Probleme zeigen sich an den typischen Vorwürfen, die aus der Untersuchung von mehreren Schulen gewonnen wurden. Dabei wird durch die wie-

---

3 www.rsk.rbn.nrw.de (Handlungsfeld »Auf- und Ausbau kommunaler Bildungsnetzwerke«).
4 Vgl. Lungershausen, H.: Reflektiertes Schulleitungshandeln bei Rollenkonflikten. In: SchulVerwaltung Niedersachsen 10/2010, S. 258 ff.; Lungershausen, H.: Reflektiertes Schulleitungshandeln im rollenbedingten Konflikt. In: SchulVerwaltung Bayern 1/2011, S. 2 ff.; Lungershausen, H.: Schulleitungshandeln im Rollenkonflikt. In: SchulVerwaltung Nordrhein-Westfalen 2/2011, S. 37 ff.

derkehrenden Zuweisungen deutlich, dass es sich nicht um Probleme handelt, die sich aus individuellen Dispositionen der jeweiligen Schulleiter ergeben, sondern dass es sich um Konflikte handelt, die durch die unterschiedlichen Rollen geprägt sind.

Diese Erkenntnis erleichtert den Umgang mit entsprechenden Konfliktsituationen, weil die Vorwürfe nicht als persönlicher Mangel verstanden werden müssen, sondern als Rollenkonstellation verstanden werden, mit denen man professionell, d.h. unaufgeregt, gelassen und reflektiert umgehen kann.

3.5 Kooperationspartner

Drei kurze Gedanken mögen deutlich machen, warum Schule mit Partnern außerhalb von Schule kooperieren muss:

- **Nicht für die Schule – für das Leben lernen wir!**
- **Die Öffnung der Schule nach außen dient als Garant für Unterrichts- und Qualitätsentwicklung.**
- **Schule ist ein integraler Bestandteil der Gesellschaft.**

Mit fortschreitender Selbstständigkeit bzw. Eigenverantwortung der einzelnen Schule kommt neben systematischer Unterrichts- und Qualitätsentwicklung ihrer Einbettung in eine regionale Bildungslandschaft eine immer größere Bedeutung zu. Systematische, nicht sporadisch zufällige, Kontakte sind deshalb unerlässlich und eine wichtige, nicht übertragbare Aufgabe des Schulleiters, der die Schule nach außen vertritt. Außerschulische Kooperationen gehören in den einzelnen Bundesländern zum offiziellen Aufgabenkatalog der einzelnen Schule. Ihre Pflege sollte sofort nach Amtsantritt beginnen.

Bestimmungen in den jeweiligen Bundesländern, größtmögliche Sachlichkeit, rationale Konfliktlösung und persönliche Kontaktpflege sind eine gute Grundlage zur Schaffung von Synergieeffekten.

Es wird Ihnen nicht möglich sein, all diese Kontakte in kurzer Zeit wahrzunehmen.

Sie können:

- In Form einer Einladung/eines Empfangs alle außerschulischen Partner zu sich gemeinsam einladen.
- Sehr früh längerfristige Termine vereinbaren, sodass Sie nicht in zu großen Termindruck geraten.

Zu empfehlen ist immer der direkte Einzelkontakt, weil nur auf diese Weise persönliche Kennenlern-Gespräche möglich sind. So signalisieren Sie ein persönliches Interesse. Da Sie in der Anfangsphase nicht alle Kontakte persönlich wahrnehmen können, empfehlen wir Ihnen die Erstellung einer Prioritätenliste:

A. Welche Kontakte gehören zum Bestand der Schule und müssen unbedingt weitergeführt werden?
B. Welche Kontakte sollten (Schulprogramm, Schulprofil) unbedingt zügig angegangen werden?
C. Welche Kontakte sind weder besonders wichtig noch besonders dringend und können warten?

Spätere Einladungen zu Veranstaltungen in Ihre Schule sind dann einfacher. Man kennt sich ja.

Bereiten Sie sich immer gut auf die Gespräche vor, auch was Ihre Person anbelangt. Das Internet ist dabei eine gute Quelle. Organigramme, handelnde Personen und Schwerpunktaufgaben der Institutionen sind in der Regel leicht im Web zu finden und für den Alltag sehr praxistauglich.

Führen Sie klare zielgerichtete Gespräche, insbesondere über mögliche Kooperationen. Vermeiden Sie ein Auftreten als Bittsteller, denn in der Regel haben Ihre Kooperationspartner ebenfalls (offene oder verdeckte) Ziele im Kopf. Das Prinzip einer Win-Win-Situation ist für beide Seiten hilfreich. Es funktioniert aber nur, wenn Sie selber ganz klare Ziele für sich formuliert haben.

Ziele der Kooperationen sind abhängig von Ihrer Schulform, vom Schulprogramm sowie Ihrer jeweiligen geographischen Lage und dem dortigen Angebot. Denken Sie daran, dass die Zeit Ihrer Gesprächspartner in der Regel knapp bemessen ist, länger als 90 Minuten sollte Ihr Besuch unter keinen Umständen dauern.

Berufsvereinigung

Allgemeiner Schulleitungsverband Deutschlands e.V.

Der ASD ist die Dachorganisation der Schulleiterverbände in den Ländern der Bundesrepublik Deutschland. Er ist unabhängig von Schulart, Schulstufe und Ländergrenzen. Trotz Kulturhoheit der Länder ergibt sich eine gemeinsame pädagogische Grundkonzeption, die den jungen Menschen als Subjekt von Unterricht und Erziehung im Mittelpunkt einer überschaubar gestalteten Lebensgemeinschaft Schule versteht.

Ein zentraler Schwerpunkt des ASD sind verbesserte Arbeitsbedingungen für Schulleitungen.

Partner der Wirtschaft

Berufswahlvorbereitung, Übergang Schule – Beruf, Berufsreife und Berufsfähigkeit stehen seit Jahren im Mittelpunkt schulischer Diskussionen. An vielen Schulen zählen Kooperationen mit Betrieben, Kammern, Verbänden und Gewerkschaften zum schulischen Alltag.

Arbeitsagentur

»Der deutsche Ausbildungsmarkt ist in Bewegung. Neue Berufsbilder entstehen. Umgekehrt geht die Nachfrage für Tätigkeiten zurück, die noch vor wenigen Jahren dringend gebraucht wurden. Wichtig ist es für Schulen und Eltern, auf dem neuesten Stand zu sein, um die Heranwachsenden bei ihrer Entscheidung für eine Ausbildung oder einen Beruf fundiert zu begleiten. Die Agentur für Arbeit hilft dabei mit Berufsorientierung, Information, Beratung, Vermittlungsaktivitäten und Förderung. Im Berufsinformationszentrum können sich Schüler, Lehrer und Elternvertreter auch selbst zu Ausbildung, Studium und Beruf informieren. Grundlage hierfür ist der gesetzliche Auftrag im SGB III und die mit der Kultusministerkonferenz abgeschlossenen Rahmenvereinbarungen über die Zusammenarbeit von Schule und Berufsberatung.«

Quelle: Bundesagentur für Arbeit

Betriebe und Kammern

Handwerkskammern, Industrie- und Handelskammern, Arbeitgeber-Verbände (Arbeitskreise Schule-Wirtschaft) bieten viele Möglichkeiten der Unterstützung und direkten Kooperationen an. Diese, wenn vorhanden, alten Kontakte sollten Sie mit hoher Priorität weiterpflegen bzw. umgehend neu angehen. Der DIHK begrüßt das Vorhaben der KMK, nationale Bildungsstandards einzuführen.

»Aus Sicht der IHK-Organisation können nur **bundesweit einheitliche Standards** die Vergleichbarkeit, die Niveausicherung und Qualitätsentwicklung schulischer Bildung gewährleisten. Die Kultusministerkonferenz muss sicherstellen, dass einmal vereinbarte Bildungsstandards zeitnah und verbindlich in allen Ländern eingeführt werden und eine **zügige Umsetzung in den Schulen** erfolgt«.

Quelle: Stellungnahme des Deutschen Industrie- und Handelskammertages, 2003

Gewerkschaften

Die Gewerkschaften als Vertretung der organisierten Arbeitnehmer haben ein Interesse, Jugendliche über Arbeitnehmerrechte zu informieren und ihre Arbeit darzustellen.

Mit verschiedenen Aktivitäten und Projekten unterstützen der DGB und die Gewerkschaften Schüler auf ihrem Weg ins Berufsleben. Sie fördern den Austausch und die Zusammenarbeit aller am Schulleben Beteiligten und initiieren Schul- und Unterrichtsprojekte vor Ort.

Quelle: Homepage des DGB

Kirchen

Religionsunterricht wird an den öffentlichen Schulen fast aller Bundesländer erteilt und ist den anderen Fächern gleichgestellt. Werteerziehung, Lebenshilfe, Antworten auf Glaubensfragen können helfen, den jungen Menschen Orientierung beim Erwachsenwerden zu geben. Die Kirchen und ihre Einrichtungen bieten vielfältige Bildungs- und Veranstaltungsangebote für Schüler und Klassen an. Pflegen bzw. stellen Sie die Kontakte zu Ihren lokalen kirchlichen Einrichtungen neu her.

Vereine

Eine Vielzahl an Vereinen (Sport, Kultur, soziale Angebote verschiedener Träger, Musik – Schauen Sie sich in Ihrem Stadtteil um!) sind bereit, mit Ihnen zum beiderseitigen Wohle zu kooperieren. Auch hier gilt: Pflegen Sie vorhandene Verbindungen und erweitern Sie diese behutsam. Manchmal ist weniger mehr!

Diese externen Partner sind für Sie und Ihre Schule auch eine gute Ressource für die schnell wachsenden Angebote im Tagesschul- bzw. Ganztagsbereich. Da Sie als Schule häufig über finanzielle Mittel der Kommunen und/oder des Landes verfügen, sind Sie nicht »Bittsteller«, sondern Kooperationspartner auf Augenhöhe!

Stiftungen

Mit spezifischen Förderprogrammen bemühen sich politische wie private Stiftungen und Initiativen in den letzten Jahren verstärkt um die Entwicklung des Schulwesens bzw. um die Entwicklung von Schule und Unterricht. Heute wenden sich die Stiftungen mit ihren Programmen verstärkt direkt an einzelne Schulen. Sie wollen jenseits der öffentlichen, zum Teil langwierigen bürokratisch-politischen Entscheidungsprozesse und -zwänge schulpraktische Alternativen aufzeigen und innovative Akzente in Zusammenarbeit mit entwicklungsbereiten Schulen setzen.[5]

Über Stiftungen ist es möglich, schulische Projekte zu finanzieren, wenn diese mit dem Stiftungszweck zu vereinbaren sind und ein entsprechender Antrag gestellt wird. Es gibt jedoch auch Stiftungen, die organisatorische und immaterielle Hilfestellung leisten, z.B. zur Kooperation in unterschiedlichen Projekten, wie die Stiftung Partner für Schule NRW.

Diese Stiftung ist auf Nordrhein-Westfalen beschränkt und es gibt eine vergleichbare Einrichtung in keinem anderen Bundesland. Aber es lohnt sich, einmal auf die Homepage (www.partner-fuer-schule.nrw.de) zu schauen, da viele Artikel und Projekte von landesübergreifendem Interesse sind.

---

5 Vgl. Czerwanski, A.: Private Stiftungen und staatliche Schulen. Opladen, Leske + Budrich 2000, S, 14.

3.6 Presse und Öffentlichkeitsarbeit

Wenn von Zusammenarbeit mit »Kooperationspartnern« die Rede ist, darf selbstverständlich der Umgang mit der Presse nicht fehlen. Nutzen Sie Erfahrungen Ihrer Kollegen im Umgang mit der örtlichen Presse – machen Sie aber auch Ihre eigenen Erfahrungen.

Laden Sie zu Beginn Ihrer Amtszeit einfach mal die Presse zu einem Gespräch in Ihre Schule ein, um sich vorzustellen. Bestimmt werden sich die lokalen Journalisten diese Gelegenheit nicht nehmen lassen, der neuen Schulleitung vor Ort auf den Zahn fühlen zu können. Dieses Gespräch ist schließlich keine Einbahnstraße: Sie haben Gelegenheit, die örtliche Presse kennenzulernen. Sie erfahren wieder neue Aspekte über Ihre Schule, diesmal aus einem neuen Blickwinkel.

Aber auch für die zukünftige Öffentlichkeitsarbeit an Ihrer Schule ist ein solches Kennenlernen sinnvoll. Sie werden lernen, wem Sie vertrauen können und mit wem ein vertrauensvolles Gespräch auch ein solches bleibt. Häufig können Ihnen gut informierte Journalisten einen tiefen Einblick in das Gefühlsleben Ihres Schulträgers, seiner Funktionsträger und auch der Elternschaft geben. Sie wissen in der Regel, welche Stimmungen vorherrschen und auf welche Fallen zu achten sind.

✐ **Arbeitshilfe 3.6.a: Fragen Antrittsinterview**

Überlegungen zum Antrittsinterview als neuer Schulleiter

Folgende Fragen geben Ihnen die Möglichkeit, sich auf ein Interview vorzubereiten.

Fragen, die man Ihnen stellen könnte:

- Was haben Sie gemacht, bevor Sie an der NN-Schule Schulleiter wurden? (Hier will man wissen, welchen beruflichen Weg Sie gegangen sind, z. B. Mitarbeiter im Kultusministerium etc.)
- Welche Fächer haben Sie studiert bzw. unterrichten Sie?
- Welche schulische/berufliche Laufbahn haben Sie hinter sich? (Diese Frage könnte man stellen, wenn man wissen will, ob Sie z. B. auf dem zweiten Bildungsweg studiert haben etc.)
- Was sind Ihre Vorlieben?
- Welche Hobbys haben Sie?
- Wie sind Sie auf die Schule aufmerksam geworden? (Kann der Reporter etwas Positives über die Schule sagen?)
- Wie gefällt Ihnen die Schule?
- Wie gefällt Ihnen der Schulort? Was lieben Sie da besonders? (Hier sollte eine positive Antwort kommen, denn die Leser wären enttäuscht, wenn Sie sich

---

unwohl fühlen würden bzw. wenn Sie keine gute Meinung von der Ort-schaft hätten. Das setzt aber voraus, dass Sie sich in dem Ort schon umge-sehen haben, v. a. dann, wenn Sie neu an der Schule sind.)
- Haben Sie schon NN besucht? (Hier könnte eine Sehenswürdigkeit oder Be-sonderheit des Ortes gemeint sein.)
- Wohnen Sie in NN? (Man will wissen, ob Sie sich evtl. mit der Schule und dem Ort identifizieren und hier leben oder die Schulleitung nur als »Job« betrachten.)
- Haben Sie einen Grund, sich für diese Schule zu bewerben, evtl. eine Bezie-hung zum Schulort?
- Ist die Schule in Ihrem Sinne gut ausgestattet oder was erwarten Sie vom Sachkostenträger? (Gehen Sie vorsichtig mit Wünschen um, damit man Sie nicht für überheblich hält. Sie tun sich keinen Gefallen, wenn Sie klar ma-chen, dass Ihr Vorgänger die Schule »vernachlässigt« hat.)

Abonnieren Sie die lokale Presse für Ihre Schule, sofern Sie nicht am Schul-standort heimisch sind. Manchmal reicht es nicht, nur die Artikel zu erhalten und zu lesen, die Ihre Schule direkt betreffen. Vielmehr sollten Sie sich über die lokalen Ereignisse auf dem Laufenden halten. Die dort gewonnenen Erkennt-nisse können in so mancher Ausschusssitzung von hohem Wert sein, im wahrs-ten Sinne des Wortes. Hier kann sich das geflügelte Wort »Wissen ist Macht« be-wahrheiten.

Gute Öffentlichkeitsarbeit ist für Schulen heutzutage immens wichtig gewor-den. »Tue Gutes und rede darüber!« gilt daher heute auch für Bildungseinrich-tungen. In einer Zeit, in der Eltern freie Wahlmöglichkeiten haben und Schüler-zahlen zum Teil rückläufig sind, müssen Schulen ihren Standort sichern und das Profil schärfen. Dies gelingt in erster Linie durch gute pädagogische Arbeit in den Schulen, durch gute Zusammenarbeit mit den Eltern und dem Schulträger, aber eben auch durch eine gute und durchdachte Öffentlichkeitsarbeit.

Denken Sie stets daran, die lokale Presse über die Entwicklungen an Ihrer Schule auf dem Laufenden zu halten. Versenden Sie Einladungen zu Schulfeiern, Abschlussfeiern und Präsentationen und stellen Sie diese pressewirksam dar. Einen Bericht können Sie z.B. mit einem guten Fotomotiv aufwerten. Denken Sie mit und kommunizieren Sie Ihre Ideen. Wenn etwas nicht so ankommt, wie es gewollt ist, lernen Sie daraus, was Sie beim nächsten Mal besser machen.

Schulveranstaltungen

Eine enorme Hilfe geben Sie der Presse, wenn Sie bei solchen Anlässen vorbe-reitete Pressemappen mit den wichtigsten Fakten bereithalten. Diese beinhalten in der Regel einen kurzen schriftlichen Abriss der Veranstaltung, die Vor- und Nachnamen der beteiligten Schüler und Kollegen und – falls vorhanden – vielleicht sogar die Redetexte, wenn eine solche gehalten werden soll. Gute und faktisch richtige Zeitungsartikel werden der Dank für Ihre Mühe sein.

Pressemappe »Abschlussfeier«

1) Vor- und Nachnamen der Absolventen
2) Anzahl der Absolventen insgesamt
3) Aufschlüsselung der verschiedenen Abschlüsse (ohne Namensnennung)
4) Beispiele für weitere Ausbildungsgänge der Absolventen
5) Vor- und Nachnamen der Stufen-/Klassenleiter
6) Programm der Abschlussfeier mit Namensnennungen
7) Redetexte (Ausschnitte, zentrale Passage) mit Angaben zum Redner

---

Abb. 21: Beispiel einer Inhaltsübersicht für eine Pressemappe »Abschlussfeier«

Wenn Sie sich entscheiden, die Öffentlichkeitsarbeit Ihrer Schule und die Pressebetreuung zu delegieren – was an einem großen System durchaus Sinn macht – sollten Sie trotzdem immer alles sichten und freigeben, was Ihr Pressebeauftragter in Ihrem Namen oder dem der Schule herausgibt. Seien Sie stets auf dem aktuellen Stand, denn Sie sind dafür verantwortlich!

Weiterhin gehört zu einer ordentlichen Pressearbeit auch die Nachlese und Nachhaltigkeit. Hierfür sollten Sie ein eigenes kleines Pressearchiv kultivieren und die Artikel sammeln, die über Ihre Einrichtung in den verschiedenen Medien erschienen sind. Einerseits hilft dies, Rückschau zu halten und über die eigene Position nachzudenken, andererseits wird Ihnen dadurch jeder Kollege dankbar sein, der vielleicht irgendwann in die Verlegenheit gerät, zu einem runden Schuljubiläum eine kurze Chronik zu verfassen.

Wünschen Sie sich bei einem Tag der offenen Tür oder einem Schulfest möglichst viele Besucher, um Ihre Schule im rechten Licht erscheinen zu lassen, dann nutzen Sie ruhig die gesamte Klaviatur der Ihnen zur Verfügung stehenden Mittel. Neben den Elternbriefen an die eigene Elternschaft laden Sie über Ihre »Zulieferschulen« doch auch die Eltern und Schüler ein, die vielleicht demnächst Ihre Einrichtung besuchen werden oder sollen.

Senden Sie einen Veranstaltungshinweis an die Presse und das örtliche Anzeigenblatt, und nutzen Sie auch die lokalen privaten Radiosender, die häufig eine große Zuhörerschaft vor Ort haben und gerne in den Terminhinweisen auf solche Ereignisse verweisen.

Scheuen Sie sich nicht, Ihre direkten Schulnachbarn per Flyer einzuladen oder Ihre Schüler auf eine »Promotiontour« durch die städtische Fußgängerzone zu schicken. Gut vorbereitet schult dies die Kommunikationsfähigkeit der Schüler und zeigt die Lebendigkeit und Verbundenheit der Schule zum Standort. Nicht selten ist dies ein wichtiger Faktor bei der Schulwahl der Eltern.

Internetauftritt

In der heutigen Zeit darf auch die virtuelle Öffentlichkeitsarbeit nicht fehlen. Das Internet ist mittlerweile in den Elternhäusern ein wichtiges Informationsmedium geworden, das Ihre Schule nutzen sollte. Prüfen Sie die aktuelle Schulhomepage kritisch. Unterschätzen Sie nicht die Wirkung einer kreativen und informativen Webseite.

Vielerorts ist es üblich, dass diese Schulseiten im Netz durch eigene Schüler-Arbeitsgemeinschaften betreut werden. Das kann gut und praktikabel sein und hat einen Lerneffekt für die Schüler, ohne Zweifel. Dennoch ist auch bei diesen Seiten auf einen professionellen Eindruck und auf eine leicht zu bedienende Benutzeroberfläche zu achten.

Die Schulleitung sollte auf der Internetseite leicht auffindbar sein – natürlich versehen mit Foto und Telefonnummer. Ebenso ist eine Anfahrtsskizze für Besucher von großer Hilfe. Aktuelle Informationen sollten stets schnell und einfach abzurufen sein, wie zum Beispiel der innerschulische Terminplan, Schulkonzepte oder Elterninformationen. Aktualität ist hierbei schon ein wichtiger Wert an sich. Achten Sie darauf, dass die Homepage gut gepflegt wird und ständig auf dem neuesten Stand ist. Denn nichts kann einen schlechteren Eindruck hinterlassen als eine veraltete oder ungepflegte Seite.

Vor nicht allzu langer Zeit konnte deswegen durchaus der Rat gegeben werden, dass eine nicht vorhandene Seite einer ungepflegten vorzuziehen ist. Da sich aber die Mittel und Werkzeuge zur Erstellung einer Homepage mittlerweile verbessert und vereinfacht haben, ist dieser Rat überholt.

Viele Anbieter geben Ihnen nun die Möglichkeit, auch als »Ungelernter« schnell zu einer Homepage zu gelangen, die nicht viel Geld kosten muss und einfach in der Bedienung ist. Ein großes Zeitbudget ist nicht zwingend erforderlich. Wichtig ist zu Beginn, dass Ihre Schule im Internet zu finden ist, die Informationen aktuell sind und wichtige Ansprechpartner gelistet werden. Ein virtueller Stundenplan, Vertretungsplan oder »Newsticker« sind Projekte für die Zukunft.

Gepflegt und aktuell bedeutet, dass die Seite wenigstens einmal, nämlich zu Beginn eines Halbjahres, auf den neuesten Stand gebracht wird oder zumindest auf Schwächen überprüft wird. Nutzen Sie hierzu die Checkliste zur Überprüfung Ihrer schulischen Homepage.

✒ Arbeitshilfe 3.6.b: Checkliste Homepage

www.SCHUL-HOMEPAGE.de

Wie präsentiert sich Ihre Schule im Internet?

Checkliste

Nr.	Prüfkriterium	ok	Verbesserung oder Korrektur
1	Geben Sie bei einer Suchmaschine (Google) den Namen Ihrer Schule ein. Wird die Homepage sofort angezeigt?		
2	Erscheinen auf der Startseite der Schulname und mindestens ein Foto?		
3	Sind auf den Schulfotos auch Schülerinnen und Schüler zu sehen? (Ganz schlecht: Gebäude ohne Personen!)		
4	Besteht die Übersichtsleiste aus nicht mehr als 8 – 10 Keywords?		
5	Ist die Leiste übersichtlich angeordnet und sinnvoll strukturiert?		
6	Ist die Schulleitung mit ein oder zwei Klicks zu finden (möglichst mit Kommunikationsverbindungen)?		
7	Ist der Lageplan oder die Anfahrtsskizze mit ein oder zwei Klicks zu finden?		
8	Kann man von allen untergeordneten Seiten problemlos zur Startseite zurückklicken?		
9	Gibt es ein Keyword »Aktuelles«? Sind die Einträge wirklich aktuell (d.h. nicht älter als ein Monat)?		
10	Werden Schulleiter (verantw.) und Webmaster im Impressum genannt?		
11	Enthält die Homepage einen »Disclaimer« betr. Links (möglichst im Impressum)?		
12	Können Sie als Verantwortliche/r den Umfang/Inhalt der Homepage noch überblicken?		

Wenn Sie alle Punkte mit **ok** notieren, ist die Homepage Ihrer Schule auf einem guten Stand!

Einzelne Verbesserungspunkte oder Korrekturen geben Sie (mit einem Dank für die bisherige Arbeit) an Ihren Webmaster. Bei mehr als dreimal nicht »ok« besteht dringender Handlungsbedarf!

Bei einer gründlicheren Prüfung (möglichst in Zusammenarbeit mit dem Webmaster) sollten Sie

> – die Gestaltungselemente untersuchen (Aufbau, Strukturierung, Farben, Effekte, Fotos),
> – durchsehen, ob alle Ihrer Meinung nach wichtigen Inhalte vorhanden sind,
> – eine »Entrümpelung« der Seiten vornehmen.
>
> © Lungershausen 2009

Auch bei der Homepage gilt der Hinweis, dass Sie selbst im Falle der Delegierung dieser Aufgabe an einen Kollegen stets ein eigenes waches Auge in das Netz werfen, um Ihre Außendarstellung zu überprüfen.

☞ Tipp für kleine Schulen:

Sie haben kaum Geld und kein Personal zur Erstellung einer anspruchsvollen Homepage? Vielleicht kann Ihnen die Kooperation mit einer beruflichen Schule helfen. In den Klassen der Fachoberschule Gestaltung oder der Berufsschule für Medienberufe (z.B. Mediengestalter Bild-Ton) sitzen Schüler, die über das entsprechende Know-how verfügen und sich freuen, wenn sie praktische Arbeiten erstellen, die verwertet werden können. Nehmen Sie Kontakt mit den Klassenlehrern über die Schulleitung auf und fragen Sie an, ob dort ein entsprechendes Projekt für den Unterricht eingeplant werden kann.

Die erfolgreiche Arbeit der Schüler honorieren Sie mit einem kleinen Anerkennungsgeschenk, mit einem Riesen-Lob auf der neuen Homepage, mit einem Pressebericht (mit Namen und Foto der Unterstützer) und mit einer Urkunde.

Äußerlichkeiten

Vielleicht gibt es an Ihrer neuen Schule bereits ein eigenes Logo, das als Erkennungszeichen dient. Wenn dies nicht der Fall ist, so kann in einem schulinternen Wettbewerb ein solches Logo von Schülern entworfen werden. Ein Logo dient der Vereinfachung der äußeren Wahrnehmung und gleichzeitig der Vereinheitlichung innerhalb eines Systems. Briefköpfe, Stempel, Zeugnisse, aber auch Kleidungsstücke und Kappen mit schuleigenem Logo dienen der Identifikation mit der Einrichtung und schärfen zugleich die Außenwahrnehmung.

Auch wenn an dieser Stelle keine Schuluniformdiskussion geführt werden soll, ist doch festzustellen, dass sich Schüler häufig positiv mit ihrer Schule identifizieren und dies auch äußerlich erkennen lassen wollen. Poloshirts oder T-Shirts mit dem Schulnamen werden gerne getragen und bringen so Ihren Schulnamen in die Öffentlichkeit.

Eine bessere Identifikation mit der schulischen Einrichtung durch die Schüler erleichtert Ihre Arbeit, wirkt präventiv gegen Vandalismus und andere Unarten, die man in Schule zur Genüge kennt. Warum sollte dies also nicht durch den Verkauf solcher Textilien mittels eines Fördervereins genutzt werden?

Inneres

Die vorgenannten Aspekte sind allesamt dem Bereich der äußeren Öffentlichkeitsarbeit zuzuordnen. Allerdings sollte darüber nicht vergessen werden, dass Sie immer noch Leiter einer pädagogischen Einrichtung sind und nicht Geschäftsführer eines Sportvereins oder PR-Manager einer Marke.

Selbstverständlich sollte und kann nach außen nur gezeigt werden, was auch nach innen gelebt wird. So ist auch die konzeptionelle Arbeit, die Entwicklung des Schulprogramms und die daraus entstehende innerschulische Atmosphäre unverzichtbarer Bestandteil einer guten Öffentlichkeitsarbeit.

Hierfür müssen die Schule und Sie sich als Schulleiter im Klaren sein, wofür Ihre Einrichtung stehen soll, was Ihre Eckpfeiler und Standpunkte der pädagogischen Arbeit sind. Allein durch diesen Prozess des Bewusstmaches können Sie ein schärferes Profil entwickeln und schließlich nach außen tragen.

Das »Außen« fängt dabei durchaus schon im inneren Bereich statt, in der konkreten Arbeit mit den Schülern und vor allen Dingen den Eltern. Mit ihnen einen konstruktiven Dialog zu führen, sie in den Schulentwicklungsprozess einzuladen, ist ein erster wirksamer Schritt in die allgemeine Öffentlichkeit.

Denken Sie an die vielen Kontakte, die schon allein Ihre Schülereltern mit Außenstehenden haben und überlegen dann einmal, mit welcher Gruppe von Multiplikatoren Sie es bei den Eltern zu tun haben, ganz zu schweigen, von der gemeinsamen Aufgabe der Erziehung und Bildung, die Sie und Ihre Kollegen mit den Eltern leisten.

Auch die Zusammenarbeit mit anderen Partnern und Institutionen kann nicht getrennt von der Öffentlichkeitsarbeit gesehen werden. Gespräche, die mit Ihnen geführt werden, sei es mit dem Jugendamt, der Agentur für Arbeit oder den Partnern beim Schulträger, fallen auf Ihre Schule zurück. Das bedeutet, dass gute Zusammentreffen genauso positiv auffallen, wie leider negative Begegnungen mit Ihnen und Ihren Kollegen, oder sogar Ihren Schülern, die andere Waagschale füllen. Auch hier gilt der Spruch: »Man kann nicht nicht kommunizieren.« Und Schule schon gar nicht.

☞ Tipp:

Als neue Schulleitung sollten Sie stets Ihre Visitenkarte dabei haben. Keine Standardware aus dem Sonderangebot und auch keine alte, in der die Veränderungen mit Stift korrigiert sind! Leisten Sie sich den Luxus einer originell gestalteten Karte mit Schullogo, evtl. mit Ihrem Foto. Sie werden sehen, dass Sie und die Schule nachhaltiger in Erinnerung bleiben.

Sie müssen sich vor Augen halten, dass Sie in einer Institution arbeiten, die jeder kennt, und in welcher alle ihre eigenen Erfahrungen gesammelt haben. Eine Einrichtung, die also so öffentlich ist wie kaum eine andere Institution. Gleichzeitig üben Sie in den Augen dieser Öffentlichkeit und ganz besonders der Eltern eine Machtposition aus, die über Wohl und Wehe, über Erfolg und Misserfolg von Bildung und Ausbildung entscheidet.

Sich dieser Situation bewusst zu werden und daraus die entsprechenden Schlüsse sowohl für die eigene pädagogische Arbeit als auch die Öffentlichkeitsarbeit Ihrer Schule zu ziehen, ist die sensible und zugleich hochspannende Aufgabe, der Sie sich als Schulleiter im Besondern stellen dürfen.

✑ Arbeitshilfe 3.6.c: Checkliste Öffentlichkeitsarbeit

Öffentlichkeitsarbeit-Check an Ihrer Schule

Diese Aussage trifft ...	zu	meist zu	etwas zu	nicht zu
Es gibt an meiner Schule mindestens ein Informationsmedium, das alle an Schule Beteiligten nutzen können (Info-Brett, Intranet, Stellwände, Wandzeitungen, Pausenradio etc.).				
Wichtige Informationen erreichen alle Betroffenen.				
Schüler/-innen, Eltern und Lehrer/-innen haben an meiner Schule die Möglichkeit, sich über ihre Rechte und Aufgaben zu informieren.				
Ich achte auf die informellen Kommunikationswege an meiner Schule.				
Ich kenne die Ursachen für das gegenwärtige Kommunikationsklima an meiner Schule.				
Es gibt Feed-back-Formen für Lehrer/-innen an meiner Schule.				
Es gibt Feed-back-Formen für Eltern an meiner Schule.				
Es gibt Feed-back-Formen für Schüler/-innen an meiner Schule.				
Die Gremienarbeit ist an meiner Schule transparent.				

Diese Aussage trifft ...	zu	meist zu	etwas zu	nicht zu
Für die Arbeitsprozesse und -ergebnisse der Schüler/-innen gibt es in meiner Schule Präsentationsmöglichkeiten.				
Ich kenne das Informationsbedürfnis von Schüler/-innen, Lehrer/-innen, Eltern, Stadtteil.				
Ich kenne die Meinungen über meine Schule (Schüler/-innen, Lehrer/-innen, Eltern, Stadtteil).				
Meine Schule kooperiert mit Einrichtungen im Stadtteil.				
Aktivitäten meiner Schule werden von Schüler/-innen, Lehrer/-innen, Eltern, Schulleitung initiiert und realisiert.				
Mit unseren schulischen Aktivitäten prägen wir unser Schulimage nach außen.				
An meiner Schule gibt es eine AG, die sich mit der Öffentlichkeitsarbeit nach innen und außen befasst.				
Ich lasse alle Texte gegenlesen, die an die Öffentlichkeit gehen.				
Ich habe (regelmäßigen) Kontakt zu Medienvertreter/-innen und Redaktionen.				
Meine Schule verfügt über einen Presseverteiler.				
Ich beobachte die Kommunikation über meine Schule im Internet.				
Ich kenne die Stärken und Schwächen im Kollegium bei der Öffentlichkeitsarbeit.				
Ich kann Verantwortung abgeben.				

Quelle: www.schulkommzept.de

✎ Auf der CD-ROM finden Sie zum Kapitel 3 folgende Arbeitshilfen:

Arbeitshilfe 3.2: Anleitung Namen-Leporello

Arbeitshilfe 3.6.a: Fragen Antrittsinterview

Arbeitshilfe 3.6.b: Checkliste Homepage

Arbeitshilfe 3.6.c: Checkliste Öffentlichkeitsarbeit

4. Die Schule im Team und mit Netzwerken führen

4.1 Einleitung

Schulleiter oder Schulleiterin, so heißt Ihr neuer Beruf. Die Bezeichnung ist alt und klingt auch nicht mehr sehr angemessen, da mit ihr eher die reine Verwaltung einer Schule assoziiert wird. In der Schulentwicklungsforschung spricht man lieber von **Leadership**. Den »Schoolleader« werden wir aber aus guten Gründen nicht einführen, also werden wir hier bei dem Begriff Schulleitung bleiben.

Die Erwartungen an Sie und Ihre Aufgaben sind groß. Wer nur ein wenig nach der Rolle der Schulleitung im »Change Management« googelt, findet zahlreiche Präsentationen, die der Führungsrolle der Schulleitung eine große Bedeutung zuschreiben: für die Entwicklung des Bildungssystems im Allgemeinen und für die Entwicklung der einzelnen Schule im Besonderen. Die Zahl der Aufgaben, derer sich die Schulleitungen annehmen sollen, sind von Zahl und Inhalt her höchst anspruchsvoll. Man wird unter Garantie keine Präsentation finden, die die Rolle der Schulleitung für gering hält.

Ich selbst leite seit elf Jahren ein Gymnasium, davon neun Jahre in einem Schulleitungstandem, und auch mich schüchtern die ellenlangen Listen von Aufgaben und Herausforderungen immer noch ein. Ich frage mich immer wieder: »Wie soll eine Person, die übrigens auch nur ein Mensch ist, das alles nur schaffen?«

Diese Leitfrage wird uns durch dieses Kapitel geleiten und im Folgenden werde ich versuchen, einige möglichst realistische und pragmatische Antworten darauf zu geben. Diese Leitfrage möchte ich durch zwei Leitsätze ergänzen, die meine bisherige Schulleitungsarbeit geprägt haben. Bei den Arbeitshilfen (4.1) finden Sie ein Arbeitsblatt, mit dessen Hilfe Sie auf Grundlage dieser Thesen Ihre eigene Haltung entwickeln können.

Leitsatz 1: Führung ist Haltung.

Ich kann die Aufgabe der Schulleitung nur in angemessener Weise erfüllen, wenn ich meine Haltung in dieser Tätigkeit definiere. Für mich ist der Begriff der Haltung nicht gleichbedeutend mit Rolle oder Funktion, sondern die Haltung ist das Fundament, auf dessen Grundlage ich meine Rolle und meine Funktion ausfülle. Die Entwicklung dieser Haltung ist natürlich ein Prozess, der wahrlich nicht nach den ersten hundert Tagen im Amt abgeschlossen ist. Allerdings gehört es für mich zur Vorbereitung auf dieses Amt, einen ersten Arbeitsbegriff von Haltung zu entwickeln, der dann weitergeschrieben wird.

Welche Aspekte gehören zur Haltung? Diese werden hier kurz umrissen, weitere Ausführungen finden sich dann in den nächsten Abschnitten. Manche Aspekte mögen selbstverständlich oder gar banal klingen, sie gewinnen aber in Konfliktsituationen erheblich an Bedeutung.

Meine Rolle in der Schule

Ich bin in der Schule der/die Dienstvorgesetzte, der oder die Verantwortliche für den gesamten Schulbetrieb und dessen Entwicklung. Die Schule soll der bestmöglichen Förderung und dem Wohle der Schüler dienen, deswegen stehen diese in meiner Prioritätenliste immer an der obersten Stelle. Darauf aufbauend habe ich die Verantwortung für alle am Schulleben Beteiligten: Schüler, Eltern, Lehrer, sonstige pädagogische und nichtpädagogische Mitarbeiter. Daher habe ich auch eine Mittlerrolle zwischen diesen am Schulleben Beteiligten.

Mein Verhältnis zur vorgesetzten Behörde

Ihr bin ich ebenso Loyalität schuldig wie meiner Schulgemeinschaft. Wenn ich diesen Grundsatz nicht teilen kann, kann ich nicht Schulleitung sein. Für die vorgesetzte Behörde gilt das Gleiche im Großen wie für mich im Kleinen, sie arbeitet zum Wohle aller Schüler in der gesamten Region. Dieses kann zu Interessenkollisionen mit der Einzelschule führen, und ist spätestens seit PISA und der darauf aufbauenden Reformarbeit ein großes Konfliktfeld: Wie viel an Innovation kann, muss und will ich meiner Schule zumuten? Als Schulleitung bin ich auch in dieser Frage die Mittlerin zwischen der vorgesetzten Behörde und der Schulgemeinschaft. Diese Rolle ist von zentraler Bedeutung bei dem nächsten Thema.

Der Umgang mit Herausforderungen und Innovationen

Ich bin offen im Umgang mit Innovationen und anderen Herausforderungen. Ich analysiere die Notwendigkeiten und Bedürfnisse meiner Schule und habe dabei die gesamte Bildungsregion im Blick. Ich frage nach dem Sinn einer neuen Maßnahme und deren möglichen Nutzen für meine Schule, bevor ich mir eine Meinung bilde. Dieses ist von zentraler Bedeutung. Viele Schulleitungen haben angesichts der Komplexität der vielen neuen Aufgaben eine Abwehrhaltung entwickelt, die sich grob unter dem Satz:»Ich weiß schon, warum es nicht geht«, zusammenfassen lässt. Diese Haltung ist verständlich und gefährlich zugleich. Sie ist verständlich, weil die Reformwelle der letzten Jahre in ihrer Hektik zu Recht zu kritisieren ist, sie ist gefährlich, weil sie den Blick verengt, die Spreu nicht vom Weizen trennt und weil sie ungesund ist. Denn die Gefahr, sich so in unnötigen Konflikten aufzureiben, ist groß. Das heißt natürlich nicht, dass man jedes neue Projekt unkritisch vorantreiben soll. Dieses ist nur ein Plädoyer für Offenheit.

Der Umgang mit dem Kollegium

Das Kollegium ist keine WG, sondern eine professionelle Gemeinschaft, die ein gemeinsames Ziel hat, nämlich die bestmögliche Förderung der ihr anvertrauten Schüler. Das bedeutet, dass bei allen Personalentscheidungen nicht Sympathien und persönliche Bindungen das erste Kriterium sind, sondern jeweils die größtmögliche Arbeits- und Leistungsfähigkeit des Systems. Das Kollegium muss so geführt werden, dass jeder mit jedem zusammenarbeiten kann. Dies ist immer noch schwierig, besonders bei Schulleitungen, die aus dem Kollegium kommen. Es ist auch schwierig, weil Lehrerkollegien noch anders sozialisiert sind. Die Führung des Kollegiums muss also eine Mischung aus Professionalität, Klarheit und Fürsorglichkeit sein.

Mein Verhältnis zu meiner Profession

In mir brennt ein inneres Feuer, ich interessiere mich leidenschaftlich für das Thema Unterricht. Ich habe die Unterrichtsentwicklung als Kernthema meiner Arbeit erkannt. Ausgehend davon entwickle ich eine klare Position, die ich immer wieder kritisch überprüfe. Ich bin klar, ich kenne meine Rolle und meine Funktion in diesem Prozess. Ich bin bescheiden, ich weiß, dass ich dieses Thema nicht allein vorantreiben kann,dass nicht alles an meiner Person hängen kann und hängen soll. Ich habe deshalb ein Konzept, wann ich allein entscheide, wann ich mir Beratung hole und wann ich für eine Entscheidung einen Partizipationsprozess durchführe.

Wenn Sie Ihre Haltung entwickelt haben, werden Sie in vielen Situationen eine Handlungssicherheit haben, die Sie stark entlasten wird. Das gilt vor allem, wenn Sie auch den zweiten Leitsatz beachten.

✐ Arbeitshilfe 4.1: Reflexionsbogen Führung ist Haltung

Reflektionsbogen zum Thema: Führung ist Haltung.

Klären Sie auf Grundlage der vorgestellten Thesen Ihre eigene Haltung.

1. Wer bin ich in der Schule? Ich bin in der Schule die/der Dienstvorgesetzte, der oder die Verantwortliche für den gesamten Schulbetrieb und dessen Entwicklung. Die Schule soll der bestmöglichen Förderung und dem Wohle der Schüler dienen, deswegen stehen diese in meiner Prioritätenliste immer an der obersten Stelle. Darauf aufbauend habe ich die Verantwortung für alle am Schulleben Beteiligten: Schüler, Eltern, Lehrer, sonstiges pädagogisches und nichtpädagogisches Personal, daher habe ich auch eine Mittlerrolle zwischen diesen am Schulleben Beteiligten.

Ich stimme zu ☐　　Ich stimme teilweise zu ☐　　Ich stimme nicht zu ☐

Meine Haltung in dieser Frage:

_____

_____

_____

_____

2. Mein Verhältnis zur vorgesetzten Behörde: Ihr bin ich ebenso Loyalität schuldig wie meiner Schulgemeinschaft. Wenn ich diesen Grundsatz nicht teilen kann, kann ich nicht Schulleitung sein. Für die vorgesetzte Behörde gilt das gleiche im Großen wie für mich im Kleinen, sie arbeitet zum Wohle aller Schüler in der gesamten Region. Dieses kann zu Interessenkollisionen mit der Einzelschule führen, und ist spätestens seit PISA und der darauf aufbauenden Reformarbeit ein großes Konfliktfeld: Wie viel an Innovation kann, muss und will ich meiner Schule zumuten? Als Schulleitung bin ich auch in dieser Frage die Mittlerin zwischen der vorgesetzten Behörde und der Schulgemeinschaft.

Ich stimme zu ☐   Ich stimme teilweise zu ☐   Ich stimme nicht zu ☐

Meine Haltung in dieser Frage:

_____

_____

Leitsatz 2: Bleib nicht allein!

Angesichts der großen Erwartungen, die an Sie gestellt werden und der großen Bedeutung, die die Schulleitung für das System Schule hat, liegt es auf der Hand, dass Sie diese Aufgaben nicht allein erfüllen können. Dies liegt nicht nur an der Menge und der Komplexität der Aufgaben, sondern daran, dass Ihr Kollegium die Entscheidungen für die Schulentwicklung mittragen muss, denn das Kollegium muss diese umsetzen. Die Umsetzung von Projekten im Bereich Unterrichtsentwicklung (man denke z.B. an die Erprobung von kooperativen Lernformen) ist nur erfolgreich, wenn diese mit Überzeugung durchgeführt werden.

Ansonsten erhalten Sie häufig die Rückmeldung, man habe doch gleich gewusst, dass es nicht funktionieren könne. Das heißt also: »Wenn Führung alles selbst macht, entsteht kein »Eigentum« und kein »Commitment[1]« im Kollegium.«[2]

Der Leitsatz »Bleib nicht allein« hat noch eine zweite Dimension. Um Ihre Aufgaben erfüllen zu können, benötigen Sie Unterstützung: schulintern durch Teamstrukturen, extern durch Netzwerke und andere Unterstützungssysteme. Dies gilt unabhängig von der Schulgröße. In großen Systemen hat man den Vorteil, dass es solche Strukturen häufig schon gibt, in kleinen Systemen ist es häufig die erste Aufgabe, sich ein solches Unterstützungssystem aufzubauen. Dabei muss man häufig nach kreativen Lösungen suchen. Deshalb werde ich mich im Folgenden im Wesentlichen mit der Führung im Team beschäftigen. Dabei geht es um folgende Fragen:

Was heißt Führung einer Schule heute? Was heißt und wie funktioniert Teamarbeit in der Schulleitung? Wie kann die Schulleitung durch Netzwerke, Coaching und Supervision unterstützt werden?[3]

4.2 Die Führungsphilosophie

Was heißt »Führung einer Schule« heute?

Der gute, alte, kauzige Direktor aus der Feuerzangenbowle, dickbäuchig, mit Weste, Taschenuhr und Ziegenbart, hat schon lange ausgedient, das ist allen klar. Ein neues Bild der Schulleitung zu zeichnen war ein umfassender Diskussionsprozess, der lange von dem Begriff »Primus inter Pares« beherrscht wurde. Von dieser Illusion der Gleichheit hat man sich mittlerweile verabschiedet und es gibt einen Konsens in der Forschung, der unter dem Leitbegriff »Leadership« zu fassen ist. Da wir uns im Bereich der Managementforschung bewegen, müssen wir einstweilen mit diesem Anglizismus leben, der nicht so recht ins Deutsche zu übersetzen ist. »Führen« ist bei uns historisch besetzt, »Leiten« ist stark auf Verwaltung reduziert – und das möchte so recht hoffentlich kein Schulleiter.

Was bedeutet »Leadership«?

Im Rahmen einer zentralen Fortbildung unter der Leitung von H.G. Rolff anlässlich der Einführung der selbstverantworteten Schule in Hamburg 2007 wurde den anwesenden Schulleitungsgruppen ein Film einer Versicherungsgesellschaft präsentiert, mit dessen Hilfe deren Führungsebene der Begriff »Lead-

---

1 Commitment bedeutet in diesem Zusammenhang »verpflichtende Vereinbarung« bzw. »Engagement für die Sache«.
2 H.G. Rolff, Vortrag an der Universität Saarbrücken, 2009, http://lpmfs.lpm.uni-sb.de/SE/Texte/Rolff%201_09.PDF, Folie 25.
3 Mein Dank geht an Maja Dammann, die Leiterin der Abteilung für Personalentwicklung und der Qualifizierung von Funktionsträgern am Landesinstitut für Lehrerbildung und Schulentwicklung in Hamburg, die mich mit Arbeitsblättern zum Thema »Teamentwicklung« unterstützt hat.

ership« veranschaulicht wurde. Dieser Film hat die meisten der anwesenden Schulleiter überzeugt, deswegen werde ich die Geschichte kurz nacherzählen. Basis dafür ist ein Interview mit H.G. Rolff.[4]

Der Norweger Amundsen und der Brite Scott unternahmen mit ihren Teams 1911 einen Wettlauf zum Südpol. »Amundsen hatte einen ganz anderen Führungsstil als Scott: Er setzte mehr auf die Zusammenstellung eines Teams, auf Teamarbeit und auf die Nutzung natürlicher Ressourcen, die ja am Südpol recht karg sind.« Das bedeutete praktisch, dass er sich wesentliche Teile seiner Ausstattung von den Inuit abschaute, z.B. die Fellkleidung und die Schlittenhunde. »Er wählte erfahrene Leute, die zum Teil mit ihm schon die Nord-West-Passage durchquert hatten.« Von diesen Fachleuten ließ er sich bei der sorgfältigen Vorbereitung und an entscheidenden Wendepunkten seiner Expedition immer wieder beraten.

In Krisensituationen hat er auf der anderen Seite immer wieder Führungskraft bewiesen und die Verantwortung für unbequeme Entscheidungen übernommen.

Scott arbeitete ganz anders: »Scott war ein starker, paramilitärischer Führer, der alles selbst entschieden hat, der auch kein Fachmann war, keine Expertise hatte, der eher ein Planer war, aber durchsetzungsstark.«

Das führte z.T. zu absurden Entscheidungen, die tragische Auswirkungen hatten. Scott hatte in seinem Expeditionsgepäck Tafelsilber und Porzellan, um den British Way of Life auch am Südpol demonstrieren zu können. Er verzichtete auf Pelze und Schlittenhunde zugunsten von Marineuniformen und arktisuntauglichen Ponys. Er nahm kurzfristig ein fünftes Expeditionsmitglied auf, ohne für ausreichend Proviant und Brennstoff zu sorgen und traf in Krisensituationen einsame Entscheidungen, dabei zeigte er sich beratungsresistent gegenüber seinen Leidensgenossen.

---

4 Alle Zitate aus www.svs.hamburg.de: SvS-Qualifizierungsprogramm für Schulleitungen – eine erste Bilanz (Interview mit H.G. Rolff, Fragen von Andreas Kuschnereit und Michael Reichmann, Hamburg 2008).

Der Wettlauf ging bekannterweise tragisch für Scott aus, er und seine Mannschaft erfroren auf dem Rückweg vom Südpol. Amundsens Trupp hatte den Südpol einen Monat früher erreicht als Scott.

Wenn man untersucht, was Roald Amundsen so erfolgreich machte, dann kommt man zur Kategorie »Leadership«: »Amundsen war ein bescheidener, uneitler, den Menschen und der Sache verpflichteter Führer«. Im Beispiel Amundsens findet man viele Aspekte wieder, die zum Bereich Leadership gehören und die auf die Schule zu übertragen sind. Auf die Schule übertragen heißt das:

In welchen Schritten gehen Sie vor?

Egal, ob Sie die Schule schon kennen oder ob Sie als externer Bewerber an die Schule gekommen sind, Sie werden die Schule zunächst aus der Sicht einer Führungskraft kennenlernen müssen und eine Bestandsaufnahme durchführen (Abschnitt 2.2). Auf welche Ziele, Werte, auf welche Mitarbeiter, auf welche gelungenen Projekte können Sie zurückgreifen? Ohne diese Bestandsaufnahme werden Sie keine Ziele vereinbaren können oder gemeinsame Projekte beginnen können (vgl. Leadership-Wabe).

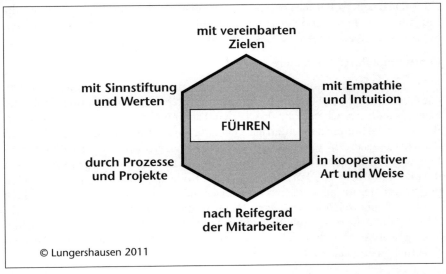

© Lungershausen 2011

Abb. 22: Die Leadership-Wabe

Die Bestandsaufnahme

Es gibt verschiedene Methoden, eine Bestandsaufnahme durchzuführen, die sich eher bedingen als ausschließen:

Analyse der Dokumentenlage

Wie aussagekräftig und aktuell ist das Schulprogramm? Gibt es verbindliche Curricula? Gibt es schulinterne Vergleichsarbeiten und andere Absprachen? Wo und wie sind diese dokumentiert? Gibt es einen Leitfaden für Neueinsteiger?

Hospitationen

Machen Sie die Kriterien für die Auswahl der zu hospitierenden Kollegen und Lerngruppen deutlich, wählen Sie bestimmte Jahrgänge, z.B. die Abschlussjahrgänge und bestimmte Fächer aus, z.B. zwei Lang- und zwei Kurzfächer. Geben Sie den hospitierten Kollegen eine Rückmeldung in einem vorher verabredeten Gespräch. Machen Sie den Verlauf dieses Gespräches vorher transparent. Es sollte keine Beurteilungssituation darstellen, sondern sich an den Kriterien der Auswahl der hospitierten Lerngruppen orientieren. Trotzdem wird jeder Hospitierte sich auch eine persönliche Rückmeldung wünschen. Bei einer ersten Hospitation sollte diese wertschätzend ausfallen.

Teilnahme an Fachkonferenzen

Dort befragen Sie die Kollegen nach deren Bedürfnissen, Stärken und Schwächen der Arbeit. Außerdem können Sie hier erste Rückmeldungen geben, wie Ihr Eindruck von dem Stand der Unterrichtsentwicklung an der Schule ist. Achten Sie auf eine möglichst offene Gesprächssituation.

Rundgänge durch die Schule

Diese sind besonders empfehlenswert. Das bedeutet, dass Sie an einem Wochentag einen vorher angekündigten Rundgang durch einen bestimmten Trakt des Schulgebäudes machen, z.B. durch den Fachtrakt. Sie beobachten in jedem Raum ca. 15 Minuten den Unterricht (evtl. mit Notizen auf einem standardisierten Beobachtungsbogen) und machen sich Notizen zur Ausstattung der Räume und Flure. Am Ende des Rundganges laden Sie alle Beteiligten zu einem Austausch über die Eindrücke ein. Formulieren Sie am Ende dieses Austausches, was Ihnen positiv und negativ aufgefallen ist und lassen Sie von den übrigen Beteiligten diese Eindrücke ergänzen oder bestätigen. Wenn Sie diese Rundgänge regelmäßig durchführen, haben Sie relativ unaufwendig einen authentischen Einblick in das Schulleben gewonnen. Aus diesem Instrument können Sie relativ einfach einen Baustein des Qualitätsmanagements entwickeln.[5]

Nutzen von externen Evaluationssystemen (SEIS[6], Schulinspektion)

Für eine offene Diskussion mit dem Kollegium sind diese Evaluationssysteme nützlich, wenn es eine Akzeptanz im Kollegium für diese Instrumente gibt. Des-

---

5 Die Rudolf-Bosch-Gesamtschule in Hildesheim hat das Instrument der Schulrundgänge zu einem Baustein des Qualitätsmanagements konsequent weiterentwickelt.
6 SEIS ist ein computergestütztes Selbstevaluationsinstrument für Schulen (www.seis-deutschland.de).

wegen muss man das Kollegium vorher gründlich über die Ziele dieses Evaluationsinstrumentes und deren Methodik, deren Möglichkeiten und Grenzen informieren. Das gilt besonders für die Schulinspektion, die es ja mittlerweile in den meisten Bundesländern gibt, und deren Erscheinen man nicht steuern kann. Wenn sie kommt, sollte man ihre Ergebnisse aber nutzen.

Formulierung von Entwicklungszielen und Arbeitsschwerpunkten

Leadership bedeutet, gemeinsame Ziele zu haben und an diesen gemeinsam zu arbeiten. Leadership bedeutet auch, dass Sie als Schulleitung vorgeben, in welche Richtung sich die Schule bewegen soll. D.h., Sie vermitteln, welche Werte Gültigkeit haben sollen. Sie werden dabei auf Bestehendes, wie das Schulprogramm oder das Leitbild, zurückgreifen, aber auch eigene Schwerpunkte setzen. Leadership bedeutet auch, dass Sie ein Commitment im Kollegium haben wollen, weil Sie nur so erfolgreich arbeiten können. Das heißt, dass Sie Ihre Bestandsaufnahme der Schule mit formulierten Entwicklungszielen und Arbeitsschwerpunkten den Gremien, zuerst natürlich dem Kollegium, präsentieren. Sie lassen dieses in mehreren Schritten offen diskutieren.

In dieser Phase werden Sie viel Empathie, Offenheit, Gelassenheit und Intuition benötigen. Außerdem benötigen Sie Zeit, damit Sie in kooperativer Art und Weise, also gemeinsam mit den schulischen Gremien, zu ersten Projekten kommen, die die Schulentwicklung vorantreiben. Diese Projekte sollten überschaubar sein, zum Bereich der Unterrichtsentwicklung gehören (s. Einleitung) und einen unmittelbaren Nutzen für das Kollegium haben. Man kann solche Projekte als Ziel- und Leistungsvereinbarung formulieren, muss dies aber nicht tun. Wichtig ist, dass das Projekt einem Ziel zugeordnet wird, dass bestimmte Maßnahmen beauftragt werden und Indikatoren für den Erfolg des Projektes definiert werden. Wichtig ist der Auftrag: Was soll gemeinsam entwickelt werden, was soll gesetzt werden?

Führen durch Prozesse und Projekte

Was heißt das konkret? Ich möchte das an einem Beispiel verdeutlichen.

In Hamburg wurden zum Beispiel wie in anderen Bundesländern Präsentationsleitungen und -prüfungen in der Oberstufe kurzfristig eingeführt. Direkt nach der Einführung gab es große Unklarheiten im Verfahren, da die Prüfungsordnungen erst sehr spät erschienen. Lehrer und Schüler waren verunsichert und unzufrieden. Es war unklar, welche Bewertungsmaßstäbe gelten sollten. Wie sollten z.B. Fachkompetenz und Methodenkompetenz gewichtet werden? Welche Bestandteile gehören zu einer Präsentationsleistung (Vortrag mit digitaler Vorlage, Handout, Dokumentation des Arbeitsprozesses, eigenständige Formulierung des Themas durch die Schüler, Kolloquium...), wie werden diese bewertet? Die Brisanz war besonders groß, da die Präsentationen nun die bisher üblichen mündlichen Prüfungen im Abitur ersetzten.

Dies ist ein schönes Beispiel für eine Situation, die Leadership erforderte und die zugleich eine zentrale Frage aufwirft: Wie viel Beteiligung ist notwendig, was sollte man setzen? Wer soll beteiligt werden? Da das Kollegium die Vereinbarungen mit Überzeugung umsetzen muss, war eine Beteiligung besonders bei der Entwicklung der Bewertungsmaßstäbe notwendig. Auf der anderen Seite war es angesichts des Zeitdrucks (das Abitur kommt immer früher, als man denkt) notwendig, dass sich das Kollegium bzw. die eingesetzte Projektgruppe nicht mit zeitaufwendigen Details aufhielt.

Diese Situation machte folgende Schritte erforderlich:

1. Es gab eine Ziel- und Leistungsvereinbarung:

Ziele	Maßnahmen	Indikatoren
– Einheitliche Kriterien für die Leistungsbeurteilung bei Präsentationsleistungen – Verbindliche Verfahrensregeln – Gleiche Leistung: gleiche Noten (Näherung)	– Einsetzen einer Projektgruppe für die Entwicklung und Durchführung eines Verfahrens für die kompetenzorientierte Leistungsbeurteilung in Präsentationsleistungen – Fortbildung des Kollegiums – Die Schüler werden nach dem schulinternen Konzept im Methodentraining angemessen beraten und trainiert	– Präsentationsleistungen finden in der Oberstufe auf Grundlage von einheitlichen Verfahrensregeln und Bewertungsbögen statt. – Die Schüler kennen die Bewertungsmaßstäbe und beachten sie in ihren Präsentationen (Befragung der Schüler nach den mündlichen Prüfungen)

Abb. 23: Ziel- und Leistungsvereinbarung

2. Eine Projektgruppe wurde eingesetzt. Für die Zusammensetzung waren folgende Kriterien wichtig: Die Aufgabenfelder waren vertreten, es waren Kollegen dabei, die kreativ an solche Aufgabenstellungen herangehen. Es waren Kollegen dabei, die den Präsentationsprüfungen eher kritisch gegenüberstanden, um Widerstand möglichst gleich einzubinden. Die Projektgruppe bekam den Auftrag, die Bewertungsbögen zu entwickeln.
3. Die Ergebnisse wurden auf einer Konferenz präsentiert und diskutiert.
4. Die Projektgruppe arbeitet die Diskussionsergebnisse ein.
5. Die Projektgruppe bietet eine schulinterne Fortbildung an.
6. Durchführung des Trainings für die Präsentationsleistungen und -prüfungen.
7. Die Evaluation müsste eigentlich selbstverständlich sein, kommt im Schulalltag aber häufig zu kurz. Versuchen Sie wenigstens, kleine und praktikable Evaluationsmaßnahmen durchzuführen, z.B. eine Punktabfrage (als Zielscheibe) zu vier bis fünf Fragen auf der nächsten Lehrerkonferenz oder als »stille Konferenz« im Lehrerzimmer. Ähnliches lässt sich auch für die Prüflinge relativ leicht durchführen.

Entsprechendes gilt für die Führung mit Prozessen. Viele immer wiederkehrende Abläufe an der Schule lassen sich als Prozesse definieren und beschreiben.

Dabei kann der Sachverstand der Betroffenen eingeholt und dauerhaft erfasst werden. Denn häufig ist Leitungs- und Gestaltungs-Know-how in den Köpfen vorhanden, aber nicht dokumentiert. Durch Prozessbeschreibungen kann sich die Schulleitung entlasten, wenn diese für das Kollegium (z.B. über ein Intranet) zugänglich sind. Sie erspart sich damit Rückfragen, Anweisungen und Erläuterungen und hat mehr Zeit für die eigentliche Führungsarbeit.

Grundsätzliche Schlussfolgerungen und Überlegungen zum »Leadership«

Man sieht an diesem Beispiel, dass die Gestaltung von Projekten und Prozessen sehr aufwendig ist. Daher muss sich Schulleitung immer überlegen, an welchen Punkten Beteiligung unverzichtbar ist und an welchen Stellen die Schulleitung das Kollegium entlasten muss. Grundsätzlich werden immer nur Betroffene beteiligt, das leuchtet sicherlich ein. Doch auch die Betroffenen müssen nicht an allem beteiligt sein, sondern sollen sich auf das für sie Wesentliche konzentrieren. Um dieses zu erläutern, greife ich noch einmal auf das Beispiel der Präsentationsleistungen zurück.

Die Projektgruppe sollte sich auf die für sie wesentliche Frage der Bewertungskriterien konzentrieren. Die Schulleitung hat die Projektgruppenmitglieder entlastet, indem sie die Rahmenbedingungen setzte, die nicht in der Prüfungsordnung geregelt waren. Dazu gehörte z.B. die Frage, welche Funktion das Handout haben soll, aber auch, wann und in welchen Schritten Lehrer und Schüler zum Thema und zur genauen Aufgabenstellung kommen. Zum Leadership gehört auch immer Verantwortungsübernahme. Dies bedeutete hier konkret, dass die Schulleitungsgruppe alle Aufgabenstellungen mithilfe von vorher bekanntgemachten Kriterien überprüfte, damit die Lehrkräfte keine Angst vor überraschenden Formfehlern in der Abiturprüfung haben mussten.

Bei solch einem wichtigen Projekt müssen Sie alle Mitarbeiter je nach Reifegrad einbinden. Die Leistungsträger werden Sie beauftragen, z.B. ein Arbeitspapier für die Projektgruppe zu entwickeln. Die Bedenkenträger binden Sie in die Projektgruppe mit ein, damit die Ergebnisse der Projektgruppe nicht auf zu großen Widerstand im Kollegium stoßen. Sie werden darauf achten, dass die Projektgruppe leistungsheterogen besetzt ist, so wird sie gleichzeitig ein Instrument der Personalentwicklung. Für die unsicheren Kollegen bieten Sie eine Fortbildung oder eine Fachkonferenz an, in der gemeinsam Aufgabenstellungen entwickelt werden. Wegen der notorischen »Last-Minute-Arbeiter« werden Sie einen Abgabetermin für die Aufgabenstellung verabreden, der eine Woche früher als notwendig ist.

Wenn Sie »neu im Amt« einmal ein Projekt in diesen Schritten erfolgreich durchgeführt haben, können Sie sich gemeinsam mit dem Kollegium zum nächsten Entwicklungsschritt aufmachen. Das geht natürlich leichter, wenn Sie auf eine gute Teamstruktur zurückgreifen können. Deshalb geht es im nächsten Abschnitt um die Leitungsteamstruktur als Kern der Teamstruktur einer Schule.

Arbeitshilfe 4.2: Reflexionsübung Führung

– Verteilen Sie in Ihrem Leitungsteam die folgende Seite mit den Zitaten.
– Jeder markiert das Zitat, welches ihn am meisten anspricht.
– Der Reihe nach erläutert jeder, weshalb er dieses Zitat ausgesucht hat und wie er es versteht.
– Diskutieren Sie, ob Sie zu einem gemeinsamen »Nenner« bei jedem gewählten Zitat kommen.
– Finden Sie Maßnahmen und Handlungsschritte, wie die mit den Zitaten gewählte Intention zur Umsetzung kommen kann.

Zitate zum Thema »Führung«

Gebrauche deine Macht wie ein paar Zügel, nicht wie eine Peitsche.
(Mongolisches Sprichwort)

Wer Macht über andere hat, muss zunächst Macht über sich selbst gewinnen. Wer führen will, muss zuerst sich selber führen.
(unbekannt)

Befehle bellen ist out. Neugier, Initiative und Phantasie sind in.
(Tom Peters)

Behandle die Menschen so, als wären sie, was sie sein sollten, und du hilfst ihnen zu werden, was sie sein können.
(Johann Wolfgang von Goethe)

Autorität ist das Vermögen, die Zustimmung anderer zu gewinnen.
(Bertrand de Jouvenel)

Rationale Autorität fördert das Wachstum des Menschen, der sich ihr anvertraut, und beruht auf Kompetenz. Irrationale Autorität stützt sich auf Machtmittel und dient der Ausbeutung der ihr Unterworfenen.
(Erich Fromm)

Führung heißt: Einen Menschen so weit bringen, dass er das tut, was Sie wollen, nicht weil er muss, sondern, weil er es will.
(Dwight David Eisenhower)

Was wir am nötigsten brauchen, ist ein Mensch, der uns zwingt, das zu tun, das wir können.
(Ralph Waldo Emerson)

Autorität wie Vertrauen werden durch nichts mehr erschüttert als durch das Gefühl, ungerecht behandelt zu werden.
(Theodor Storm)

4.3 Das Leitungsteam oder -tandem

Warum Teams in der Schulleitung?

Zunächst möchte ich kurz begründen, warum ich die Entwicklung von Team-strukturen in der Schule für unerlässlich halte. Aus meiner Erfahrung gibt es viele Gründe für Teams und so gut wie keine dagegen. Es gibt allerdings Stolper-steine bei der Entwicklung der Teams, aber darüber später mehr. »Teamentwick-lung ist eine Voraussetzung für gelingende Schul- und Unterrichtsentwicklung. Sie ist eine Gelingensbedingung für die Bewältigung komplexer Anforderungen an die Qualitätsentwicklung in der Schule. Damit ist Teamentwicklung zugleich Aufgabe und Thema für Leitungs- und Steuergruppen im Rahmen der Entwick-lung von Gesamtstruktur und langfristigen Kooperationsbeziehungen in der Schule. Durch die Teamarbeit werden die in einem Team vorhandenen unter-schiedlichen Kompetenzen und Perspektiven aufgabenbezogen für die Schul- und Unterrichtsentwicklung eingesetzt.« (Maja Dammann)

Konkret heißt das: Unterrichtsentwicklung als zentrale Aufgabe ist nicht von Einzelkämpfern umzusetzen. Unterrichtsentwicklung muss immer das Ziel ha-ben, dass es nicht allein vom eingesetzten Lehrer abhängt, ob ein Schüler etwas lernt oder nicht. Es darf nicht sein, dass ein Schüler das Glück hat, etwas zu ler-nen, und ein anderer Schüler das Pech hat, etwas nicht zu lernen, weil dieser Leh-rer meint, er müsse dieses oder jenes nicht tun. Das heißt, die eingesetzten Leh-rer müssen einen Konsens darüber haben, was für den Lernerfolg der Schüler wichtig ist und was nicht. Dieses gelingt am besten im Team.

Wenn Sie als Schulleitung Teamentwicklung durchsetzen wollen, dann müs-sen Sie die Arbeit im Team vorleben, und das ist leichter gesagt als getan. In gro-ßen Systemen sind die Leitungsgruppen häufig, so sagen es zumindest böse Zun-gen, die am wenigsten professionell arbeitenden Teams. In kleinen Systemen gibt es häufig gar keine Leitungsgruppe. Mehr und mehr gibt es das Problem, dass Leitungsfunktionen in kleinen Schulen gar nicht mehr besetzt werden können.

Deswegen zunächst ein Blick auf die kleinen Systeme. Meine Empfehlung: Su-chen Sie sich auf jeden Fall ein Team, das Sie bei Ihren Leitungsaufgaben unter-stützt, und seien Sie kreativ in der Finanzierung dieses Teams. Teams brauchen eine Entschädigung für ihre Arbeit. Viele Schulleiter suchen sich zur Unterstüt-zung in ihrer Leitungsfunktion eine Steuergruppe. Ich empfehle eine Leitungs-gruppe besetzt aus Jahrgangsleitern, weil Sie so am unmittelbarsten in die Jahrgänge einwirken können. So haben Sie einen guten Einfluss auf die Unter-richtsentwicklung.

Ein Blick auf die großen Systeme: Eine der ersten Aufgaben wird es sein, Ihre Leitungsgruppe als Team zu entwickeln. Das ist häufig eine große Baustelle, weil Sie hier auf unterschiedliche Lehrergenerationen und -persönlichkeiten stoßen, die ganz unterschiedliche Vorstellungen von ihrem Auftrag haben und häufig eine Reihe heimlicher Spielregeln verfolgen, die einem das Leben als Schulleiter recht schwer machen können. Das heißt, wenn Sie Ihre Leitungsgruppe zum Team entwickelt haben, wissen Sie schon fast alles über Teamentwicklung und können an die Entwicklung der nächsten Teams gehen.

Voraussetzungen für Teamarbeit

Teamarbeit setzt einen hohen Grad von Professionalität voraus. Teams sind nicht eine Gruppe von mehreren Personen, die aufgrund freundschaftlicher Beziehungen zusammenarbeiten, sondern Teams sind professionelle Gruppen, die gemeinsam an einem Projekt, Thema und Ziel arbeiten. Teams sind am besten so zusammengestellt, dass in ihnen unterschiedliche Talente vereint sind. Teams sind nicht basisdemokratisch organisiert, sondern besitzen eine Leitung. Lumma[7] benennt folgende Voraussetzungen für erfolgreiche Teamarbeit:

a. Akzeptanz partnerschaftlicher Kollegialität
   (damit Abwendung von Gewalt und Machtstreben)
b. Akzeptanz von Leitung und Rollenzuschreibungen
   (damit Abwendung von Abwertungen)
c. Akzeptanz von Konfrontation und Feedback
   (damit Abwendung von Konfliktvermeidung)

---

7 K. Lumma: Die Team-Fibel. 3. Aufl., Hamburg, Windmühle 2000, S. 12.

d. Akzeptanz von Verbindlichkeit und Verabredungen
   (damit Abwendung von Beliebigkeit und heimlichen Manipulationsstrategien)
e. Akzeptanz des Paradigmas lebenslangen Lernens
   (damit Abwendung vom Irrglauben, jemals ausgelernt zu haben)

Diese Voraussetzungen für erfolgreiche Teamarbeit werden Sie mit Ihrem Team thematisieren. Wenn Sie in ein bestehendes Team kommen und Sie bereits einige Erfahrungen miteinander gesammelt haben, kann Ihnen der Selbstreflektionsbogen (s. Arbeitshilfe 4.3.a) dabei nützlich sein.

Erfolgsfaktoren für Teamarbeit

Im Folgenden konzentriere ich mich auf die Teamentwicklung in Ihrer Leitungsgruppe. Vieles davon ist aber auch übertragbar auf andere Teams in Ihrer Schule.

Ein wichtiger Baustein im Teamentwicklungsprozess wird die Klärung des gemeinsamen Wertehorizontes: Was ist z.b. mein Menschenbild, mein Lernbegriff, mein Rollenverständnis als Leitung, mein Verständnis von Teamarbeit[8]? Im Schulalltag, gerade zu Beginn der Schulleitungstätigkeit, hat man häufig nicht den Mut, sich die Zeit für einen solchen Klärungsprozess zu nehmen. Ich habe auch Zweifel, ob dieser auf einer theoretischen Ebene mit der notwendigen Ehrlichkeit geführt werden würde, nicht einmal wenn er mit einer externen Moderation durchgeführt würde. Daher auch hier wieder mein Plädoyer: Gehen Sie möglichst früh mit Ihrer Leitungsgruppe ein Projekt im Bereich Unterrichtsentwicklung an und nehmen Sie dieses als Anlass, den Wertehorizont zu klären. Nach meiner Erfahrung war diese Diskussion im Zusammenhang der Evaluation des Methodenlernens an unserer Schule sehr ergiebig. Dies ist ein Thema, für das man einen Konsens haben muss, was guten Unterricht ausmacht und wie man diesen entwickelt. Ein anderer ergiebiger Anlass könnte die gemeinsame Beurteilung von Unterricht sein, z.b. als Vorbereitung des Besuches der Schulinspektion oder als Vorbereitung von Hospitationen im Bereich des Beurteilungswesens.

Ein Team muss wissen, was es zu tun hat, es braucht also eine klare Aufgabenbeschreibung, die für das Kollegium veröffentlicht wird. Auch hier steht am Beginn eine Bestandsaufnahme. Was muss erledigt werden, wer hat es bisher getan? Als nächstes muss die Überarbeitung nach den folgenden Kriterien erfolgen: Ist die Aufgabenverteilung funktional, ist sie gerecht, berücksichtigt sie die Talente der Teammitglieder? Ist sie flexibel genug gehalten, so dass man auch auf neue Herausforderungen reagieren kann?

---

8 Ganz wichtig: Ziel dieser Arbeit ist nicht eine vollständige Übereinstimmung, sondern eine Klärung des professionellen Selbstverständnisses des Teams, bei Markierung von individueller Unterschiedlichkeit. Hierbei kann Ihnen die Vorlage zu Ihrem »Mission Statement« (Arbeitshilfe in Abschnitt 2.3) als gute Grundlage dienen.

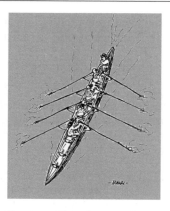

Als Arbeitshilfe finden Sie einen Fragebogen, der Sie in diesem Prozess unterstützen kann. Voraussetzung dafür ist allerdings ein ehrlicher Umgang mit den Fragen. Nehmen Sie sich also Zeit für diesen Prozess. Arbeiten Sie außer Haus, prüfen Sie die Frage der externen Moderation und verabreden Sie vor allem vorher die Schritte, mit der Sie zur Aufgabenverteilung kommen. Bestandsaufnahme, Bearbeitung des Fragebogens, ehrlicher Austausch über die Ergebnisse, neue Aufgabenverteilung, Bedenkzeit, Verabschiedung der Aufgabenverteilung (am besten für ein Jahr zur Probe, danach Evaluation), Veröffentlichung im Kollegium.

⊕ **Arbeitshilfe 4.3.a: Fragebogen Teamarbeit**

Fragebogen zur Selbstreflexion zu einigen Aspekten von Teamarbeit in der Schulleitungsgruppe[9]

Arbeitsauftrag:

Füllen Sie den Bogen bitte stichwortartig aus. Notieren Sie möglichst Beispiele zum Beleg Ihrer persönlichen Einschätzungen.

1. Beziehungen und Rollen
a) Macht Ihnen die Zusammenarbeit Spaß?
b) Inwieweit sind Ihre Vorgehensweisen und Arbeitsstile miteinander vereinbar?
c) Existieren akute oder schwelende Konflikte, die die Zusammenarbeit behindern?
d) Werden Wünsche nach Distanz oder Nähe akzeptiert?

2. Rollen und Arbeitsschwerpunkte im Team
a) Sind die Rollen und Arbeitsschwerpunkte in der Leitungsgruppe geklärt?
b) Stimmen Sie in Ihren Zielen und Vorstellungen überein?

---

9 Übernommen von Maja Dammann, LI Hamburg.

c) Hat die Kooperation bei den Beteiligten einen ähnlichen Stellenwert?

d) Wird ein vergleichbares Maß an Zeit und Ressourcen investiert?

e) Welche konkreten Veränderungswünsche haben Sie in Bezug auf Ihren Arbeitsbereich?

f) Welche konkreten Veränderungswünsche haben Sie in Bezug auf die Arbeitsbereiche anderer Leitungsmitglieder oder bisher nicht geregelte Arbeitsbereiche?

3. Teamabsprachen

a) Was finden Sie an der bisherigen Praxis Ihrer Teamabsprachen gut und erhaltenswert?

b) Wo knirscht es – und welche konkreten Veränderungswünsche haben Sie?

4. Kompetenzen der Teampartner

a) Vertrauen Sie der Selbstständigkeit und Eigenverantwortlichkeit Ihrer Teammitglieder?

b) Werden Ihre Kompetenzen ausreichend gewürdigt?

c) Können Sie Ihren Kooperationspartnern mit gutem Gefühl Arbeitsaufträge überlassen?

d) Welche Kompetenzen welcher Teammitglieder werden schlecht genutzt?

5. Konkurrenz

a) Konkurrieren die Beteiligten in Bezug auf Zuwendung, Ressourcen oder Positionen?

b) Empfinden Sie Neid, wenn andere Teammitglieder erfolgreicher sind?

c) Verlieren Sie bei Überlegenheit anderer Personen den Kontakt zu Ihrer eigenen Kompetenz?

d) Können Sie sich und Ihre Fähigkeiten und Sichtweisen angemessen einbringen oder müssen Sie darum kämpfen?

e) Halten Sie oder andere Teammitglieder Wissen und Information bewusst zurück?

6. Auftreten als Team nach außen (gegenüber Kollegium, Eltern und Schülern)

a) In welchen Fällen gelang es Ihnen gut, als Team gemeinsam nach außen aufzutreten?

b) In welchen Fällen gelang es Ihnen nicht gut, als Team gemeinsam nach außen aufzutreten?

c) Was machte den Unterschied zwischen diesen Fällen aus?

d) Was wünschen Sie sich im Hinblick auf das gemeinsame Auftreten?

Der nächste Baustein ist die Klärung der geltenden Regeln für das Team. Wichtig: Wenn das Team einen Beschluss gefasst hat, wird dieser von allen nach außen hin vertreten. Konflikte und Meinungsverschiedenheiten werden intern geklärt.

Ein lautstarker Disput von Mitgliedern des Leitungsteam vor dem Vertretungsplan z.B. über die Terminierung der Zeugniskonferenzen wäre ein echter Vertrauensbruch und müsste im Team geklärt werden.

Dies ist so wichtig, weil für den Weg zur Beschlussfassung echte Entscheidungsoffenheit gilt. Innerhalb des Leitungsteams gilt die Vertraulichkeit für alle Äußerungen, es gibt ausdrücklich die Erlaubnis für Konfrontation, für tabufreies Denken und Diskutieren.

Jedes Team hat eine Leitung, im Leitungsteam ist dies natürlich die Schulleitung. Im Sinne des Leadership muss klar sein: Die Schulleitung hat ein Vetorecht, mit dem sie allerdings sehr sorgfältig umgehen wird. Sie wird es einsetzen, falls ein Beschluss z.B. gegen geltendes Recht verstößt oder absolut nicht finanzierbar ist.

Teams brauchen eine fest verabredete Teamzeit mit einem realistischen Zeitrahmen (90 Minuten sind für Leitungsteams das absolute Minimum.). Diese Teamzeit hat für alle Teammitglieder höchste Priorität. Teamsitzungen haben eine Geschäftsordnung und Rituale. Dazu gehören das Protokoll genauso wie eine Zeit zum Ankommen und Plaudern sowie das Blitzlicht zum Schluss, in dem jeder äußern kann, wenn es nicht zu seiner Zufriedenheit abgelaufen ist oder auch, wenn etwas besonders gut funktioniert hat. In der folgenden Tabelle finden Sie eine bewährte Tagesordnung.

---

1. Ankommen und Tee trinken (d.h. Zeit für das Aufwärmen)
2. Tagesordnung: Ändern oder so lassen?
   Änderungen nur bei Vorbereitung des TOPs durch ein Teammitglied
   Genehmigung des Protokolls der letzten Sitzung, Bestimmen des neuen Protokollführers
3. gemeinsamer Teil:
   a) Info: Was alle wissen müssen
   b) Erarbeitung eines neuen Themas (nur wenn alle Perspektiven nötig sind und die Zeit reif ist), methodisch vorbereitet
   alternativ:
   • Präsentation einer Erarbeitung *und/oder*
   • Diskussion von Erarbeitetem *und/oder*
   • Beschlussfassung (nach Erarbeitung und Diskussion) *und/oder*
   • Beratung eines Falles
   c) Blick auf die offene Punkteliste: Was soll als Nächstes bearbeitet werden? Wer bereitet das vor?
   d) Blitzlicht
4. ggf. arbeitsteiliger Teil (Struktur wie unter 3)
5. Blitzlicht

Abb. 24: Beispiel für eine Tagesordnung einer Leitungsteam-Sitzung

An dieser Struktur ist einiges bemerkenswert: Durch den Beginn und das Ende wird die emotionale Ebene des Teams gepflegt. Vor allem das Blitzlicht muss geübt werden. Es ist der Gradmesser dafür, wie ehrlich die Kommunikation im Team ist. Im Team kann es Zeit geben für kollegiale Fallberatung, z.B. zum Umgang mit schwierigen Eltern oder Schülern. Auch dies ist ein Gradmesser für die Offenheit im Team.

☞ Tipp:

Zeigen Sie Ihrem Team die »Grüne Karte« zum Abschluss der SL-Teamsitzung, von H. Lungershausen entwickelt und mittlerweile im Einsatz von Leitungsteams:

> **Letzter Tagesordnungspunkt**
>
> Gelegenheit für:
>
> ▶ Störungen zur Sprache bringen
>
> ▶ persönliche Wünsche äußern
>
> ▶ Feedback geben

Die Grüne Karte gehört zum Ritual der Sitzung und sorgt dafür, dass für die Beziehungsebene ein geregelter Klärungsspielraum geschaffen wird.

Im Team wird nur bearbeitet, was für alle wichtig ist, denn die Zeit aller Teammitglieder ist kostbar. Ansonsten verabredet man sich extra oder man nutzt einen Teil der Teamzeit für arbeitsteilige Phasen am Ende der Sitzung. Die Tagesordnung ist immer mit Operatoren (diskutieren, informieren, erarbeiten, ...) versehen, damit jedem klar ist, was sein Auftrag ist. Es gibt immer einen Verantwortlichen für ein Thema, der das Thema z.B. durch eine Beschlussvorlage oder das Sammeln von Informationen vorbereitet.

Zu einem fest verabredeten Zeitpunkt erfolgt die Einladung. Vorher gibt es eine Phase, in der jeder Tagesordnungspunkte vorschlagen kann, jeweils mit Angaben von Operatoren und zum Zeitbedarf. Die Materialien werden gleichzeitig mit der Tagesordnung verschickt. Wichtig ist, dass es dafür einen Verantwortlichen gibt – sehr entlastend ist es, wenn das Schulbüro diese Aufgabe übernimmt. Die Schulleitung prüft vorher die Tagesordnung im Hinblick darauf, ob sie vom zeitlichen Umfang her realistisch ist. An der Tagesordnung hängt die offene Punkteliste (z.T. mit zugeordneten Verantwortlichkeiten), damit sie nicht in Vergessenheit gerät und natürlich das Protokoll der letzten Sitzung. Als Arbeitshilfe finden Sie eine Mustereinladung zu einer Teamsitzung.

✎ Arbeitshilfe 4.3.b: Vorlage Teamstunden-Tagesordnung

Teamstunden im Schuljahr 20...   **Sitzung am:**

Tagesordnung

14.00	Ankommen			
14.15 – max. 14.45	Genehmigung von Protokoll, Tagesordnung, neuer Protokollführer Info: Was alle wissen müssen			
Thema	Zeit- bedarf	Wer ist verant- wortlich?	Was wird gemacht? (Information Erarbeitung Präsentation einer Erarbeitung Diskussion Beschlussfassung Fallberatung)	
1.				
2.				
3.				
4. ggf. arbeitsteiliger Teil				
5. Blitzlicht				
6. 16.30	Ende			

Offene Punkteliste	
Thema	Bis wann zu erledigen?
1.	
2.	
3.	
4.	
5.	
6.	
7.	

Verlässlichkeit ist ein hohes Gut bei Teamarbeit, deshalb ist ein pünktlicher Beginn genauso wichtig wie das Enden zum verabredeten Zeitpunkt. Arbeitet man länger als verabredet, muss dies thematisiert werden. Die Entscheidung, sich für weitere Phasen der Arbeit neu zu verabreden, muss akzeptiert werden.

Teams tut es gut, wenn sie Zeit für sich haben. Deshalb ist es für den Teamfindungsprozess förderlich, wenn man wichtige Themen, z.b. die Stundenverteilung für das nächste Schuljahr oder die Vorbereitung eines größeren Projektes, außer Haus, also in Ruhe in einem angenehmen Rahmen bearbeitet. Sehr empfehlenswert sind in regelmäßigem Abstand stattfindende extern moderierte Sitzungen, in denen man den gemeinsamen Arbeits- und Teamfindungsprozess reflektiert. Ein jährlicher Rhythmus ist hierfür ebenso realistisch wie empfehlenswert.

Praxisbeispiele:

- *Das Leitungsteam der Gesamtschule Neustadt veranstaltet jedes Jahr ein festliches Essen für die sonstigen Mitarbeiter der Schule. Jedes Mitglied des Leitungsteams kocht einen Gang des Menüs. Die sonstigen Mitarbeiter fühlen sich und ihre Arbeit gewürdigt, das Team entwickelt neue gemeinsame Kompetenzen.*
- *Das Leitungsteam einer BBS in Hannover fährt jedes Jahr zu einer Klausurtagung in eine deutsche Weinregion. Es gibt ein vereinbartes Programm zur Schulentwicklung, aber dazu gehört auch eine Wanderung mit Winzervesper.*
- *Das Leitungsteam eines Gymnasiums in Franken trifft sich regelmäßig vor dem Schuljahresbeginn für zwei Tage in einem Wellness-Hotel, um die Jahresplanung in ganz entspannter Atmosphäre zu gestalten.*

Wann ist Teamarbeit notwendig?

Teamarbeit soll entlasten, entweder indem man einen Arbeits- oder Entscheidungsprozess auf ein breiteres Fundament stellt oder indem man sich durch Arbeitsteilung Freiräume schafft.

Was bearbeitet man gemeinsam im Team?

- strategische Aufgaben, z.B. die Gestaltung der Oberstufenprofile
- Aufgaben, bei denen hohe Mitwirkung geplant werden muss, z.B. Arbeit am Leitbild
- Aufgabenkritik nach erledigten Aufgaben, z.B. einer schulinternen Fortbildungsreihe
- Kommunikation von »Leitung pur«, wenn also Leitungsentscheidungen der Schulöffentlichkeit vermittelt werden sollen, z.B. Personalentscheidungen oder strukturelle Entscheidungen (Wir machen vier neue fünfte Klassen auf)

Was bearbeitet man arbeitsteilig?

- Routineaufgaben, wie z.B. Kurswahlen
- Aufgaben geringer Reichweite wie die Vorbereitung eines Berufsinformationstages etc.

Wenn Sie sich unsicher sind, ob Sie eine Aufgabe gemeinsam im Team bearbeiten sollen, gibt es im Wesentlichen zwei Prüfaspekte: die Tragweite bzw. der Inhalt und die Erfahrung, die das System mit einer Aufgabe hat.

Prüfaspekt Tragweite/Inhalt

- strategische/langfristige Entscheidungen höherer Komplexität
- mittel- oder kurzfristige Entscheidungen mit Auswirkungen auf die ganze Schule oder mehrere Teilbereiche der Schule
- Entscheidungen geringer Reichweite

Prüfaspekt Erfahrung

- komplett neue Aufgaben/Entscheidungen
- Entscheidungen mit verändertem Setting
- Routine-Entscheidung, regelmäßig wiederkehrende Entscheidungen[10]

Wenn bei Ihrer Prüfung jeweils der oberste oder der mittlere Punkt zutrifft, sollten Sie diese Aufgabe gemeinsam im Team angehen.

---

10 Nach Maja Dammann, LI Hamburg.

Arbeitshilfe 4.3.c: Aufgabenverteilung Leitungsteam

Name:

Überlegungen zur Aufgabenverteilung in der Leitungsgruppe[11]

Leitungsaufgaben, die im Kern zu meiner Funktion/meiner Abteilung gehören und die ich auch behalten möchte	Leitungsaufgaben, die ich gerne zusammen mit einem anderen Leitungsmitglied übernehmen würde	Leitungsaufgaben, die ich bisher wahrgenommen habe, aber gerne abgeben würde (ggf. Idee an wen)	Leitungsaufgaben, die danach verteilt werden sollten, wer sie am besten ausfüllen kann und nicht danach, wer gegenwärtig zuständig ist (Talente)	Leitungsaufgaben, die bisher noch von niemandem wirklich übernommen worden sind	Leitungsaufgaben, die gegenwärtig von einem Leitungsgruppenmitglied wahrgenommen werden, die ich aber gerne ans Kollegium delegieren würde	Leitungsaufgaben, die gegenwärtig von einem Leitungsgruppenmitglied wahrgenommen werden, die ich aber gerne ans Büro delegieren würde

11 Nach Maja Dammann, LI Hamburg.

Eine besondere Rolle: Der stellvertretende Schulleiter

Ein Wort zum Abschluss zur Bedeutung des stellvertretenden Schulleiters. Lange Zeit war der Stellvertreter der Fachmann für die Schulorganisation, in erster Linie für den Stundenplan und den Vertretungsplan, manchmal auch für die Bauunterhaltung und den Hausmeister zuständig. Das ist heute bei der Komplexität der Aufgaben nicht mehr angemessen. Der Stellvertreter sollte nicht mehr »nur« der Organisationsfachmann sein, sondern ein echter Stellvertreter, der über alles Bescheid weiß (nur dann übrigens kann er Sie auch wirklich vertreten). Sie schaffen viel Entlastung für sich, das Team und das System an sich, wenn Sie mit dem Stellvertreter auf Augenhöhe agieren, ihn regelmäßig informieren und in strategische Entscheidungen, z.B. Personalentscheidungen gleichberechtigt mit einbinden bzw. Leitungsentscheidungen an ihn delegieren.

In kleinen Schulen wird das Leitungstandem aus Schulleiter und Stellvertreter gebildet, in großen Schulen bilden die beiden so etwas wie ein »Team im Team«. Für beide Fälle gelten die Regeln:

- Ihre Gespräche sind vertraulich. Sie verabreden jeweils die weiteren Kommunikationswege.
- Sie haben gemeinsame Zeitfenster für die gegenseitige Information.
- Sie tragen nach außen jeweils die Entscheidung des anderen mit, Unstimmigkeiten werden intern geregelt.
- Sie haben Kriterien dafür entwickelt, wann das Wort der Schulleitung das entscheidende ist.

Für den Fall, dass Sie Zuständigkeiten nicht geklärt haben, gilt das »Prinzip der ersten Hand«: Derjenige, der einen Fall (z.B. einen Konfliktfall im Kollegium) angenommen hat, führt ihn auch zu Ende, kann sich aber natürlich jederzeit beim anderen Hilfe holen.

Über die Prinzipien der Arbeitsteilung sind natürlich Leitungsteam und Kollegium informiert, ein Mitentscheidungsrecht haben diese aber in diesem Fall nicht. Seit mehreren Jahren arbeite ich nach diesen Prinzipien. Ich kann sie nur zur Nachahmung empfehlen. Sie sorgen für nachhaltige Entlastung. Weitere Empfehlungen zur Entlastung folgen im anschließenden Abschnitt (4.4).

4.4 Netzwerke, Supervision und Coaching

Gemeinsame Netzwerke von Schulleitungen, Coaching, Supervision und kollegiale Fallberatung sind Wege zur persönlichen Entlastung und können ganz wesentlich zum Erfolg der Leitungstätigkeit beitragen.

Wie können Netzwerke die Leitungstätigkeit unterstützen?

Bei aller Unterstützung durch Teams und durch die Stellvertretung gilt dennoch: Schulleitung ist latent einsam. Man sollte also jede Gelegenheit nutzen, dieser Einsamkeit entgegenzuwirken und Gelegenheiten für einen Erfahrungsaustausch auf Augenhöhe zu gewinnen. Meine Erfahrung ist, dass Sie aus jedem Kontakt mit anderen Schulen und Schulleitungskollegen irgendeinen Gewinn ziehen. Nutzen Sie und definieren Sie also für sich Zeiträume, zu denen Sie auf Erkundungstour gehen, z.B. Kongresse und Messen. Besonders gut geeignet sind Treffen, aus denen sich Hospitationsgruppen oder andere Gruppen für den Erfahrungsaustausch im Sinne von »critical friends« entwickeln. Gerade im Bereich der Ganztagsschulen gibt es hierfür gute Angebote, z.B. über den Ganztagsschulverband.

Gemeinsam im Netz dicke Fische fangen!

Schaffen Sie Netzwerke innerhalb Ihres Bundeslandes zwischen Schulleitungen gleicher oder unterschiedlicher Schulformen, ganz nach Bedarf. Diese sind dann erfolgversprechend, wenn die beteiligten Schulen nicht in direkter Konkurrenz zueinander stehen und ein gemeinsames Entwicklungsinteresse haben, z.B. im Bereich der Ganztagsschule. Aus meiner Sicht ist es ein Auftrag an die Schulaufsicht, den Aufbau solcher Netzwerke zu unterstützen, denn so kann die Schulaufsicht Unterrichtsentwicklung sehr wirksam mitsteuern.

Netzwerke sollten in regelmäßigem Abstand Schulbesuche durchführen. Dazu gehört eine Leitfrage oder ein Motto für den Besuch (z.B. »Fördern und Fordern«), eine Hospitationsrunde und eine Gesprächsrunde mit Lehrern und Schulleitung. Ein Schultag ist in der Regel völlig ausreichend, eine gemeinsame Abendveranstaltung stärkt natürlich zusätzlich die Gemeinschaft. Neben Ihrem persönlichen Erkenntnisgewinn ist ein Netzwerkbesuch auch ein Gewinn für die Schulgemeinschaft. Diese lernt sich zu präsentieren und sich zu öffnen und entwickelt dabei eine stärkere Identität.

In Netzwerken lassen sich nicht nur das Know-how, sondern auch materielle Ressourcen von Schulen bündeln. So können gemeinsam Projekte in Angriff genommen werden, welche z.B. die Finanzkraft einzelner Schulen überfordern würden. Auf diese Weise können Experten bzw. Referenten eingekauft und Veranstaltungen organisiert werden.

Warum sind Supervision, kollegiale Beratung und Coaching für die Schulleitung wichtig?

Netzwerke unterstützen die Schulleitung bei der Systementwicklung, für die persönliche Unterstützung sind Coaching und Supervision wichtig, wenn nicht sogar unerlässlich. Wenn man ein professionelles Verständnis von seiner Aufgabe hat, nimmt man solche Unterstützungsangebote gern an, denn man weiß: »Nobody is perfect«. Coaching oder Supervision werden meist in einem Atemzug verwendet. Ich sehe einen Hauptunterschied zwischen Supervision und Coaching: Coaching erlebt man allein, Supervision geschieht in der Gruppe. Beides hat seine Zeit.

Supervision

Supervision ist eine Form der Beratung und Unterstützung, die Teams oder Berufsgruppen bei der Reflexion und Verbesserung ihres professionellen Handelns begleitet. Dabei hilft – wie der Begriff ausdrückt – der klärende Blick von oben bzw. die kritische Außenperspektive.

Die Perspektive von außen vermittelt der Supervisor, der darin geschult ist, die Bedürfnisse seiner Supervisanden zu ermitteln, ihre Selbstreflexion in Gang zu setzen und den Weg zu Erkenntnisgewinn und Erweiterung der Handlungsmöglichkeiten anzubahnen. Da Supervisoren für die schulische Arbeit nur beschränkt zur Verfügung stehen und auf Dauer erhebliche Kosten verursachen, wurde ein Modell entwickelt, das es Gruppen ermöglicht, die Vorteile von Supervision bei der Fallberatung quasi in Eigenleistung zu erbringen.

Kollegiale Beratung

Dieses Verfahren ist unter den Bezeichnungen »Kollegiales Teamcoaching« (W. Schley) und »Kollegiale Beratung und Supervision« (J. Schlee) bekannt. Eine sehr verständliche Einführung und Anleitung dazu liegt unter dem schlichten Titel »Kollegiale Beratung« vor.[12]

Eine Supervisionsgruppe dieser Art sollte man sich möglichst schnell suchen, häufig rekrutieren sich diese aus der Schulleitungsqualifizierung zu Beginn der Schulleitungstätigkeit. Eine Supervisionsgruppe sollte eine Größe von 6–9 Teilnehmern haben, so hat sie eine recht gute Verlässlichkeit. Jeder hat dann eine Chance, dass seine Anliegen bearbeitet werden, und es gibt eine ausreichende Bandbreite von Persönlichkeiten, die einem einen Rat geben können. Auf eine

---

12 Tietze, Kim-Oliver: Kollegiale Beratung. Problemlösungen gemeinsam entwickeln. 3. Auflage, Reinbek, rororo 2008.

professionelle Begleitung sollte man am Anfang nicht verzichten, erst diese gibt der Gruppe Struktur und Verbindlichkeit. Oft gibt es die Möglichkeit, dass das jeweilige Landesinstitut für Fortbildung den Gruppenstart (teil-)finanziert. Selbst wenn es keine Zuschüsse gibt, bei einer Gruppengröße von ca. 7 Teilnehmern ist die Leistung bezahlbar, steuerlich absetzbar ist sie sowieso. Eine kollegiale Beratung und Supervision sollte regelmäßig stattfinden, z.B. im Sechs-Wochen-Rhythmus, ein Treffen sollte ca. 2–3 Stunden dauern.

Themen von kollegialer Beratung und Supervision können Einzelfälle wie ein Konflikt mit einer Kollegin oder einem Elternrat sein, aber auch Fragen von grundlegender Bedeutung, wie z.B. die Frage »Soll ich jetzt mit der Leitbildentwicklung beginnen?«.

Folgende Bausteine gehören zu einer Supervision:

Einstiegsrunde: Wie geht es mir heute? Was bringe ich an Themen mit?

Formulierung von Anliegen und Einigung auf meist zwei zu bearbeitende Anliegen (bei einer dreistündigen Sitzung). In aller Regel haben die bearbeiteten Themen eine Relevanz für alle Teilnehmer.

Klärung des Anliegens: Das ist die wichtigste Phase: Allein die Klärung des Anliegens unter der sich immer wiederholenden Leitfrage: »Worum geht es Ihnen« hat einen großen Ertrag. Die Erkenntnis, dass es häufiger wichtig ist, eine gute Frage zu stellen als eine Antwort zu finden, gilt auch hier. Häufig erkennt man dann, dass es gar nicht nur um eine Sachfrage geht (Der Kollege hat die Einschulungsfeier nicht richtig organisiert.), sondern auch um einen Beziehungsaspekt (Der Kollege vertraut mir nicht.).

Fallklärung: Ein guter Supervisor hat ein großes Methodenrepertoire und ein Gespür dafür, welche Methodik zu einer Gruppe passt.

Für die kollegiale Beratung gibt es einen festen Rahmen von Phasen und Regeln, die den Ablauf strukturieren und Klarheit für alle Teilnehmer schaffen.[13]

1. Casting
Im Casting werden die Rollen der kollegialen Beratung durch die Teilnehmer besetzt, d.h. es wird festgelegt, wer moderiert und wessen Fall beraten wird.
2. Spontanbericht des Fallerzählers
Hier gibt der Fallerzähler eine knappe Darstellung seines Problems sowie wichtige Informationen zur Ausgangslage. Die Berater haben die Möglichkeit, Informationsfragen zu stellen.

---

13 Vgl. Tietze, S. 60.

---

3. Schlüsselfrage
   Der Fallerzähler formuliert seinen Klärungswunsch und die Klärungsrichtung für die folgende Beratung durch eine Schlüsselfrage.

4. Methodenwahl
   Der Fallerzähler wählt mit Unterstützung des Moderators eine Methode, die dem Fall und der Schlüsselfrage angemessen ist, z.b. »Gute Ratschläge« oder »Hypothesen entwickeln«.

5. Die Beratung erfolgt im Stil der gewählten Methode.

6. Abschluss
   Zum Abschluss gibt der Fallerzähler den Beratern eine Rückmeldung darüber, welche ihrer Anregungen ihm hilfreich erscheinen.

Abb. 25: Ablauf einer kollegialen Beratung

Geregelt ist z.b., dass in Phase 2 nur Informationsfragen erlaubt sind, dass während der Beratung (Phase 5) der Fallerzähler nur zuhört. Das Vorgehen nach diesen Schritten und die Einhaltung der Regeln ist Aufgabe des Moderators, der auch für die Einhaltung des zeitlichen Rahmens sorgt.

Variationen der Phaseneinteilung und der Beratungsmethoden sind verbreitet. Die Gruppe sollte jedoch ein einmal gewähltes Schema möglichst beibehalten, weil dies zur Verhaltenssicherheit beiträgt.

Nach einer guten kollegialen Beratungsrunde geht man gestärkt und mit einer Idee, wie man in einer bestimmten Situation agieren möchte, nach Hause. Wenn man die kollegiale Fallberatung gelernt und geübt hat, hat man ganz nebenbei ein wertvolles Instrument für die Teamentwicklung kennengelernt. Ein Grund mehr, sich eine Supervisionsgruppe zu suchen.

Coaching

Unter Coaching ist eine persönliche Form von Beratung und Unterstützung von Führungspersonen zu verstehen, die zu einer Verbesserung der Wahrnehmung als Voraussetzung für ein verändertes Handeln führt.

Coaching wird z.T. mit Vorbehalten gesehen. Einigen gilt eine solche Form der individuellen Betreuung noch als verdächtig. Man hat die Befürchtung, als jemand eingeschätzt zu werden, der ohne Hilfe von außen nicht »zurechtkommt«. Diejenigen, die ein Coaching durchlaufen haben, berichten jedoch in der Regel über einen Zuwachs an Selbstvertrauen und Verhaltenskompetenz.

Auf ein Coaching greift man in besonderen Krisensituationen, z.B. bei erheblichen Konflikten mit dem Kollegium oder einer Krise der Berufsmotivation, zurück. Es wird nicht regelmäßig, sondern anlassbezogen in Anspruch genommen.

Ein guter Coach wird in einem Vorgespräch sein Verfahren offenlegen und die Phasen des Coachings erläutern.[14]

1 ▶ Auftragsklärung und Orientierung	2 ▶ Situation und Ziele	3 ▶ Entwicklung von Strategien und Lösungen	4 Transfer und Umsetzung

Abb. 26: Phasen des Coachings

Dabei wird kein Coach versprechen können, praktikable Lösungen bereit zu haben, sondern er wird Hilfe zur Selbsthilfe anbieten. Dies geschieht durch eine systematische Anleitung zur Reflexion und Selbstreflexion sowie zur Entwicklung selbst-kongruenter Ziele.

Eine Schlüsselstelle liegt zwischen den Stufen 2 und 3, bei der der Gecoachte (Coachee oder Klient) sich entscheiden muss: »Love it, change it or leave it.« Man kann also seine innere Einstellung und Bewertung revidieren, das eigene Verhalten bzw. die Situation verändern oder das Konfliktfeld ganz verlassen. Auf der Basis dieser Richtungsentscheidung werden dann konkrete Handlungsstrategien und die entsprechende Umsetzung gemeinsam erarbeitet und trainiert.

Für ein Coaching der Schulleitung in Krisen- und Konfliktsituationen spricht der Grundsatz »Treppen kehrt man von oben«. Denn wer mit sich selbst im Klaren ist, kann sein Umfeld besser klären.

⊙ **Auf der CD-ROM finden Sie zum Kapitel 4 folgende Arbeitshilfen:**

Arbeitshilfe 4.1: Reflexionsbogen Führung ist Haltung

Arbeitshilfe 4.2: Reflexionsübung Führung

Arbeitshilfe 4.3.a: Fragebogen Teamarbeit

Arbeitshilfe 4.3.b: Vorlage Teamstunden-Tagesordnung

Arbeitshilfe 4.3.c: Aufgabenverteilung Leitungsteam

---

14 Vgl. Fischer-Epe, Maren: Coaching: Miteinander Ziele erreichen. 5. Aufl., rororo, Reinbek 2008.

5. Die Leitungsarbeit in den Griff bekommen

5.1 Einleitung

Wenn Sie sich diesem Kapitel mit dem griffigen Thema »Die Leitungsarbeit in den Griff bekommen« zuwenden, erwarten Sie vielleicht einen Fahrplan oder eine Checkliste, wie Sie Ihre Schule am besten in den Griff bekommen. Zunächst die Enttäuschung: So etwas gibt es nicht! Und nun zu Ihrer Motivation: Dauerhaft hat auch der beste Schulleiter die Leitungsarbeit nicht im Griff! Dies ist nämlich ein Prozess, bei dem Sie ständig nachsteuern werden, auf Veränderungen reagieren müssen und Ihre persönlichen Akzente einbringen.

Natürlich gibt es rechtliche Vorschriften, die Sie erfüllen müssen und Standards, an denen Sie sich orientieren werden, aber es bleibt Ihnen überlassen, wie Sie diese Anforderungen erfüllen und in welcher Reihenfolge Sie Ihnen nachkommen. Erinnern Sie sich an das Bild vom »Navigieren in einer Entwicklungslandschaft« (Kapitel 2). Beim Navigieren haben Sie eine ganze Menge Gestaltungsspielraum. Sie müssen nur darauf achten, dass Sie das Fahrwasser oder den »Entwicklungskorridor« nicht dauerhaft verlassen. Dieser ist nicht konkret definiert, ergibt sich aber aus den formalen Anforderungen und der »gängigen« Praxis.

In der Abbildung ist dieser Sachverhalt visualisiert. Der Entwicklungskorridor (grau) ist der Bereich, in dem Ihr Kurs verlaufen sollte. Der geplante Kurs (gepunktet) bewegt sich innerhalb der Grenzen des Entwicklungskorridors, der tatsächliche Kurs (durchgezogen) weicht jedoch davon ab. Wie können Sie nun erreichen, dass Sie sich innerhalb des Entwicklungskorridors bewegen?

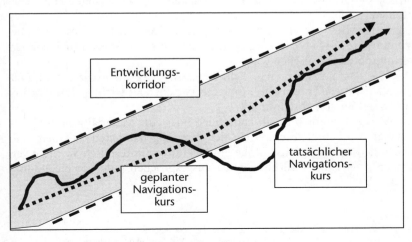

Abb. 27: Steuerung des Navigationskurses im Entwicklungskorridor

Zunächst gibt es konkrete Vorschriften, die Sie einhalten müssen.

Beispiele: *Aufgaben des Schulleiters laut Schulgesetz, Kassen- und Haushaltsordnung des Schulträgers, Einhaltung der Arbeitsschutzmaßnahmen*

Daneben gibt es Standards, die aus Gründen der Zweckmäßigkeit und Einheitlichkeit entwickelt wurden.

Beispiele: *Alphabetische Ordnung von Personendateien, DIN 5008 für den Schriftverkehr. Natürlich können Sie Ihre Personalnebenakten anders sortieren oder Ihre Briefe künstlerisch-kreativ gestalten, aber das wäre Unsinn und würde Mehrarbeit verursachen.*

Schließlich gibt es noch so etwas wie einen »Mindestlevel« an Qualität, der von Außenstehenden (Schulbehörde, Schulträger, Eltern, Schüler, Öffentlichkeit) als Maßstab verwendet wird.

Beispiele: *Die Schülertoiletten sind von der Zahl her ausreichend und in einem hygienisch einwandfreien Zustand, dennoch sind die optische und olfaktorische Anmutung grauslich. Die Schule verfügt über eine Homepage mit allen erforderlichen Informationen, sie ist aber unübersichtlich gestaltet, nicht illustriert und wenig motivierend aufgebaut.*

Um zu erkennen, ob Sie sich im Entwicklungskorridor befinden, sind Sie auf eine Außenperspektive angewiesen. Dafür sollten Sie mehrere Quellen nutzen:

- Die Befragungen von Lehrkräften, Eltern, Schülern, Betrieben im Rahmen der schulischen Selbstevaluation geben Ihnen wichtige Hinweise.
- Erfassen Sie Beschwerden, nehmen Sie diese ernst und werten Sie sie gezielt aus. Als späteren Schritt sei Ihnen der Aufbau eines Beschwerdemanagements empfohlen.
- Bitten Sie Ihre Besucher um Ihre Eindrücke. Falls Sie nur Positives hören, bedanken und freuen Sie sich. Fragen Sie aber auch nach, wo eventuell ein Verbesserungspotenzial gesehen wird.
- Nutzen Sie das Netzwerk einer Schulleiter-Arbeitsgemeinschaft zum Austausch über aktuelle Fragen und Probleme. Gleichen Sie wichtige Entwicklungen miteinander ab (Abschnitt 4.4).
- Schauen Sie gelegentlich in ein Handbuch oder eine Materialsammlung für die Arbeit der Schulleitung. Viele der dort abgehandelten Themen sind zwar schon Vorgriffe auf zukünftige Entwicklungen und sollten Sie nicht verschrecken, aber es gibt darunter auch ausgesprochen gute Vorschläge und nützliche Praxisvorlagen.[1]

---

1 Zum Beispiel:
Bartz, A.u.a. (Hrsg): PraxisWissen SchulLeitung. Köln, LinkLuchterhand 2009;
Buchen, H.u. Rolff, H.-G.: Professionswissen Schulleitung. 2. Aufl., Weinheim und Basel, Beltz 2009;
Pfundtner, R.: Grundwissen Schulleitung I und II. 2. Auflage und 1. Auflage, Köln 2010/2009.

Die in diesem Kapitel folgenden Themen helfen Ihnen »auf Kurs« zu bleiben, weil Sie Erfahrungen und Tipps von Kollegen beinhalten. Verstehen Sie die folgenden Abschnitte dieses Kapitels nicht als Programm, das systematisch abzuarbeiten ist. Gehen Sie selektiv vor, wählen Sie die Themen aus, bei denen Sie Rat und Hilfe suchen, um Ihren Kurs für Ihre Schule steuern zu können, sodass Sie die Leitungsarbeit in den Griff bekommen.

5.2 Personal

Das Thema »Personal« wird hier vorrangig behandelt, denn Ihr Umgang mit dem Personal wirkt sehr schnell meinungsbildend und prägt die Interaktion an der Schule nachhaltig. Fehler, die Sie in diesem Feld begehen, sind nur schwer korrigierbar. Deshalb sollen die folgenden Punkte zu einem reflektierten Umgang mit Ihrem Kollegium und den sonstigen Mitarbeitern beitragen.

Im Abschnitt 1.2 finden Sie Hinweise, wie Sie das erste Kennenlernen organisieren und gestalten können. Sehr gut ist es, wenn Sie möglichst bald alle Beschäftigten an der Schule mit Namen ansprechen können.

☞ Tipp für große Schulen:

Besorgen Sie sich ein Foto des Kollegiums. Falls es kein aktuelles Foto gibt, können Sie anlässlich Ihrer ersten Konferenz oder Dienstbesprechung ein Foto anfertigen lassen. Vergrößern Sie dieses auf A4 und beschriften Sie es mit den Namen. Auf diese Weise haben Sie eine Unterlage zum Namenlernen und Nachschauen.

Feedback-Kultur

An den Schulen wird immer wieder in den Kollegien geklagt, dass die Leistungen des Personals seitens der Schulleitung nicht ausreichend gewürdigt werden. Zwar sind die Schulleitungen heute weit entfernt von dem autoritären Grundsatz »Nicht kritisiert ist Lob genug«, aber offensichtlich fehlt es in vielen Fällen immer an einer deutlichen Äußerung der Anerkennung und Wertschätzung.

Begegnen Sie deshalb von Anfang an allen Menschen, mit denen Sie an der Schule zusammenarbeiten werden, mit anerkennender Wertschätzung. Scheuen Sie sich nicht, auch Kleinigkeiten zu erwähnen und für »normale« Leistungen Dank und Anerkennung auszusprechen. Auf diese Weise bauen Sie eine Feedback-Kultur auf, in der es Ihnen später auch leichter möglich wird, kritische Punkte und Fehler bei der Arbeit anzusprechen.

Als Feedback ist die individuell ausgesprochene Danksagung und Anerkennung meistens wirksamer als pauschales Lob in der Konferenz oder Dienstbesprechung.

☞ Tipps:

Nutzen Sie verschiedene Möglichkeiten, Dank und Anerkennung auszudrücken:

- Stempel auf Arbeitsergebnisse (»Großartige Leistung/tolle Idee – Danke«)
- Kleine Süßigkeit mit Fähnchen in das Lehrerfach
- Einladung zu einer Tasse Kaffee/Tee
- Entlastung durch Übernahme von Verwaltungsarbeit durch das Sekretariat

Lassen Sie Tassen, Blöcke, Kugelschreiber o.ä. Gegenstände mit dem Schullogo bedrucken und verschenken Sie die Stücke als Dank oder Anerkennung.

Wünsche und Ansprüche

In den ersten Gesprächen mit Lehrkräften, Mitarbeitern und der Personalvertretung werden mit großer Wahrscheinlichkeit auch eine Menge Wünsche an Sie herangetragen. Diese können sich auf allgemeine Belange beziehen, wie z.B. die Renovierung des Lehrerzimmers oder die Anschaffung von Notebooks für Klassen. Es gibt aber auch persönliche Ansprüche, z.B. den Einsatz in bestimmten Klassen und Fächern oder das Begehren nach einem freien Vormittag. Gehen Sie bedächtig mit diesen Ansprüchen um.

Nicht alles, was Ihnen zunächst plausibel und einleuchtend erscheint, stellt sich später und in einem anderen Licht genauso dar. Vermeiden Sie deshalb Zusagen oder den Eindruck, Sie würden sich dieser Sache sofort gern annehmen. Notieren Sie sich alle Wünsche und geben Sie die Rückmeldung, dass Sie erst den Überblick gewinnen müssen und nur im Rahmen eines Gesamtkonzepts entscheiden können. Überzogene Ansprüche können Sie auch unmittelbar freundlich und bestimmt zurückweisen.

Unterrichtsbesuche

Unterrichtsbesuche durch den Schulleiter sind in den meisten Ländern gesetzlich vorgesehen. An der einen Schule wird das als vollkommen normal akzeptiert, an der anderen lösen Sie damit möglicherweise eine Revolution aus. Trotzdem sind sie ein probates und vernünftiges Mittel der Schulleitung, die Unterrichtskultur kennenzulernen und die Unterrichtsqualität einzuschätzen. Das Wichtigste ist, wie Sie diese Besuche transportieren und wie Sie Ihre damit verbundenen Ziele transparent machen. Machen Sie den Kollegen deutlich, dass es nicht um Bewertung geht, auch wenn sich der betroffene Kollege kaum davon wird lösen können. Vielmehr ist Ihr Ziel das Kennenlernen der verschiedenen Unterrichtsstile und Lehrpersönlichkeiten sowie die Möglichkeit der Beratung. Machen Sie deutlich, dass Sie als Schulleiter z.B. nur glaubhaft in einem Elternkonflikt vermitteln können, wenn Sie über den Unterrichtsstil informiert sind und wissen, worum es geht.

Sie können darüber hinaus Ihr Ansinnen mit der Personalvertretung besprechen und deren Meinung einholen. Ratsam ist es zudem, mit freiwilligen Kollegen anzufangen, die später als Multiplikator dienen können, dass »es gar nicht weh getan hat«. Auf jeden Fall sollten Sie von diesem Recht bzw. Ihrer Pflicht, Gebrauch machen, um eine wirkliche Personaleinsatzplanung maß- und sinnvoll gestalten zu können. Die Durchführung von Unterrichtsbesuchen ist eine in Ihrem Alltag einfache und schnelle Art Ihre Einrichtung von Grund auf kennenzulernen.

Mitarbeiter-Vorgesetzten-Gespräche

Mitarbeiter-Vorgesetzten-Gespräche, oft auch als Mitarbeitergespräche, Jahresgespräche oder Personalentwicklungsgespräche bezeichnet, dienen dem wechselseitigen Austausch. Dabei geht es um eine Rückmeldung darüber, wie das Verhalten und Agieren des anderen wahrgenommen und eingeschätzt wird. Außerdem dient das Gespräch der Personalentwicklung. Dazu werden Fragen der Ambitionen und Perspektiven, der Entwicklungsmöglichkeiten, des Fortbildungsbedarfs und der Einsatzbereiche der jeweiligen Lehrkraft erörtert.

Mitarbeiter-Vorgesetzten-Gespräche sollten Sie erst als Instrument der Personalentwicklung einsetzen, wenn Sie das Kollegium besser kennen. Zum Einstieg eines neuen Schulleiters bieten einfache Kennenlern-Gespräche eine gute Möglichkeit, sich zunächst relativ unverbindlich näher zu kommen.

Unterrichtseinsatz

Die Personalplanung und der Lehrereinsatz gehen über die organisatorische Arbeit des Stundenplans hinaus. Hier können und werden Sie stärkere Akzente setzen. Um eine sinnvolle Personalplanung zu erreichen, müssen Sie vor allen Dingen Ihr Kollegium kennenlernen. Nehmen Sie sich Zeit für Gespräche und vielleicht sogar Unterrichtsbesuche. Nehmen Sie die Unterrichtskultur Ihrer neuen Schule auf und halten Sie Augen und Ohren offen. Zeigen Sie Präsenz im Lehrerzimmer, gerade auch in den Pausen. Schauen Sie sich aber auch hier wieder die Traditionen an und verändern Sie behutsam.

Was Ihren eigenen Unterrichtseinsatz betrifft, so müssen Sie genau abwägen zwischen Aufwand und Ertrag. Auf der einen Seite haben Sie viele wichtige Termine und Aufgaben neben dem Unterricht, die erledigt werden müssen. Auf der anderen Seite sind Sie auch als Schulleiter weiter Lehrer und werden von Ihren Kollegen und den Eltern und Schülern auch als solcher wahrgenommen. Bedenken Sie gut, in welchen Fächern oder Jahrgangsstufen ein Einsatz für Sie infrage kommt. Achten Sie darauf, sich nicht zu aufopferungsvoll zu verhalten. Dies kann sich später als Bumerang erweisen. Daher sollten Sie Ihren Einsatz an dieser Stelle zurückfahren.

Das gilt im Übrigen auch für den Vertretungseinsatz. Es gibt kaum eine bessere Gelegenheit Ihre Schüler zu erleben, als in einer Vertretungsstunde. Hier lernen Sie schnell eine große Anzahl Ihrer Schützlinge kennen und können mit diesen ins Gespräch kommen. Auch strategisch macht sich der Vertretungseinsatz beim Kollegium bezahlt. Es erzielt durchaus Wirkung, wenn der Name des Chefs persönlich am Vertretungsplan erscheint. Jedoch ist auch hier Vorsicht geboten. Sie bestimmen, wann Sie in welche Vertretung gehen und wann nicht. Lassen Sie keinen anderen Herr über Ihre Zeit sein und haushalten Sie mit Ihren Kräften.

Beurteilungen

Im Rahmen der erweiterten Kompetenzen der Schulleitungen kommen Schulleiter zunehmend in die Situation, Lehrkräfte bewerten und beurteilen zu müssen. Für Angestellte gilt das ohnehin. Interessanterweise haben Lehrkräfte, die tagtäglich bewerten, die größte Schwierigkeit, wenn sie selbst Gegenstand einer Bewertung oder Beurteilung werden. Darum müssen Sie Ängste nehmen. Trennen Sie deutlich zwischen Anlässen der Beratung und der Beurteilung, sodass sich der Betreffende gezielt auf den Anlass einstellen kann.

Verfahren Sie zu Beginn, wenn Sie das Personal noch nicht sehr gut kennen, nach dem Vier-Augen-Prinzip. Beziehen Sie Ihren Stellvertreter oder eine andere Führungsperson in das Beurteilungsverfahren ein und berücksichtigen Sie deren Erfahrungen. Wenn es um wichtige Beurteilungen geht (mehrere Bewerber, voraussichtlich negative Beurteilung) sollten Sie das Vier-Augen-Prinzip auf jeden Fall beibehalten. Auf diese Weise können Sie Einwänden der Voreingenommenheit oder der subjektiven Willkür begegnen.

Geht es darum, ein möglichst genaues Bild für die Beurteilung zu erhalten, können Sie sich um eine »Rundum-Beurteilung« bemühen. Diese schließt eine Bewertung durch Dritte und eine Selbsteinschätzung ein.

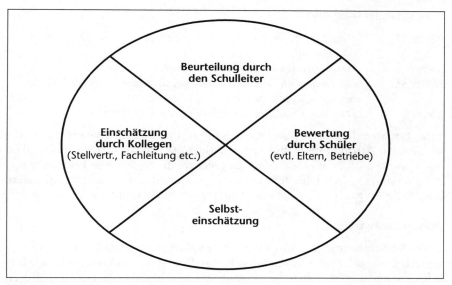

Abb. 28: Die Rundum-Beurteilung

Aufgabenzuweisung und Zielvereinbarungen

Sie kommen in Ihrer neuen Funktion nicht umhin, Kollegen neue Aufgaben zuzuweisen und Instrumente der Personalwirtschaft einzusetzen, wie z.B. Zielvereinbarungen zu treffen. Das mag Ihnen sogar besonders dringlich erscheinen, wenn Sie an eine Schule gekommen sind, in der Innovationsstau herrscht und wo Ihrer Meinung nach viel verändert werden muss. Dennoch sollten Sie sich hier starke Zurückhaltung auferlegen. Warten Sie damit, bis Sie einen guten Überblick über die Verteilung der Arbeiten und die Belastung der unterschiedlichen Personen gewonnen haben.

Nehmen Sie Aufgabenzuweisung und Zielvereinbarungen erst dann in Angriff, wenn Sie in der Schulleitung ein Gesamtkonzept erarbeitet und dieses vermittelt haben. Ansonsten besteht die Gefahr, dass sich einzelne Personen »herausgepickt« fühlen und nicht einsehen, warum gerade sie dafür vorgesehen sind.

Praxisbeispiel (negativ):

Neuer SL: *Herr Meyer, ich möchte Ihnen die Organisation der Prüfung übertragen!*

Meyer: *Wieso gerade mir, ich habe schon genug zu tun!*

Neuer SL: *Hören Sie, ich habe den Eindruck, dass hier an der Schule noch niemand wegen zu viel Arbeit gestorben ist!*

Meyer: *Das mag sein, aber ich will nicht der Erste sein!*

Sorgen Sie mittelfristig für einen Organisations- und Aufgabenplan, der die anfallenden Arbeiten möglichst gleichmäßig oder gerecht verteilt. In fast allen Schulgesetzen ist dafür eine Grundlage gegeben, die besagt, dass Lehrkräfte verpflichtet sind, Aufgaben im Rahmen der Eigenverwaltung der Schule und andere schulische Aufgaben außerhalb des Unterrichts zu übernehmen.

Personalentwicklung

Da die Schulleitungen zunehmend mehr Kompetenzen bei der Personalbewirtschaftung erhalten, müssen Sie sich mittelfristig um ein Konzept für die Personalentwicklung bemühen. Ein solches Konzept[2] bezieht sich auf die Teilbereiche:

Personalplanung	Personalfindung	Personalführung
Personalförderung	Personalbeurteilung	Personalhonorierung

Abb. 29: Teilbereiche der Personalentwicklung

✐ Arbeitshilfe 5.2: Personaleinschätzung

Wer kann ein Team motivieren und führen? (Leitwolf)	Wer macht richtig guten Unterricht? (Ackergaul)
Leitfrage: Wie kann ich zur Personalentwicklung und Förderung beitragen?	Leitfrage: Wie kann ich für Bestätigung und Erhaltung des Leistungsvermögens sorgen?

---

2 Vgl. Pfundtner, R. (Hrsg.): Grundwissen Schulleitung I. 2. Auflage Köln, Carl Link 2010, S. 123 ff. und die Beiträge im Kapitel Personalmanagement von Buchen, H./Rolff, H.-G. (Hrsg.): Professionswissen Schulleitung. 2. Auflage, Weinheim und Basel, Beltz 2009, S. 450 ff.

Wer kritisiert und geht auf Distanz? (Meckerer)	Wer kommt leistungsmäßig nicht mit? (Schnecke)
Leitfrage: Wie kann ich das kritische Potenzial nutzbar machen und die Distanz überwinden?	Leitfrage: Was kann ich tun, damit sie einigermaßen über die Runden kommen?
Wer bleibt übrig? Wer passt nicht in das Schema?	

5.3 Konferenzen und Dienstbesprechungen

Konferenzgestaltung

Einer der Schlüssel von erfolgreichen Schulleitungen liegt in der Konferenzgestaltung. Mit kaum einem schulischen Ereignis verbinden die meisten Kollegen so viele unangenehme Konnotationen wie mit der Konferenz. Dabei gerät das Mittel der Konferenz völlig zu Unrecht in diesen unbeliebten Status. Denn nichts kann ein Kollegium besser verbinden als eine gute Konferenzkultur, die auch von allen Seiten positiv erfahren wird.

Heißt Konferenz doch nichts anderes als das Zusammentragen von Ideen und Meinungen. Leider wird im Schulalltag gegenläufigen Meinungen zum Trotz immer noch zu wenig **mit**einander gesprochen. Das rührt wahrscheinlich daher, dass Lehrer ständig kommunizieren müssen und manchmal die gemeinsame Kommunikation vergessen oder ausblenden.

Eine Konferenz ist aber nichts anderes als eine gesteuerte Kommunikationsaktion, die die professionelle Zusammenarbeit eines Kollegiums befördern und nicht behindern soll. Ihre Aufgabe als Konferenzleiter wird es also zuallererst sein, dem Themenkomplex Konferenz in Ihrem neuen Kollegium eine positivere Bewertung zu verschaffen, um schließlich daraus auch optimale Arbeitsergebnisse für die Schulentwicklung zu erzielen.

Planen und Durchführen von Konferenzen

Um eine Kontinuität in die Konferenzplanung einzubringen, empfiehlt es sich, **Konferenztermine** möglichst frühzeitig festzulegen. Sinnvoll ist eine Festlegung schon in der Jahresplanung. Planen Sie hier ruhig eine Konferenz zu viel ein. Einen Ausfall kann die Schulleitung gerne bekannt geben, dieser wird bestimmt freundlich aufgenommen. Die Ankündigung einer zusätzlichen Konferenz hätte jedoch eher negative Auswirkungen im Kollegium zur Folge.

Weiterhin ist erstrebenswert, die **Dauer** der Konferenzen zu terminieren. Dies muss keine festgelegte Uhrzeit sein, jedoch sollte es ein »Regelzeitfenster« geben, das nicht überschritten werden sollte. Dies schafft Verlässlichkeit, die Ihnen die Kollegen mit einer regelmäßigen und bis zum Ende während Anwesenheit danken.

Für die **Konferenzvorbereitung** sollten Sie sich Zeit nehmen. Dabei kann die Arbeitshilfe 5.3.a als hilfreiche Grundlage dienen. Eine termingerechte Einladung, wie sie die schulinterne Geschäftsordnung vorsieht, sollte gewährleistet sein. Beziehen Sie bei der Vorbereitung das gesamte Schulleitungsteam mit ein und bei Bedarf auch die Vorsitzenden der Fachkonferenzen oder die »Spezialisten« gewisser Fachbereiche. Hierbei können Sie auch im Vorhinein schon abklären, welche Person, welchen Tagesordnungspunkt leitet oder zumindest einleitet. Das gibt Ihnen die Möglichkeit, sich während einer Konferenz mal zu sammeln oder das Kollegium in bestimmten Situationen zu beobachten. Auch für das Kollegium bietet eine wechselnde Konferenzleitung Abwechslung, was mit höherer Aufmerksamkeit gedankt wird.

✎ Arbeitshilfe 5.3.a: Checkliste Konferenzen

Checkliste für effektiv gestaltete Konferenzen, Dienstbesprechungen, Sitzungen

Bereich	Elemente	Pers. Notizen
Einladung	– Rechtzeitige schriftliche Einladung – mit Termin, Zeit, Ort, Tagesordnung – mit voraussichtlicher Dauer – Protokollant festlegen –	
Raum/Setting	– Sitzordnung – Tische, Rednerpult – Raumschmuck/Blumen – Getränke, Kekse –	

Bereich	Elemente	Pers. Notizen
Unterlagen	– Stimmzettel – Moderationsmaterial – Handouts – Folien – Stick mit Präsentation –	
Medien	– Mikrofon/Lautsprecheranlage – Tageslichtprojektor – Laptop/Beamer –	
Ablauf	– Begrüßung (Bezug auf Aktuelles, Dank für Teilnahme etc.) – Vorstellung TOP und angestrebte Dauer – Tagesordnung – Abschluss (Zusammenf. Ergebnisse, Dank, gute Wünsche etc.) –	
Evaluation	– Umgang mit Beschlüssen/Anträgen – Bearbeitung offener Fragen – Rückmeldungen von Beteiligten – Protokoll –	

© Lungershausen 2007

Zudem bietet es sich an, das Gespräch mit der Personalvertretung vor Konferenzen zu suchen. Dies verschafft Ihnen die Gelegenheit, knifflige Fragestellungen schon vorab dosiert bekannt zu geben. Auf der anderen Seite erhöht dies die Einbindung des Kollegiums in die Tagesordnung und sorgt für eine höhere Transparenz. Diese Transparenz ist ebenfalls durch die vorbereiteten Einladungen oder Konferenzinformationen zu erreichen. Es mag einen erhöhten Vorbereitungsvorlauf verlangen, aber sinnvoll ist es, ungefähr zwei Tage vor Beginn einer Konferenz Informationen in schriftlicher Form an das Kollegium zu verteilen. In diesen ausführlichen Einladungen können schon kurze Zusatzinfos oder Gedankengänge der Schulleitung oder der Fachkonferenzen bezüglich einzelner Tagesordnungspunkte erscheinen. Falls es eine Antragssituation gibt, sollten diese Anträge nach Möglichkeit ebenfalls schriftlich in diesen Schreiben vorliegen.

Diese Mehrarbeit zahlt sich aus zweierlei Gründen aus. Zum einen zwingt es Sie, sich auf jede einzelne Konferenz genau vorzubereiten. Und diese Vorbereitung ist schon ein Schlüssel zum Erfolg gelungener Konferenzen. Denn schließlich merkt auch das Kollegium diese Vorbereitung und kann sich dann schlechter entziehen. Zum anderen veranlasst es das Kollegium, sich ebenfalls mit den Inhalten der Konferenz zu befassen. Diskussionen können effektiver geführt und Anträge exakter diskutiert werden, weil man nicht mehr um jede Formulierung ringen muss.

Sie dürfen hierbei auch nicht außer Acht lassen, dass diese zwar zeitintensive Methode Ihnen dennoch einen Führungsvorsprung verschafft. Denn die Menschen geben sich nur allzu gerne dem Bequemen hin. Und was ist angenehmer, als schon schriftlich vorformulierte und begründete Anträge.

☞ **Tipp:**

Prüfen Sie rechtzeitig vor Ihrer ersten Konferenz, ob es an der Schule eine Geschäftsordnung für die Konferenz gibt. Falls ja: Machen Sie sich damit vertraut und wenden Sie diese an. Falls nein: In diesem Fall muss nach den Grundsätzen der allgemeinen Geschäftsordnung verfahren werden (Die wichtigsten Regelungen finden Sie als Arbeitshilfe auf der CD-ROM).

✐ Arbeitshilfe 5.3.b: Geschäftsordnung Konferenz

§ 1 Konferenzleitung

1. Der Schulleiter eröffnet, leitet und schließt die Konferenz.
2. Der Schulleiter kann das Wort entziehen, Ausschlüsse von Personen auf Dauer und auf Zeit vornehmen und Unterbrechungen oder Aufhebung der Versammlung anordnen.
3. Der Schulleiter gibt die Tagesordnung bekannt. Über Einsprüche gegen die Tagesordnung oder Änderungsanträge entscheidet die Konferenz ohne Debatte mit einfacher Mehrheit.
4. Die Tagesordnungspunkte kommen in der vorgegebenen Reihenfolge zur Beratung und Abstimmung. Der Schulleiter kann eine Änderung der Tagesordnung vorschlagen und muss über diese Änderung abstimmen lassen.

§ 2 Worterteilung und Rednerfolge

1. Bei mehreren Wortmeldungen ist eine Rednerliste aufzustellen. Die Eintragung erfolgt in der Reihenfolge der Wortmeldungen.
2. Das Wort erteilt der Schulleiter. Die Worterteilung erfolgt in der Reihenfolge der Meldung beziehungsweise der Rednerliste.

3. Teilnehmer der Konferenz müssen auf Anweisung des Schulleiters den Konferenzraum verlassen, wenn Tagesordnungspunkte behandelt werden, die sie in persönlicher Hinsicht betreffen.
4. Antragsteller erhalten zu Beginn der Aussprache über ihren Antrag das Wort.
5. Der Schulleiter kann in jedem Fall außerhalb der Rednerliste das Wort ergreifen.

§ 3 Wort zur Geschäftsordnung

1. Das Wort zur Geschäftsordnung wird außer der Reihenfolge der Rednerliste erteilt, wenn der Vorredner geendet hat.
2. Das Wort zur Geschäftsordnung darf nicht für inhaltliche Beiträge genutzt werden.
3. Zur Geschäftsordnung dürfen jeweils nur ein Für- und ein Gegen-Redner gehört werden.
4. Der Schulleiter kann jederzeit, falls erforderlich, das Wort zur Geschäftsordnung ergreifen und den Redner unterbrechen.

Vermeiden Sie in Konferenzen, das Kollegium mit einem quantitativen Informations-Output zu bombardieren. Sicherlich ist es gerade zu Beginn Ihrer Dienstzeit nicht ganz einfach, Infos, sei es postalisch oder per E-Mail, zu filtern und angemessen zu kommunizieren. Aber lassen Sie sich nicht dazu verführen, dieses in Konferenzen zu praktizieren. Damit wirken Sie kontraproduktiv und bewirken das Abschalten des Kollegiums.

Sie entscheiden, welche Anregungen oder Einladungen an welche Personen gehen. Richten Sie vielleicht in Ihrem Lehrerzimmer eine »Infowand« oder ein »Infofach« ein. Dort können alle relevanten Dinge hinterlegt werden. Trauen Sie sich, auch die Post auszudünnen und Schreiben einfach ungelesen wegzuwerfen. Ihr Kollegium und Ihr Leseauffassungsvermögen für irrelevante Informationen werden es Ihnen danken. Wichtige Informationen, die vielleicht aus Versehen im Papiermüll gelandet sind, kehren in der Regel nochmals zurück. Mit der Zeit werden Sie zudem lernen, welcher Kollege auf welches Thema anspringt, sodass hier sogar eine individuelle Informationspolitik gestaltet werden kann.

Gerne als ausschweifendes Konferenzstörfeuer genutzt: die Genehmigung der letzten Tagesordnung. Hilfreich ist hier eine Beschlusslage herbeizuführen, die entlastend wirkt. So könnte zum Beispiel ein Konferenzordner im Lehrerzimmer angelegt werden, in dem jedes Protokoll nach einer gewissen Zeit hinterlegt wird. Das Lesen der Protokolle wird zur Pflicht erhoben und auf der Konferenz wird schließlich nur noch über strittige Punkte beschieden. Sie werden merken, dass dies kaum der Fall ist.

Für mehr Transparenz bei der Konferenzführung hat es sich bewährt, die **Tagesordnung** stets nach festen Punkten auszurichten. Dies bedeutet, dass gewisse Punkte der Tagesordnung immer wiederkehrend sind. Dies können zum Beispiel die allgemeinen Mitteilungen der Schulleitung sein, genauso wie die Informationen der Personalvertretung. Auch die einzelnen Fachbereiche können Platz in der Tagesordnung finden. Sie werden feststellen, dass diese Punkte häufig recht schnell abgearbeitet werden bzw. nur »durchgewunken« werden.

Achten Sie zuletzt auf den Punkt »Verschiedenes«. Dieser Tagesordnungspunkt birgt Gefahren vielerlei Art. Ihn aber aus diesem Grund nicht in eine Tagesordnung aufzunehmen, wäre auch falsch. Manches Mal ist dieser Punkt für die Psychohygiene des Kollegiums wichtig. Denken Sie daran, dass die Gesprächsleitung bei Ihnen liegt und beenden Sie sich drehende Diskussionen spätestens nach der zweiten Drehung. Elegant kann dann darauf hingewiesen werden, dass leider keine Abstimmung in diesem Punkt erfolgen kann und die Schulleitung den Punkt bei der nächsten Konferenz aufnimmt, falls ein entsprechender Antrag schriftlich vorgelegt wird. Viele Dinge erledigen sich solchermaßen von ganz alleine.

Vergessen Sie in der Hitze des Gefechts nie, dass Sie Konferenz- und Schulleiter sind. Lassen Sie sich nicht aus der Reserve locken und bleiben Sie souverän. Je besser vorbereitet Sie in eine Konferenz gehen, umso besser wird Ihnen dies gelingen. Sparen Sie vor allen Dingen nicht an Humor und versuchen Sie für eine angenehme Atmosphäre zu sorgen.

☞ Tipp:

Benutzen Sie zur Planung und Abwicklung der Tagesordnung einen Pultordner (z.B. Pultordner »Leitz 5812«, »ELBA 42416« oder »Pagna 1–12«). Diese bieten durch ihre dehnbaren Rücken viel Platz für jeden Tagesordnungspunkt.

So haben Sie alle Unterlagen geordnet, in der richtigen Reihenfolge und mit einem Griff zur Verfügung.

✐ Arbeitshilfe 5.3.c: Bogen Konferenzauswertung

Wie zufrieden sind wir mit unserer Konferenz?

	immer	meistens	selten	nie

Bewerten Sie bitte jede der Aussagen.
Kreuzen Sie an, inwiefern die Aussagen zutreffen.

- Die Konferenztermine sind mir rechtzeitig bekannt.
- Tagesordnung/Ziele werden rechtzeitig ausgehängt.
- Ich bereite mich auf die Konferenz vor.
- Unwichtiges nimmt keinen Platz bei der Konferenz ein.
- Gute Ideen oder Anregungen gehen nicht verloren.
- Unsere Konferenzen sind abwechslungsreich/interessant.
- Unser/e Schulleiter/-in leitet die Konferenz angemessen.
- Unsere Konferenzen halten sich an einen guten Zeitplan.
- In der Konferenz arbeiten viele Kollegen aktiv mit.
- Beschlüsse werden umgesetzt und die Umsetzung kontrolliert.
- Ich halte unsere Konferenzen für notwendig und sinnvoll.
- Nach unseren Konferenzen habe ich ein gutes Gefühl.

Quelle: Akademie für Lehrerfortbildung und Personalführung Dillingen

Teilkonferenzen

Fachkonferenzen werden von den Fachobleuten und Klassenkonferenzen von den Klassenlehrern geleitet. Diese Aufgabenzuweisung sollte die Schulleitung respektieren. Mitglieder der Schulleitung nehmen normalerweise nur teil, wenn sie Mitglied der Fachgruppe bzw. Lehrkraft der Klasse sind. Falls besondere Probleme die Anwesenheit des Schulleiters erforderlich machen, sollte vorher eine Absprache oder Information erfolgen.

Allerdings kann es sinnvoll sein, im Interesse einer einheitlichen Konferenzkultur der Schule generelle Vereinbarungen zu Form und Ablauf zu treffen. Dies gilt besonders, wenn Eltern- und Schülervertreter Mitglieder der Konferenz sind.

Dienstbesprechungen

Eigentlich ist die Dienstbesprechung ein Relikt des hierarchischen Denkens, weil der Vorgesetzte in der Dienstbesprechung seine Dienstanweisungen erteilte. Obwohl diese Funktion kaum noch Bedeutung hat, wird das Instrument der Dienstbesprechung von den Schulleitungen weiterhin genutzt.

Unter einer Dienstbesprechung versteht man heute die Besprechung des Vorgesetzten mit seinen Mitarbeitern. Der Vorgesetzte informiert und unterrichtet die Mitarbeiter dabei über Sachverhalte, zieht Erkundigungen ein, nimmt Äußerungen und Hinweise entgegen, erteilt Anweisungen und holt Rat ein. Eine Dienstbesprechung besitzt, anders als schulische Konferenzen, keinen institutionell vorgegebenen Charakter. Teilnehmer sind nur die Bediensteten des Geschäftsbereichs.

Dienstbesprechungen werden veranstaltet, wenn eine Zusammenkunft sehr schnell erfolgen soll (es gibt keine Einladungsfristen), wenn zunächst kollegiumsintern informiert oder beraten werden soll (Eltern- und Schülervertreter nehmen nicht teil) und wenn keine Beschlussfassung vorgesehen ist (Beschlüsse können nur Organe der Schule fassen).

Dienstbesprechungen kommen im Kollegium gut an, wenn sie

- nicht zu oft stattfinden,
- die Tagesordnungspunkte informativ und bedeutsam sind,
- die Dauer terminiert ist und eingehalten wird.

Veranstaltungsdramaturgie

Da Konferenzen und Dienstbesprechungen dienstliche Veranstaltungen sind, bei denen Teilnahmepflicht besteht, machen sich die Veranstalter häufig wenig Gedanken über die Dramaturgie des Ablaufs[3]. Eine gelungene Dramaturgie

---

3 Vgl. Lungershausen, H.: Das ABC der Kurs- und Seminargestaltung. Haan-Gruiten, Europa-Lehrmittel 2000, S. 29 ff.

kann ganz wesentlich zur Akzeptanz und zum Erfolg einer Veranstaltung beitragen. Schauen Sie sich deshalb die folgenden Praxishinweise an und stellen Sie daraus ein dramaturgisch gut gestaltetes Programm für ihre Konferenz oder Dienstbesprechung zusammen.

Darbietung der Inhalte	Eigener Vortrag Powerpoint-Präsentation Poster-Präsentation Referat eines Experten Vortrag im Dialog mit Stellvertreter Vortrag mit verteilten Rollen
Einbezug der Teilnehmer	Kärtchenabfrage Blitzlicht Murmelrunde der jeweiligen Sitznachbarn Frage-Antworten-Spiel Interviewrunde Graffiti-Wand bzw. -Flipchart
Wechsel der Aktionsformen	Vortrag – Einbezug der Teilnehmer Sitzen – Bewegungsübung Konzentration – Entspannungsphase Zuhören – Visualisierter Input Plenum – Gruppenarbeit Intensive Arbeit – Kurzpause
Positive Überraschungen	Blumenschmuck Präsentation von Schülerarbeiten Ausstellung von Bildern neue Sitzordnung Kaffee/Tee/Wasser zur Erfrischung Kekse Überraschungsgast

Abb. 30: Praxistipps für die Gestaltung von Konferenzen und Besprechungen

Wenn Sie Konferenzen und Dienstbesprechungen nach einer Checkliste und mit einem Pultordner gründlich vorbereiten, verbinden Sie mehrere Vorteile damit:

- Sie selbst vergessen kaum noch wichtige Punkte oder Unterlagen.
- Sie zwingen sich selbst zu stringentem Vorgehen.
- Im Falle Ihres Ausfalls kann Ihre Vertretung die Leitung schnell übernehmen.

5.4 Haushalt und Finanzen

Ein altes Sprichwort sagt, es gebe zwei Arten Geld zu verdienen: »Geld erarbeiten und Geld sparen.« Für die Schule gilt das etwas modifiziert: Sie erhalten Geld (Schulhaushalt), Sie können Ausgaben vermindern (Einsparung) und Sie können zusätzliche Mittel einwerben (Förderverein, Sponsoring und Fundraising).

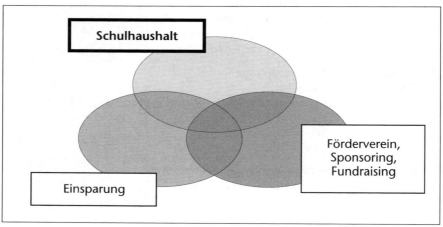

Abb. 31: Töpfe, aus der Schule schöpfen kann

Schulhaushalt

Der erste (und ohne Ihr Bemühen einzige) Topf ist der Haushalt, der Ihnen durch den Schulträger und die Schulbehörde zur Verfügung gestellt wird. Dabei ist die einzige Aufmerksamkeit, die Ihnen an dieser Stelle abverlangt wird, die Unterscheidung zwischen Investitionsmitteln (Vermögenshaushalt) und Verbrauchsausgaben (Verwaltungshaushalt), was Ihnen durch die Verantwortlichen beim Schulträger bei freundlicher Nachfrage gewiss umfangreich erläutert wird.

Ein Punkt dieser Erläuterung wird mit Sicherheit sein, dass die beiden Teilhaushalte untereinander »nicht deckungsfähig« sind, d.h. Mittel des Vermögenshaushalts dürfen nicht für laufende Ausgaben der Verwaltung und umgekehrt verwendet werden. Es gibt Ausnahmen, die aber beantragt werden müssen, oder bei der Budgetierung (siehe weiter unten) möglich sind.

Haushalt des Schulträgers		Landesmittel
Vermögenshaushalt	Verwaltungshaushalt	Personalmittel für Bezüge und Lohn (außerhalb des Schulbudgets)
		Schulhaushalt für Reisekosten, Fortbildung etc.

Abb. 32: Mittel für die Schule

Bei diesem Haushalt könnten Sie es zunächst getrost belassen, denn er ist seiner Natur nach darauf angelegt, alle in der Schule anfallenden Kosten zu decken. Die Erfahrung lehrt aber auch, dass Zeit und Geld immer knappe Ressourcen sind – ganz gleich, wie viel davon zur Verfügung steht. Also macht es Sinn, sich über weitere Geldquellen Gedanken zu machen.

Sobald Sie etwas mehr Zeit und Möglichkeit haben, sich mit dem Haushalt auseinanderzusetzen, sollten Sie sich mit der Frage der »**Budgetierung**[4]« beschäftigen. Immer mehr Schulträger (und Schulbehörden) gehen dazu über, den Schulen Haushaltsmittel zuzuweisen und sie selbstständig über ihr Budget entscheiden zu lassen. Dabei entfallen ansonsten bindende Vorschriften, was der Schulleitung einen größeren Handlungsspielraum eröffnet. Dazu gehört auch, dass Ihr Sparpotenzial größer wird.

Einsparung

Dieser Vorschlag mag Ihnen trivial erscheinen, aber angesichts mannigfaltiger Erfahrungen mit der Ausgabepraxis in verschiedenen Schulen und Schulformen kann man nur immer wieder feststellen, welches ungeheure Potenzial im Sparen steckt. Dies hat psychologische Gründe. Geld auszugeben erzeugt bei Lehrkräften und Schulleitung gleichermaßen das unbestimmte Gefühl aktiv geworden zu sein, einen ersten Schritt auf dem Weg zu einer besseren Zukunft der Schule beschritten zu haben. Darüber hinaus passiert auch noch etwas: Ein Gegenstand muss ausgesucht werden aus einer Vielzahl vergleichbarer Objekte, was als solches schon befriedigend wirkt. Dann wird geliefert, Telefonate müssen geführt und Rechnungen angewiesen werden. Schließlich ist der Gegenstand, ein neuer Computer, eine Lernbox oder ein Wissensplakat, mit Händen greifbar und muss inventarisiert und in eine vorhandene Lernarchitektur eingefügt werden.

Viel Zeit und Engagement ist bereits verbraucht worden, obwohl der neue Gegenstand noch kein einziges Mal einen Lernprozess vorangebracht oder eine Verwaltungshandlung vereinfacht hätte. Schließlich ruht der Gegenstand still und

---

4 In der Sprache der Verwaltungsfachleute ist das so definiert: »Budgetierung ist die dezentrale Verantwortung einer Organisationseinheit für ihren Finanzrahmen bei einem festgelegten bedarfsgerechten Leistungsumfang mit einem in zeitlicher und sachlicher Hinsicht selbst zu bestimmenden Mitteleinsatz bei grundsätzlichem Ausschluss der Überschreitung des vorgegebenen Budgets.« (lt. www.ldd.sachsen.de Stichwort Budget/Budgetierung, 3/2011).

friedlich in einem Schrank und wartet auf einen Einsatz, der – vielleicht – nie kommt. Andererseits kann ein geiziger Schulleiter die emsigen Bemühungen eines Kollegiums durch seine bohrenden Nachfragen, in welcher Weise eine geplante Anschaffung in Zukunft detailliert verwendet werde, auch vollständig zum Erliegen bringen. Wie Sie sich präsentieren, liegt also ganz in Ihrem Ermessen. Am Anfang wird es gewiss sinnvoll sein, moderat aufzutreten: großzügig bei Kleinsummen, vorsichtig bei Großanschaffungen.

Einen großen Spareffekt können Sie auch erzielen, wenn Sie die regelmäßig anfallenden Kosten der Schule für Periodika (Fachzeitschriften und Loseblatt-Sammlungen) untersuchen. Wer braucht das Material und liest es wirklich? Sind die Materialien nicht einsortiert, oder stehen sie ungenutzt herum? In diesen Fällen sollten Sie nicht zögern, die entsprechenden Abonnements zu kündigen.

Ein dauerhaftes Loch in jedes Schulbudget reißen die Kopierkosten und damit einhergehenden Papierberge. Wenn Sie Glück haben, gibt es an der Schule bereits einen allseits akzeptierten restriktiven Umgang mit den Kopierkosten. Das ist aber nicht die Regel. Vom ausgefeilten Punktesystem (Zahl der Schüler pro Lehrkraft, faktorisiert nach Fächern und Stufe), das die Verantwortlichen rasch in den Wahnsinn treibt, bis zum Laisser-faire, bei dem auf den Kopierer wandert, was sich irgendwie kopieren lässt, könnten Sie auf so ziemlich alle Varianten des Spektrums stoßen. Dann gilt es, sich als Schulleiter zu beweisen – wenn es Ihnen wichtig ist. Hier können Sie möglicherweise rasch einen Zustand beenden, der von allen Lehrkräften als unbefriedigend erlebt wird und überdies das vorhandene Geld der Schule verschwendet.

Förderverein, Sponsoring, Fundraising

Förderverein

Eine wichtige Quelle, die fast alle Schulen gerne anzapfen, sind die Eltern oder Ehemaligen, die sich in Fördervereinen organisiert haben und zu einer finanziellen Unterstützung der Schule bereit sind. Ehrlicherweise muss an dieser Stelle gesagt werden, dass die Geldquellen, die für eine Schule ohne großes Bemühen erreichbar sind, damit schon ausgeschöpft sind. Denn sowohl der Schulträger als auch der Förderverein generieren Mittel ausschließlich zum Zweck der Finanzierung Ihrer Schule.

Allerding sollten Sie realisieren, was ein Förderverein nämlich *nicht* ist: Der Förderverein Ihrer Schule ist keine Geldkuh, die man beliebig melken kann. Was ein Förderverein zuerst ist: ein ehrenamtliches Engagement von Eltern oder Ehemaligen für Ihre Schule. Diese Arbeit kann durch Sie gar nicht hoch genug bewertet werden. Denn jeder aus dem Verein könnte seine Zeit nicht nur anders verbringen, sondern jedes Mitglied nimmt eben die Perspektive ein, die man eigentlich speziell von einem Schulleiter erwartet: verantwortlich zu sein für das Wohlergehen aller. Die Eltern im Förderverein unterstützen eben nicht nur ihr eigenes Kind und dessen Klasse, die Ehemaligen unterstützen eben nicht nur Projekte, die mit der Vergangenheit der Schule beschäftigt sind, sondern sie richten den Blick auf den ganzen Organismus Schule. Sie sind bereit, mit dem Geld des Vereins an den Stellen einzuspringen, an denen die finanziellen Möglichkeiten einer Schule ausgeschöpft sind, obwohl eine Anschaffung in hohem Maße wünschenswert wäre.

Daraus ergibt sich für Ihr Handeln fast notwendig der Rat, zu den ehrenamtlichen Helfern Ihrer Schule rasch ein gutes Verhältnis aufzubauen und ihnen den Respekt zu bezeugen, den sie für ihre Arbeit verdient haben. Hat sich dann im ersten Jahr Ihrer neuen Schulleitertätigkeit ein vertrauensvolles Verhältnis aufgebaut, wird es leichter sein, Projekte, die Ihnen ganz wichtig sind, auch zu kommunizieren. So sehr Sie auch mit Terminen eingedeckt sein sollten, ein Besuch bei dem einen oder mehreren Fördervereinen Ihrer Schule sollte für Ihre ersten hundert Tage selbstverständlich sein.

Sponsoring und Fundraising

Allen anderen Geldgebern (Unternehmen, Stiftungen) muss erst einmal begreiflich gemacht werden, weshalb sie Geld für eine Schule zur Verfügung stellen sollen. Kein ganz leichtes Unterfangen, wenn man bedenkt, wie ungeübt der zum Schulleiter aufgestiegene Lehrer in diesen Dingen ist und wie groß die Konkurrenz bei dieser von Ihnen angestrebten Art der Förderung ausfällt. Lassen Sie sich damit Zeit, denn Sponsoring und Fundraising kosten viel Zeit für Kontaktanbahnung, Antragstellung und Kontaktpflege. Ein Tipp an dieser Stelle: Wenn Sie auf diesem Wege Mittel für Ihre Schule erschließen wollen, sollten Sie sich unbedingt spezielle Literatur zu den Themen Sponsoring und Fundraising besorgen[5].

---

5 Z.B.: Böttcher, J.U.: Geld liegt auf der Straße. Fundraising und Sponsoring für Schulen. 2. Auflage, Köln, LinkLuchterhand 2009.

✐ Arbeitshilfe 5.4: Goldene Regeln Fundraising

1. Machen Sie zu Beginn eine Fundraising-Inventur!	Listen Sie systematisch auf, welche Maßnahmen (Benefizveranstaltungen, Stiftungs-Ansprache, Spenden-Mailings, Basare, Unternehmenskooperationen) innerhalb der letzten drei Jahre durchgeführt wurden und wer dafür verantwortlich war. Sie erhalten damit einen Überblick über die aktuellen Aktivitäten und beteiligten Personen.
2. Bestimmen Sie zu Beginn Ihrer Fundraising-Aktivitäten ein konkretes Projekt!	Die Chancen für eine zusätzliche Mittelbeschaffung steigen ganz erheblich, wenn dadurch keine Lücken in der Regelfinanzierung für Personal und/oder Sachkosten geschlossen werden sollen.
3. Menschen unterstützen Menschen!	(»people give to people!«) Stellen Sie in den Mittelpunkt der Kommunikation die Schüler, die von dem Projekt und einer Förderung profitieren. Also bitte nicht für »Baumaßnahmen, EDV-Ausstattung oder Musikinstrumente« werben, sondern z.B. für neue »Chancen und Möglichkeiten«, die Schülern geboten werden – eine wichtige Akzentverschiebung in der Darstellung.
4. Sprechen Sie bei möglichen Unterstützern oder Partnern sowohl den Verstand als auch das Herz an!	Diese Regel gilt sowohl für private Förderer als auch Unternehmen. Fundraising lebt von positiven Emotionen. Je begeisterter Sie ein Projekt präsentieren, desto leichter werden Sie Unterstützer finden. Im Idealfall ist auch vor der Bitte um eine Förderung eine Beziehung geknüpft worden (»friend-making before fundraising!«).
5. Suchen Sie nach Fürsprechern oder ideellen Unterstützern für Ihr Projekt!	Es muss dabei nicht gleich um das große Instrument einer Schirmherrschaft durch einen Prominenten gehen, sondern es kann schon hilfreich sein, wenn jemand »mit einem Blick von außen« sich positiv äußert. Wertvoll können auch kleine »Expertisen« (nicht länger als eine DIN-A4-Seite!) von Fachleuten sein, die z.B. bei der Ansprache von Stiftungen genutzt werden. Wenn eine Schule beispielsweise plant, für alle Fünftklässler ein Musikinstrument anzuschaffen, könnte eine befürwortende Stellungnahme eines Hochschullehrers, die die Bedeutung des gemeinsamen Musizierens beleuchtet, hilfreich sein.
6. Kommunizieren Sie den Bedarf in dem Projekt!	Sorgen Sie für Transparenz: Wofür sollen die Mittel konkret verwendet werden? Stellen Sie sich darauf ein, dass einige der möglichen Förderer-Gruppen (z.B. Stiftungen, Unternehmen) einen Kosten- und Finanzierungsplan erwarten.
7. Planen Sie den Zeitpunkt der Ansprache der Förderer!	Unternehmen legen ihren Haushalt, z.B. für Marketing/Sponsoring, für das laufende Jahr bis zum Herbst des Vorjahres fest. In der Praxis heißt dies, dass Sie für ein Projekt, das Sie zum Jahresende realisieren möchten, sich im Idealfall mindestens 15 Monate vorher an einen potenziellen Sponsor wenden. Bei späterer Ansprache sind die Haushaltsplanungen bereits abgeschlossen.

8. Finden Sie heraus, um welchen Betrag Sie mögliche Förderer bitten können!	Diese Frage bereitet manchmal sogar erfahrenen Fundraisern Kopfzerbrechen. Bei der Ansprache von Stiftungen kann es Ihnen beispielsweise passieren, dass Ihr Förderwunsch viel zu niedrig oder viel zu hoch angesetzt wurde – beides würde zur Ablehnung führen. Recherchieren Sie über Jahresberichte das bisherige Förderverhalten von Stiftungen, um einen Anhaltspunkt zu haben. Auch bei einem Kontakt zu einem möglichen Sponsor sollten Sie sich vorher Gedanken zu der Sponsoring-Summe machen und diese erläutern. Eine einfache, sehr transparente Lösung ist es, über den Kostenweg zu gehen: Wenn ein Projekt z.B. 20.000,– € kostet, und Sie es mit vier Partnern aus der Wirtschaft realisieren möchten, könnten diese sich mit jeweils 5.000,– € beteiligen.
9. Behalten Sie die Information der Förderer im Blick!	Gerade bei einem Projekt, dessen Realisierung sich über einen längeren Zeitraum hinzieht, ist es wichtig, die Förderer kontinuierlich zu informieren. Und vergessen Sie nicht – so nebensächlich das vielleicht auch klingen mag – das wichtigste Wort in diesem Zusammenhang ist »Danke«!
10. Und letzte Regel: Seien und bleiben Sie ehrlich!	Und das sowohl bei der Kommunikation rund um den Bedarf und die Mittelverwendung als auch später in der Realisation. Es kommt immer wieder in Projekten vor, dass es »hakt« und z.B. dem Sponsor in Aussicht gestellte Leistungen nicht gänzlich zu einem bestimmten Zeitpunkt realisiert werden konnten. Versuchen Sie so etwas nicht zu vertuschen, sondern suchen Sie darüber den Austausch mit dem Unternehmen.

Quelle: Kösterke, Knut: Fundraising – Partnerschaften zwischen Schulen und Unternehmen (Beitrag 66.21) in: Bartz, Adolf; Dammann, Maja; Huber, Stephan G.; Kloft, Carmen; Schreiner, Manfred (Hrsg.): PraxisWissen SchulLeitung. Basiswissen und Arbeitshilfen zu den zentralen Handlungsfeldern der Schulleitung. Köln, Carl Link (Loseblattwerk)

Beschaffungen und Haushaltsführung

Eine besondere Gefahr für neue Schulleiter besteht in den persönlichen Präferenzen. Als neuer Schulleiter, der an seiner alten Schule überhaupt erst Theater ermöglicht hat, werden Sie auch größere Beträge für das Theater Ihrer neuen Schule gerne bewilligen. Einen Schulleiter mit Affinität zu Technik brauchen die Kollegen von der Anschaffung neuer Rechner nicht erst zu überzeugen – darin liegt aber die Tücke. Sie sind nicht länger Verantwortlicher für einen Teil der Schule, den Sie, so gut es geht, aufzustellen versuchen. Sie sind nun Verantwortlicher für die ganze Schule. Jede finanzielle Bevorzugung einzelner Bereiche innerhalb der Schule, die Sie nicht vernünftig kommuniziert haben sollten, wird Ihnen irgendwann auf die Füße fallen, weil Sie dadurch Ihrer Gesamtverantwortung nicht gerecht geworden sind und sich dies auch noch in Euro und Cent ausdrücken lässt.

In größeren Schulen hat sich ein »Haushaltsausschuss« bewährt, in dem drei bis fünf Lehrkräfte aus unterschiedlichen Bereichen der Schule dem Schulleiter beratend zur Seite stehen. Der Ausschuss kann z.B. Empfehlungen für die Beschaffung von Einrichtungs- und Ausstattungsgegenständen abgeben und den Haushaltsanteil für Unterrichtsmittel auf die verschiedenen Fachbereiche oder Fachgruppen verteilen. Der Haushaltsausschuss kann allerdings keine Beschlüsse fassen, denn die Verantwortung für die Mittelverwendung liegt beim Schulleiter.

Der anspruchsvollste Bereich der Haushaltsführung ist die Verteilung der Mittel, über die schließlich Rechenschaft abgelegt werden muss. Die Verwendung von Mitteln, durch die in entscheidender Weise Schulentwicklungsprojekte und mithin die Zukunft einer Schule gesteuert werden, muss kommuniziert, abgestimmt und überwacht werden.

Allgemeingültige Ratschläge sind an dieser Stelle kaum möglich, weil der Zustand Ihrer Schule den Ausschlag gibt, ob Sie vorhandene Mittelverteilungen erst einmal übernehmen und somit Ihr Engagement an dieser Stelle noch gering bleiben kann, oder ob Sie vom ersten Tag an einen solchen Handlungsbedarf für die Umstrukturierung Ihrer Schule sehen, dass darauf mit einer Neuverteilung der Mittel Ihrer Schule reagiert werden muss. Machen Sie sich aber bewusst: Jeder Mensch denkt in Zeiträumen, findet sich in Zustände ein und akzeptiert diese dann. Sollten Sie also die finanziellen Ressourcen Ihrer Schule vom ersten Tag an spürbar umverteilen, dann tun Sie es auf der Grundlage überzeugender Argumente und kommunizieren Sie es gründlich in allen verantwortlichen Gremien.

Der Vorgang bei Beschaffungen ist durch Rechtsvorschriften[6] und die Haushalts- und Kassenordnung des Schulträgers geregelt. Die meisten Schulträger stellen diese Unterlagen den Schulen in schriftlicher oder elektronischer Form zur Verfügung.

Da der Schulleiter für die Einhaltung dieser Vorschriften verantwortlich ist, sollten Sie versuchen, recht schnell einen Überblick zu gewinnen. Sie können dabei das Know-how des Schulträgers in Anspruch nehmen. Denn die Haushaltsabteilung/Kämmerei wird großes Interesse daran haben, dass Sie möglichst fehlerfrei vorgehen.

Dabei geht es um die Schritte:

- Ausschreibung oder freihändige Vergabe
- Leistungsbeschreibung
- Auftragserteilung
- Annahme und Prüfung
- Bezahlung/Buchung
- Inventarisierung

---

6 Kaufvertragsrecht nach BGB, Vergabeverordnung, Verdingungsordnung für Leistungen (VOL), Landesvergabegesetz, Verwaltungsvorschriften zur Bekämpfung der Korruption u.a.

5.5 Schriftgut und Akten

Sie werden es in Ihrer neuen Funktion ganz schnell gemerkt haben: Auf Sie kommt eine Menge an Papier und Dateien zu. Das Problem dabei ist, dass man nicht genau weiß, wie wichtig das Schriftgut ist und ob man es noch einmal benötigt. Kann man nämlich beide Fragen negativ beantworten, ist die »Rundablage«, nämlich der Papierkorb, die angemessene Lösung.

Wenn das Sekretariat an Ihrer Schule gut arbeitet, wird das Schriftgut so abgelegt, dass jedes Dokument bei entsprechender Anforderung aufzufinden ist. Die Akten (und die Dateiordner) sind so übersichtlich strukturiert, dass Sie selbst schnell einen Überblick gewinnen können und dass eine Vertretungskraft der Sekretärin sich problemlos zurechtfindet. Sollte dies der Fall sein, können Sie sich in der Anfangsphase getrost anderen Arbeitsfeldern zuwenden.

Leider ist der Umgang mit Schriftgut nicht immer gut organisiert. Gerade an Schulen, deren Leitungsposition länger verwaist war, finden sich häufig Zustände, die sich sehr schnell bemerkbar machen, wenn Unterlagen nicht aufzufinden sind oder wenn alles nicht mehr klappt, nur weil die Sekretärin abwesend ist. In solchen Fällen sollten Sie sich näher mit den folgenden Abschnitten befassen.

Umgang mit Schriftgut

Die Schulen haben mit Schriftgut in vielfältiger Form zu tun: Briefe, Karteien, Auflistungen, Stundenpläne, Statistiken, Fotos, Zeugnisse, Berichte, Unfallmeldungen, Vordrucke – die Aufzählung ließe sich beliebig verlängern. Dabei liegt das Schriftgut zum Teil in Papierform vor, zum anderen ist vieles davon als Datei erfasst, und häufig kommt es vor, dass dasselbe Dokument in beiden Varianten erfasst ist.

Ein papierloses Büro ist zwar denkbar, aber an den Schulen wird es auf absehbare Zeit das Nebeneinander von Papier- und digitalen Akten geben. Dafür gibt es praktisch-technische Gründe. Es ist an der Schule kaum leistbar, alle anfallenden Schriftstücke zu digitalisieren und in dieser Form für Lehrer, Schüler und Eltern zu verwenden. Außerdem muss ein Teil des Schriftgutes 50 Jahre lang aufbewahrt werden, was auf digitale Weise nur zu leisten ist, wenn die Datenbestände immer wieder auf jeweils neue Datenträger überspielt werden.

Akten in digitaler und Papierform müssen so erfasst und abgelegt werden, dass sie zur Verfügung stehen, wenn sie benötigt werden. Das gilt nicht nur für den schulinternen Bearbeitungsbedarf, sondern auch für Anfragen der Schulbehörde, Anforderungen des Schulträgers und für Fälle, in denen Eltern Auskünfte einholen und ehemalige Schüler Zeugnisse oder Schulbescheinigungen anfordern.

Als Schulleiter tragen Sie die Verantwortung für den laufenden Geschäftsbetrieb der Schule. Das schließt die Zuständigkeit für den ordnungsgemäßen Umgang mit Schriftgut ein. Auftretende Mängel können einfach nur peinlich sein, wenn Sie z.B. eine zugesagte Unterlage nicht oder nicht rechtzeitig finden. Mängel können aber auch zu Rechtsfolgen führen, wenn Verwaltungsakte nicht durch die entsprechenden Unterlagen dokumentiert werden können, weil sie verloren gegangen oder nicht auffindbar sind.

Praxisbeispiel:

Ein Schüler hat einen Mitschüler gehänselt, gedemütigt und mit dem Handy aufgenommen. Daraufhin wurde von der zuständigen Konferenz eine formgerechte Ordnungsmaßnahme ausgesprochen. Da die Eltern Widerspruch einlegen, fordert die Schulbehörde das Protokoll an. Dies ist nicht mehr aufzufinden. Daraufhin ist dem Widerspruch der Eltern stattzugeben.

Für bestimmtes Schriftgut gibt es besondere Anforderungen. Personalnebenakten müssen in einem verschlossenen Schrank aufbewahrt werden, personenbezogene Daten dürfen nur unter Berücksichtigung der Vorschriften zum Datenschutz gespeichert werden. Schulen, die Abschlüsse erteilen, müssen die Zeugnisurschriften oder Zeugniskopien 50 Jahre lang aufbewahren, Unterlagen über Abschlussprüfungen sind 10 Jahre aufzubewahren und Personalunterlagen müssen vernichtet oder gelöscht werden, wenn die Betreffenden nicht mehr an der Schule tätig sind bzw. wenn die Bearbeitung abgeschlossen ist.

☞ Tipps:

Besorgen Sie sich die jeweilige Rechtsvorschrift für die Aufbewahrung von Schriftgut an Schulen für Ihr Bundesland. Machen Sie sich mit den wesentlichen Vorschriften, die Ihre Schulform betreffen, vertraut. Notieren Sie auf dem Deckblatt der Ordner jeweils die entsprechende Aufbewahrungsfrist.

An den größeren Schulen ist meistens schon ein Datenschutzbeauftragter bestellt worden. Befragen Sie ihn, ob die Einhaltung des Datenschutzes an der Schule seiner Meinung nach gewährleistet und was ggf. zu veranlassen ist.

Mängel oder Missstände können Sie meistens nicht sofort beheben. Dokumentieren Sie aber vorgefundene Missstände in einer Aktennotiz. Damit können Sie sich ggf. entlasten.

Ihre »Handakten«

Bei aktuellen Vorgängen, für die Sie immer wieder auf die Akten zugreifen müssen, ist die Einrichtung einer Handakte sinnvoll. Die Handakten befinden sich griffbereit für Sie, am besten im Auszug Ihres Schreibtisches als Hängeregistratur. Dort sind die Handakten sofort greifbar, wenn Sie während eines Telefongesprächs oder sonst schnell darauf zugreifen wollen. Ein beschrifteter »Reiter« ermöglicht es Ihnen, die richtige Akte sofort zu finden.

Typische Fälle, bei denen eine Handakte geführt wird, sind z.B.:

- Bewerbungen infolge einer Stellenausschreibung
- Vorbereitung der nächsten Konferenz
- Renovierungsvorhaben in der Schule
- Organisation einer schulinternen Fortbildung

In diesen und ähnlichen Fällen legen Sie das erforderliche Material in die Tasche oder Mappe eines Hängeordners, sodass es jederzeit griffbereit ist. Sie müssen nur darauf achten, dass der Umfang Ihrer Handakten überschaubar bleibt. Das bedeutet, dass Sie die Handakten der Fälle, die erledigt sind, unverzüglich wieder den »normalen« Akten zufügen.

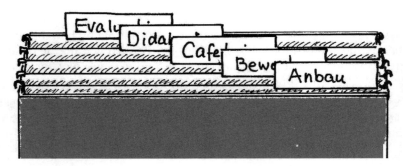

Für die Ordnung Ihrer Handakten sind Sie allein verantwortlich. Deshalb sollten Sie gleich zu Beginn Ihrer Leitungstätigkeit für eine Top-Organisation, die Ihre Arbeit erleichtert, sorgen.

☞ **Tipp:**

Wenn Sie Ihre Handakten in der Form einer Hängeregistratur führen (z.B. Leitz »Alpha« oder Elba »vertic ultimate«), dann gibt es dafür mobile Boxen oder Halter, die Sie auch in einer Aktentasche verstauen können. Auf diese Weise sind Sie mit Ihren Handakten schnell mobil.

Bearbeitung des Posteingangs

Für die Bearbeitung der täglich eingehenden Post (inkl. E-Mails) können Sie sehr viel Zeit aufwenden, die Ihnen an anderer Stelle fehlen wird. Deshalb lohnt es sich, sich über ein effektives Vorgehen nachzudenken. Dabei können Sie vier Schubladen im Kopf haben (oder in vier Kartons sortieren).

A.

Viele Sendungen enthalten Material, das zur Information oder Dokumentation dient, ohne dass es gleich zur Kenntnis genommen werden muss. Beispiele: Infoblätter für den Umgang mit Infektionskrankheiten, Sendungen für die schulrechtliche Loseblattsammlung. Dieses Material legen Sie sofort ab oder geben es der Sekretärin/dem Schulassistenten zur Ablage.

B.

Ein großer Teil der eingehenden Post kann sofort von Ihnen bearbeitet werden. Manchmal ist nur eine kurze Notiz erforderlich, viele E-Mails können gleich über »Antworten« erledigt werden. Falls die Bearbeitung längere Zeit benötigt oder später erfolgen soll, kommt das Material in die Zwischenablage. Das kann bei geringen Mengen ein Postkorb mit beschreibbaren Aktendeckeln sein. Falls Sie mit vielen Vorgängen zugleich beschäftigt sind, sind Handakten erforderlich. Nach der Bearbeitung wird das Material (oder eine Kopie davon) abgelegt, weitergeleitet oder weggeworfen. Bei der Bearbeitung können Sie viel Zeit sparen, wenn Sie statt zu schreiben öfter zum Telefon greifen (siehe Abschnitt 1.4).

C.

Wenn die Zuständigkeiten an Ihrer Schule gut geregelt sind, können Sie einen großen Teil direkt weiterleiten. Beispiele: Kataloge des Sportartikelherstellers gehen sofort an den Sportobmann, Sendungen der Kirchen an die Religionsobfrau und Medienangebote an den Schulassistenten. Sie können die Weiterleitung zum Teil schon vorverlagern, wenn Ihre Sekretärin bei der Zusammenstellung der Postmappe weiß, was sie direkt in die Fächer der dafür Zuständigen legen kann. Verfahren Sie beim Weiterleiten nicht zu vorsichtig und haben Sie Vertrauen in die Kompetenz der Zuständigen. Bei erforderlichen Entscheidungen oder Problemfragen werden diese ohnehin auf Sie zukommen.

D.

Zögern Sie nicht zu oft beim Wegwerfen oder Wegklicken. Alles was an anderer Stelle (und im Internet) greifbar ist, können Sie getrost in den Papierkorb geben. Dasselbe gilt für Werbung in jeder Form. Am besten instruieren Sie Ihre Sekretärin, als persönlicher Spamfilter zu agieren und Sendungen, die als Werbung erkennbar sind, sofort wegzuwerfen. Auf diese Weise sparen Sie eine Menge Zeit und Platz.

A Sofort ablegen	B Sofort bearbeiten, dann A, C oder D	C Weiterleiten	D Wegwerfen
	In die Zwischenablage für spätere Bearbeitung legen		

Abb. 33: Vier Kategorien für die Bearbeitung des Posteingangs

Ablage und Archivierung

Das Zauberwort für das Funktionieren der Ablage heißt »**Aktenplan**«. So etwas Ähnliches hat jede Sekretärin im Kopf – nur ist diese individuelle Lösung nicht nachvollziehbar und kann nicht zum Tragen kommen, wenn die Sekretärin abwesend ist.

Ein Aktenplan ist die systematische Gliederung des Schriftgutes einer Organisation. Für die Gliederung werden eine numerische Ordnung und eine Farbgebung eingesetzt. Ziel des Aktenplans ist eine übersichtliche, nachvollziehbare und wirtschaftliche Ordnung des Schriftgutes. Die systematische Nummerierung wird sowohl auf materielle Ordner als auch auf digitale Dateien angewendet. Zu einem Aktenplan gehört ein Schlagwortverzeichnis, sodass Dokumente auch ohne Kenntnis der Gliederung gefunden werden können.

0 WEISS	1 BLAU	2 ROT	...
0.0 Schulbehörde	1.0 Schülerlisten	2.0 L-Personal	
0.1 Erlasse, Verfügungen	1.1 Klassenlisten	2.1 S-Personal	
0.2 Dienstanweisungen	1.2 Zeugnisse	2.2 Stundenpläne	
0.3 Dienstbespr. SL	1.3 Bescheinigungen	2.3 Arbeitszeitkonto	
0.4 Div.	1.4 Schülerkarteikarten	2.4	
0.5 ...	1.5 Ordnungsmaßnahmen	...	
0.6	1.6 Fördermaßnahmen		
0.7	1.7 ...		
0.8	1.8		
0.9	1.9		

Abb. 34: Ausriss Aktenplan

Der Aktenplan bleibt übersichtlich, wenn er in zehn Gruppen (0–9) eingeteilt ist, und auch die Untergruppen nicht größer werden. Falls in großen Schulen Bedarf nach ausführlicherer Gliederung besteht, können die Untergruppen ebenfalls wieder gegliedert werden, z.B. 1.3.1 Schulbescheinigungen. Parallel zur Umstellung der Akten auf den Aktenplan wird ein Schlagwortverzeichnis aufgebaut, sodass Dokumente richtig abgelegt und schnell gefunden werden können.

Arbeitszeitkonten 2.3 Bescheinigungen 1.3 Dienstanweisungen 0.2 Dienstbesprechungen SL 0.3 Erlasse 0.1 Klassenlisten 1.1 Lehrerpersonalien 2.0	Personal, sonstiges 2.1 Schulbehörde 0.0 Schülerlisten 1.0 Stundenpläne 2.2 Verfügungen 0.1 Zeugnisse 1.2

Abb. 35: Ausriss Schlagwortverzeichnis

Die Organisation des schulischen Schriftgutes nach einem Aktenplan sollten Sie erst in Angriff nehmen, wenn Sie sich in die Verwaltung eingearbeitet und mit der Sekretärin (und ggf. mit ihren Kolleginnen) abgestimmt haben.

⊕ Arbeitshilfe 5.5: Aktenplan Schule

Übergeordnete Bereiche	0.0 Ministerium 0.1 Schulbehörde 0.2 Schulträger 0.3 Schulinspektion	**Farbe Rückenschilder und Standort**
1 Schulorganisation	1.0 Organisationsplan 1.1 Prozessbeschreibungen 1.2 Aktenplan 1.3 Raumpläne 1.4 Adressen- u. Telefonverzeichnis 1.5 Personaltableau 1.6 Personalrat 1.7 Beauftragte 1.8 Jahresterminplan 1.9 Masterplan der Schulleitung 1.10 Notfallplan	
2 Schulentwicklung und Qualitätsmanagement	2.0 Leitbild und Schulprogramm 2.1 Maßnahmen zum Schulprogramm 2.2 Qualitätsmanagement 2.3 Interne Evaluation 2.4 Externe Evaluation 2.5 Kooperationspartner 2.6 Presse über Schule 2.7 Pressemitteilungen der Schule 2.8 Wettbewerbe 2.9 Zertifizierungen	
3 Lehrer und sonstige Beschäftigte	3.0 Personalnebenakten 3.1 Lehrer-Stundenpläne 3.2 Mitarbeitergespräche 3.3 Unterrichtsbesuche 3.4 Sonderurlaub 3.5 Krankmeldungen 3.6 Fortbildung 3.7 Nebentätigkeiten 3.8 Bewährungsfeststellung 3.9 Stellenbewerbungen 3.10 Abordnungen 3.11 Versetzungen	

Interessant dürfte ein Besuch im **Archiv** der Schule sein. Hier werden Sie feststellen, dass viel Material eingelagert ist, was nie mehr gebraucht werden wird. Durch die großen Bestände an überflüssigem Material wird oft der Zugriff auf die Akten verhindert, bei denen es zu einer Nachfrage kommen kann.

Praxisbeispiel:

Ein ehemaliger Schüler, der in Rente geht, muss für die Rentenversicherung Schulbesuchszeiten nachweisen und bittet um die Ausstellung der entsprechenden Bescheinigung (»Ich habe vor ca. 48 Jahren bei Ihnen die Mittlere Reife gemacht.«).

Schularchive bieten in der Regel viel Potenzial für die Schatzsuche, für Staubbeseitigung und für Altpapieraktionen. Scheuen Sie sich nicht vor einem frühen Besuch und planen Sie Maßnahmen erst dann, wenn wichtigere Vorhaben umgesetzt worden sind.

5.6 Verpflichtende Aufgaben

Als Schulleiter haben Sie Aufgaben wahrzunehmen, zu denen Sie gesetzlich verpflichtet sind. Diese verpflichtenden Aufgaben werden häufig als latente Bedrohung empfunden, da rechtliche Konsequenzen befürchtet werden, wenn diese Aufgaben nicht oder mangelhaft erledigt werden. Aber auch für Schulleiter gelten die rechtlichen Maßstäbe, die zwischen Fahrlässigkeit, grober Fahrlässigkeit und Vorsatz unterscheiden:

- **Fahrlässig** handelt derjenige, der die im Umgang erforderliche Sorgfalt außer Acht lässt.
- **Grob fahrlässig** handelt derjenige, der die im Umgang erforderliche Sorgfalt gröblich, d.h. im hohen Grade außer Acht lässt, wer also nicht beachtet, was unter den gegebenen Umständen jedem einleuchten müsste. Grob fahrlässig sind daher unentschuldbare Pflichtverletzungen, die das gewöhnliche Maß erheblich übersteigen.
- **Vorsätzlich** handelt derjenige, der das Wissen und Wollen der Tatbestandsverwirklichung im Bewusstsein der Rechtswidrigkeit begeht.

Mit rechtlichen Konsequenzen muss man im Allgemeinen rechnen, wenn man grob fahrlässig oder vorsätzlich handelt. Fahrlässiges Handeln kann bei Schulleitern eventuell zu dienstlichen Sanktionen führen.

In den folgenden Abschnitten werden verpflichtende Aufgaben in einer Übersicht dargestellt. Da es sich bei diesem Buch nicht um einen Rechtsratgeber handelt, besteht kein Anspruch auf Vollständigkeit und juristische Feinheiten, vielmehr werden diese Aufgaben aus der Sicht eines pädagogisch Orientierten und verantwortungsvoll Handelnden dargestellt.

Grundsätze

Ihre Tätigkeit als Schulleiter verpflichtet Sie

- Ihrer Arbeitspflicht nachzukommen,
- unparteiisch zu handeln,
- Ihre Fürsorgepflicht gegenüber Beschäftigten und Schülern zu erfüllen,
- verantwortlich mit dem öffentlichen Eigentum und den Ressourcen umzugehen,
- dienstliches Handeln zu dokumentieren und nachzuweisen.

Arbeitspflicht

Schulleiter kommen ihrer Arbeitspflicht durch Anwesenheit in der Schule nach. Lehrkräfte haben nur so lange in der Schule zu sein, bis sie ihren Unterricht und andere ihnen übertragene Aufgaben erledigt haben. Wegen der umfangreichen Aufgaben des Schulleiters verfügt dieser über ein Dienstzimmer, in dem oder über das er in der Regel zu erreichen ist. Ist diese Präsenz nicht gewährleistet, muss die Vertretung geregelt sein.

Empfehlungen:

- Wenn Sie Ihr Dienstzimmer verlassen und im Bereich der Schule unterwegs sind, sollte das Sekretariat wissen, wo Sie sind, oder Sie sollten per Mobiltelefon erreichbar sein.
- Wenn Sie die Schule (z.B. zu einem Dienstgang oder zur Mittagspause) verlassen, muss geregelt sein, wer die Vertretung und das Hausrecht ausübt.
- Wenn Sie wegen Krankheit, Dienstreise oder Sonderurlaub nicht präsent sind, müssen Sie den Anforderungen der Schulbehörde (betrifft Information bzw. Beantragung) nachkommen.

☞ Tipp:

Legen Sie schriftlich fest, wer Sie bei Abwesenheit vertritt. Da auch diese Person ausfallen kann, sollten je nach Größe der Schule die dann folgenden Vertreter festgelegt werden. Notieren Sie hinter jeder Person die Handy-Nummer, um eine schnelle Erreichbarkeit zu gewährleisten. Bei einem Leitungsteam können Sie die Präsenzzeiten Ihrer Vertreter (nach Absprache mit ihnen) festlegen und öffentlich machen.

Zu Beginn Ihrer neuen Tätigkeit sollten Sie sich bemühen, relativ regelmäßig während der Unterrichtszeiten in der Schule anwesend zu sein. Diese Präsenz zeigt dem Kollegium und den Schülern, dass Sie ansprechbar sind und mit Ihrer Arbeitskraft voll der Schule zur Verfügung stehen. Das kann aber auch leicht zu Arbeitszeiten führen, die über der Norm des öffentlichen Dienstes liegen (ca. 40

Wochenstunden). Sind Sie länger im Amt und überschreiten Sie diese Marke häufig, ist es an der Zeit, sich dem Kapitel 6 zu widmen.

Unparteiisch handeln

Unparteiisch handeln heißt, dass bei Ihren dienstlichen Entscheidungen, die Interessen von Gruppen, Einzelpersonen und von Ihnen selbst hinter dem Allgemeininteresse zurückzutreten haben. Falls Interessen, die als »einseitig« eingeschätzt werden, zum Zuge kommen, müssen Sie für einen gewissen Ausgleich sorgen.

Praxisbeispiel:

Ein Vertreter des Arbeitgeberverbandes wird mehrfach in den Unterricht eingeladen, weil er anschaulich Sachverhalte und Probleme aus der Arbeitswelt darstellen kann. Durch die Einladung eines Gewerkschaftsvertreters kann hier für einen Ausgleich gesorgt werden.

Aus der Verpflichtung zum unparteiischen Handeln kann nicht abgeleitet werden, dass z.B. alle Lehrkräfte generell gleich zu behandeln sind. Zwar müssen Grundsätze der Gleichbehandlung im Sinne einer gerechten Arbeitsverteilung und Belastung beachtet werden, aber je nach Engagement und unterschiedlicher Leistung können (und sollten) Mitarbeiter angemessen behandelt werden.

Fürsorgepflicht

Als Leiter einer Schule sind Ihnen Menschen unterstellt oder anvertraut, zu deren Fürsorge Sie verpflichtet sind. Aus dieser Verantwortung resultieren mehrere verpflichtende Aufgaben, die im Anschluss an die fünf Grundsätze behandelt werden. Es geht dabei um Arbeits- und Gesundheitsschutz, Aufsicht, Regelung von Brandschutz, Vorsorge für Bombendrohungen und Amokläufe, Zusammenarbeit mit Polizei und Staatsanwaltschaft, Benennung von Beauftragten und die Erstellung von Arbeitszeugnissen.

Verantwortungsvoller Umgang mit öffentlichen Mitteln

Vermutlich wissen Sie nicht, welches Vermögen Ihre Schule samt Ausstattung ausmacht. Die Kommunalverwaltungen gehen erst jetzt, im Zusammenhang mit der Umstellung auf Doppik (Doppelte Buchführung statt Kameralistik) dazu über, die Vermögenswerte zu erfassen und zu bewerten. Dennoch dürfte Ihnen klar sein, dass in jeder Schule eine Menge öffentlicher Gelder stecken. Dieses Vermögen ist Ihnen anvertraut und Sie stehen in der Verantwortung, damit gewissenhaft und wirtschaftlich umzugehen. Dazu gehört, dass Sie jederzeit den Nachweis erbringen können, wie die Mittel eingesetzt wurden und wo sie verblieben sind. Daraus folgt die Notwendigkeit einer gewissenhaften Kassenführung, der Inventarisierung der Gegenstände und die Verfolgung von Beschädigungen und Verlusten.

Dokumentation

In vielen Fällen sind Sie verpflichtet, Aufzeichnungen zu machen oder Verzeichnisse zu führen. Das gilt nicht nur für die erwähnte Vermögensverwaltung (Inventar, Inventur) und die Kassenführung, sondern auch für die Nachweise über erfolgten Unterricht (Klassen- und Kursbücher), für die Lehrerarbeitszeiten (Stundenpläne und Arbeitszeitkonten), für die Erfassung der Arbeitszeiten des nicht lehrenden Personals, für die Zensurenerteilung und die Zeugnisse (Zeugnisurschriften, Zeugniskonferenzbeschlüsse), für den Abgleich von Ist- und Sollstunden zur Ermittlung der Unterrichtsversorgung (Statistik), für den Arbeitsschutz und die Gesundheitsvorsorge (Gefährdungsbeurteilung), für Krankmeldungen und weitere Bereiche.

Natürlich können Sie nicht alle Dokumentationen selbst führen, aber Sie müssen eine Regelung treffen, die eine ordnungsgemäße Dokumentation sicherstellt.

Praxisbeispiel:

Für die Erfassung der Arbeitszeit Ihrer Sekretärin lassen Sie diese selbst den Nachweis führen, indem sie in einer monatlichen Übersicht Abweichungen von der täglichen Arbeitszeit einträgt (minus Fehlzeiten, plus Überstunden). Sie beschränken sich auf eine stichprobenweise Prüfung und unterzeichnen den monatlichen Nachweis.

Arbeitsschutz

Als Arbeitsschutz werden die Maßnahmen, Mittel und Methoden zum Schutz der Beschäftigten vor arbeitsbedingten Sicherheits- und Gesundheitsgefährdungen verstanden. Das angestrebte Ziel ist die Unfallverhütung und der Schutz der Arbeitnehmer. Der Arbeitsschutz beschäftigt sich unter anderem mit der Vermeidung von Arbeitsunfällen, der Verringerung ihrer Folgen (z.B. durch Eliminierung von Gefahren, zusätzlichen Schutzmaßnahmen), dem Gesundheitsschutz (z.B. Gefahrstoffe, Lärm, psychische Belastungen usw.) und dem personenbezogenen Schutz (z.B. Mutterschutz, Jugendschutz) bei der Arbeit.

Schulleiter sind zuständig und verantwortlich für den Arbeitsschutz an der Schule. Sie werden unterstützt durch Arbeitsschutzbeauftragte der Behörde. Es ist Aufgabe des Schulleiters, einen Arbeitsschutzausschuss zu bilden und eine Gefährdungsbeurteilung vorzunehmen. Als Folge dieser Gefahrenanalyse müssen Maßnahmen veranlasst werden, um die Gefahren zu unterbinden oder zu verringern.

☞ Tipp:

Falls dieser wichtige Bereich an der Schule noch nicht bearbeitet wurde, halten Sie dies in einer Aktennotiz fest, damit Sie bis zur ersten Durchführung einer Gefahrenanalyse entlastet sind. Wenden Sie sich dann relativ bald an die Arbeitsschutzbeauftragten der Schulbehörde, die Sie mit Rat und Tat unterstützen können.

✐ Arbeitshilfe 5.6.a: Aufbau Hygieneplan

(Muster-)Hygieneplan für Schulen[7]

Nach § 36 Abs. 1 Infektionsschutzgesetz (IfSG) sind Schulen verpflichtet, in Hygieneplänen innerbetriebliche Verfahrensweisen zur Einhaltung der Infektionshygiene festzulegen, um Infektionsrisiken zu minimieren. Die Ausarbeitung der Pläne soll in folgenden Schritten erfolgen:

- Analyse der Infektionsgefahren
- Bewertung der Risiken
- Risikominimierung
- Festlegung von Überwachungsverfahren
- Überprüfung des Hygieneplans
- Dokumentation und Schulung

Der folgende Hygieneplan gibt Anregungen für die Ausarbeitung von Hygieneplänen. Über die Vermeidung von Infektionsgefahren hinaus werden bestimmte Aspekte der allgemeinen Hygiene berücksichtigt.

Gliederung des (Muster-)Hygieneplans

1 Schulreinigung

- Allgemeines
- Unfallgefahren

Musterhygieneplan für Schulen
Stadtgesundheitsamt Frankfurt
http://www.frankfurt.de/sixcms_upload/media/354/hygieneplan_f_r_schu len.pdf

---

7 Dieser (Muster-)Hygieneplan basiert auf dem Musterhygieneplan des Stadtgesundheitsamtes Frankfurt am Main.

Rahmenhygieneplan für Schulen
Länder-Arbeitskreis zur Erstellung von Hygieneplänen nach § 36 IfSG
http://www.afoeg.bayern.de/akademie/berichte/hygschule.pdf

Quelle: Scheiner, Manfred: Hygieneplan für Schulen (Beitrag 63.16) in: Bartz, Adolf; Dammann, Maja; Huber, Stephan G.; Kloft, Carmen; Schreiner, Manfred (Hrsg.): PraxisWissen SchulLeitung. Basiswissen und Arbeitshilfen zu den zentralen Handlungsfeldern der Schulleitung. Köln, Carl Link (Loseblattwerk)

✎ Arbeitshilfe 5.6.b: Muster Hygieneplan

Muster – Reinigungs- und Desinfektionsplan in Schulen[2]

Was?	Wann?	Wie?	Womit?	Wer?
Händewaschen	Nach Toiletten-benutzung und Schmutzarbeiten, vor Umgang mit Lebensmitteln, bei Bedarf	Auf die feuchte Hand geben und mit Wasser aufschäumen	Waschlotion	Personal und Kinder
Händedesinfek-tion	Nach Kontamina-tion mit Blut, Stuhl, Urin u. Ä.	3–5 ml auf der trockenen Haut gut verreiben	Händedesinfek-tionsmittel	Personal und Kinder
Fußboden, Flure	Täglich	Feuchtwischen, Boden reinigen, lüften	Reinigungs-lösung	Reinigungs-personal
Fußboden, Klassenzimmer	Täglich	Feuchtwischen, Boden reinigen, lüften	Reinigungs-lösung	Reinigungs-personal
Fußboden, Wasch- und Duschräume	Täglich sowie bei Verunreinigung	Feuchtwischen, Boden reinigen, lüften	Reinigungs-lösung	Reinigungs-personal
Tische, Kontakt-flächen	Täglich sowie bei Verunreinigung	Feucht abwi-schen mit Reini-gungstüchern, ggf. nachtrock-nen	Warmes Wasser, ggf. mit Tensidlö-sung (ohne Duft- und Farbstoffe)	Reinigungs-personal
WC	Täglich – erst nach Reinigung der Klassenräume	Wischen und Nachspülen mit gesonderten Rei-nigungstüchern für Kontaktflä-chen und Auf-nehmer für Fuß-boden	Reinigungs-lösung	Reinigungs-personal

Was?	Wann?	Wie?	Womit?	Wer?
Fenster	Nach Anweisung	Einsprühen, mit sauberem Tuch trocken reiben	Reinigungslösung	Reinigungspersonal
Handlauf, Türklinken, Kontaktflächen Schränke, Regale	Nach Anweisung, bei sichtbarer Verschmutzung	Abwischen	Reinigungslösung	Reinigungspersonal
Reinigungsgeräte, Reinigungstücher, Wischbezüge	1 × wöchentlich arbeitstäglich	Reinigen, Reinigungstücher, Wischbezüge nach Gebrauch waschen und trocknen	Möglichst Waschmaschine bei mind. 60 Grad mit Vollwaschmittel und anschließender Trocknung	Reinigungspersonal
Papierkörbe leeren	1 × täglich bzw. nach Bedarf	Entleerung in zentrale Abfallbehälter		Reinigungspersonal
Flächen aller Art	Bei Verunreinigung mit Blut, Stuhl, Erbrochenem	Einmalhandschuhe tragen, Grobreinigung mit desinfektionsmittelgetränktem Einmalwischtuch, Wischdesinfektion, gesonderte Entsorgung von Reinigungstüchern und Handschuhen in Plastiksack	Desinfektionsmittel nach Desinfektionsmittel-Liste der DGHM	Geschultes Reinigungspersonal oder Hausmeister

[2] Aus dem Leitfaden für die Innenraumlufthygiene in Schulen des UBA und dem Rahmenhygieneplan für Schulen des Länder-Arbeitskreises zur Erstellung von Hygieneplänen nach § 36 IfSG.

Quelle: Scheiner, Manfred: Hygienplan für Schulen (Beitrag 63.16) in: Bartz, Adolf; Dammann, Maja; Huber, Stephan G.; Kloft, Carmen; Schreiner, Manfred (Hrsg.): PraxisWissen SchulLeitung. Basiswissen und Arbeitshilfen zu den zentralen Handlungsfeldern der Schulleitung. Köln, Carl Link (Loseblattwerk)

Aufsicht

An der Schule muss eine altersadäquate Aufsicht der Schüler gewährleistet sein. Der Schulleiter hat die Pflicht, durch entsprechende Pläne die Aufsicht zu regeln und ihre Durchführung sicherzustellen. Umfang und Intensität der Aufsicht hängen von dem Reifegrad der Schüler, von der Überschaubarkeit der räumlichen Verhältnisse und von dem allgemeinen Gefahrenpotenzial im Areal ab. Deshalb gibt es keine Richtwerte.

Als neuer Schulleiter sollten Sie prüfen, ob sich die eingespielte Aufsichtsregelung bewährt hat. Vermehrte Unfälle, Zwistigkeiten und Beschädigungen können es erforderlich machen, die Aufsicht neu zu organisieren oder zu intensivieren.

Brandschutz

Zum Brandschutz gehören die ordnungsgemäße Ausschilderung der Schule mit Fluchtwegen und Hinweisen zur Brandbekämpfung, die Ausstattung mit Brandschutzmitteln, die Belehrung von Lehrern und Schülern zum Verhalten im Brandfall und ein regelmäßiger Probealarm.

☞ Tipp:

Für den Brandschutz ist die Feuerwehr Ihr Partner!

- Überprüfung der Schule: Vereinbaren Sie mit der Feuerwehr eine Begehung der Schule und erfassen Sie alle Hinweise und Beanstandungen. Übermitteln Sie erforderliche Maßnahmen an den Schulträger.
- Probealarm: Sprechen Sie mit der Feuerwehr einen Probealarm ab und lassen Sie sich zeigen, wie dieser erfasst und dokumentiert wird.

Vorsorge für Bombendrohungen und Amokläufe

Diese Fälle treten zwar nur selten auf, aber angesichts der dann eintretenden massiven Bedrohung ist es erforderlich, dass die Schulleitung Vorkehrungen trifft. Für diese Fälle muss ein Notfallplan vorliegen, der folgende Unterlagen enthält: Telefonverbindungen zu Polizei, Feuerwehr, Notarzt, Schulaufsicht und Schulträger, Raumplan der Schule zur Einweisung von Rettungs- und Ordnungskräften, Evakuierungsplan, Regelungen für Warnungen und Hinweise über die Sprech- und Alarmanlage.

☞ Tipp:

Basteln Sie keine Eigenlösung! Besser ist es, Sie stimmen sich mit den Schulen des Schulträgers ab und erstellen einen einheitlichen Notfallplan, in dem nur noch die schulspezifischen Besonderheiten zu ergänzen sind.

Wenn Sie dabei mit mehreren Schulen zusammenarbeiten, gewinnen Sie auch leichter einen Experten der Polizei zur Mitarbeit.

Da häufig die ersten Meldungen oder Alarmrufe im Sekretariat eingehen, sollten Sie den dort tätigen Mitarbeiterinnen in einem Gespräch erläutern, wie sie sich in einem solchen Fall zu verhalten haben.

Zusammenarbeit mit Polizei und Staatsanwaltschaft

In den meisten Ländern sind die Schulen zur Zusammenarbeit mit der Polizei und der Staatsanwaltschaft verpflichtet. Dabei steht der Gedanke von Prävention (insbesondere von Gewalt- und Drogendelikten) im Vordergrund. Aber das Verhalten von Lehrern und Schulleitung bei Straftaten in der Schule spielt ebenfalls eine wichtige Rolle. Suchen Sie möglichst bald den Kontakt der für die Schule zuständigen Dienststelle und loten Sie die möglichen Formen der Zusammenarbeit aus.

☞ Tipp:

Nehmen Sie einen Vorfall in der Schule zum Anlass, einen Mitarbeiter der Polizei oder Staatsanwaltschaft zu einer Konferenz einzuladen. Vereinbaren Sie Zielrichtung und Dauer seines Vortrags. Die Polizei verfügt z.B. über Referenten zu bestimmten Themen, die diese sehr interessant und mit anschaulichem Material abhandeln.

Benennung von Beauftragten

Als Schulleiter sind Sie verpflichtet, für die Schule Beauftragte zu »bestellen«. Das bedeutet, dass Sie eine geeignete Person finden, anhören und benennen müssen. Das gilt für die Frauenbeauftragte, für den Datenschutzbeauftragten, den Sicherheitsbeauftragten und eventuell weitere Aufgabenbereiche (z.B. Strahlenschutzbeauftragter, Hygienebeauftragter). Die Bestellung macht nur Sinn, wenn die Betreffenden damit einverstanden sind. Günstig ist es auch, wenn die Bezugsgruppe dazu Stellung nehmen kann. So sollten z.B. die Frauen des Kollegiums Vorschläge machen, wer als Frauenbeauftragte tätig werden soll. Die Bestellung ist aber eine Maßnahme des Schulleiters (und keine Wahl).

Erstellung von Arbeitszeugnissen

Zunehmend beschäftigen die Schulen Angestellte für die unterschiedlichsten Aufgaben. Bei der Beendigung der Anstellung haben Angestellte das Recht auf ein qualifiziertes Arbeitszeugnis, das Sie als Schulleiter erstellen müssen. Arbeitszeugnisse unterscheiden sich grundlegend von dienstlichen Beurteilungen und werden mit standardisierten Formulierungen verfasst. Abweichungen davon können zu Missverständnissen führen. Wenn Sie z.B. schreiben »durch ihre Geselligkeit trug sie zur Verbesserung des Betriebsklimas bei« so wird ein Personalchef darin die versteckte Warnung erkennen, dass es sich um eine Person handelt, die zu übertriebenem Alkoholgenuss neigt. Machen Sie sich deshalb über den Aufbau und die Standardformulierungen kundig.

☞ Tipp:

Unter dem Suchwort »Arbeitszeugnis« finden Sie im Internet viele Anbieter, die Ihnen gebührenpflichtige Vorlagen anbieten. Jedoch wird auch ein kostenloser Arbeitszeugnis-Generator angeboten, der gute Ergebnisse liefert: www.arbeitszeugnisgenerator.de

---

5.7 Erfahrungen zur Planung und Organisation

In den folgenden Abschnitten finden Sie persönliche Erfahrungen von zwei relativ neuen Schulleitern, wie diese die Planung und Organisation ihrer Schulleiterarbeit gestaltet haben.

Die Jahresplanung

Ein wichtiger Gestaltungspunkt in der Schule ist die Jahresplanung. Diese ist sowohl organisatorisch als auch inhaltlich der rote Faden der Einrichtung. Wichtig hierbei ist, dass Sie frühzeitig in die Planung einsteigen und die Eckdaten wie Konferenztermine, Schulfeste, Projektwoche, Zentrale Prüfungen, Lernstandserhebungen, Abitur, o.Ä. schon auf der ersten Konferenz eines Schuljahres oder besser sogar in der letzten des alten Schuljahres präsentieren. Dies gibt Ihnen Planungssicherheit, Ihrem Kollegium und nicht zuletzt auch der Eltern- und Schülerschaft. Wie Sie aus eigener Erfahrung wissen, prasseln gerade zum Schuljahresbeginn die verschiedensten Termine auf Sie ein. Wenn Sie dann schon die Schultermine gesetzt haben, fällt Ihnen auch die private Planung leichter.

Es empfiehlt sich, für wiederkehrende Ereignisse wie Projektwochen, Tage der offenen Tür oder Schulfeste festgelegte Terminfenster mit Kollegium und Elternschaft zu vereinbaren. So kann der Tag der offenen Tür zum Beispiel immer am letzten Samstag im September stattfinden. Diese wiederkehrenden Termine schaffen Kontinuität und vereinfachen die Jahresplanung. Achten Sie bei dieser Terminorganisation auch ein wenig auf die Gepflogenheiten der Nachbarschulen. Je nach Lage vor Ort kann sich den Terminen der benachbarten Einrichtungen angeschlossen werden, oder aber die Terminkollision oder Konkurrenz wird vermieden und ein eigenständiger Tag etabliert.

Wichtig bei der Jahresplanung ist auch die rechtzeitige Information des Schulträgers. So müssen eventuell Sportplätze reserviert oder die Verwaltungsspitzen frühzeitig über die Abschlussfeier informiert werden. Dies gilt ebenso für den

Hausmeister. Es klingt banal, ist aber äußerst wichtig. Meistens hat er den Überblick, welche zusätzlichen Institutionen Ihr Schulgebäude noch nutzen, angefangen von der Turnhalle bis hin zu den Unterrichtsräumen, in denen vielleicht nach Schulschluss noch Vereine, Volkshochschule oder Musikschule unterwegs sind. Auch sie müssen über Elternsprechtage oder Elternabende in Kenntnis gesetzt werden, um anderweitige Planungen zu ermöglichen. Je früher dieser Terminaustausch läuft, desto geringer sind die Reibungsverluste bei Überschneidungen.

☞ **Tipp:**

Bei der Erstellung der Terminpläne ist es ratsam, zumindest zwei Jahreskalender herauszugeben. Einen für den internen Gebrauch im Kollegium, in dem sämtliche Konferenztermine, Nachprüfungen, interne Evaluationstermine eingestellt sind und einen für die Elternschaft, der abgespeckt die eltern- und schülerrelevanten Daten beinhaltet. Dieser kann zum Beispiel auch auf der Homepage veröffentlicht werden, sodass die Jahresplanung stets transparent ist.

Schauen Sie bei der Erstellung des Schulterminplans ruhig mal ins Internet auf die Seiten Ihres Schulministeriums oder der verschiedenen Lehrerverbände. Oft bieten diese als Service eigene Kalender an, die schon die offiziellen Schuldaten des Schuljahres enthalten. So müssen Sie nicht lange bei verschiedenen Quellen suchen, und manche Dinge fallen auch erst bei dieser Recherche ins Gesicht.

Abitur/Zentrale Prüfungen

Selbstverständlich binden Sie in Ihren Schuljahresplaner die großen gesetzten Termine wie Abitur oder zentrale Abschlussprüfungen ein. Hier müssen Sie sorgfältig herum planen und den Arbeitseinsatz des Kollegiums bedenken, genauso wie den Aufwand für die Schülerschaft. Das bedeutet, dass zu diesen Zeiten viele Ressourcen in der Schule gebündelt sind, und keine großen Kräfte für andere Aktivitäten vorhanden sind. Halten Sie also zu diesen Stoßzeiten den Kalender möglichst sauber. Kollegen, Schüler und Eltern werden es Ihnen danken.

Die genauen Termine für diese Prüfungen sind in der Regel lange vorher bekannt und auf den Webseiten der Schul- und Kultusministerien abrufbar. Informieren Sie sich selbst und auch Ihr Kollegium über diese Termine, denn häufig werden gerade die Dinge, die offen vor uns liegen, gerne übersehen.

Klausuren/Klassenarbeiten

Je größer eine Bildungseinrichtung ist, umso schwieriger ist die Koordination der vielen, kleinen und großen Arbeiten, die im Laufe eines Schuljahres auf Sie und das Kollegium zukommen. Ein Punkt hierbei, der immer wieder zu Unmut sowohl im Kollegium als auch bei der Eltern- und Schülerschaft führt, ist die Terminierung der Klausuren und Klassenarbeiten. Hier für eine größtmögliche Transparenz zu sorgen, die gleichzeitig eine befriedigende Lösung aller Beteiligten herbeiruft, ist ungefähr so gut möglich wie die Quadratur des Kreises.

Dies soll Sie jetzt nicht zur Verzweiflung bringen oder aber dazu, von diesem Vorhaben Abstand zu nehmen. Vielmehr soll dieser Einschub Ihnen vermitteln, dass Sie es nicht allen Recht machen können und manchmal auch an Grenzen stoßen, die nicht durch Sie verursacht worden sind, aber für die Sie verantwortlich gemacht werden.

In Ihrer ersten Zeit an der neuen Schule empfiehlt es sich an dieser Stelle, die alte Tradition der Klausurverteilung zu beobachten und nur im Notfall einzugreifen. Schauen Sie sich diesen Prozess ein Schuljahr an, bewerten Sie für sich diesen Vorgang und suchen Sie nach anderen Möglichkeiten der Optimierung. Diese sollten nach einiger Zeit schließlich mit den Fachkonferenzvorsitzenden besprochen und gemeinsam bewertet werden. Bei diesem Punkt zeigt sich also, dass nicht alles sofort von Ihnen erneuert werden muss. Lassen Sie sich und der neuen Schule für manche Veränderung auch mal ein wenig Zeit.

Stundenpläne erstellen

Ähnliches lässt sich auch über die Erstellung des Stundenplans sagen. Auch bei diesem hochsensiblen Thema ist es ratsam, zuerst genau die Traditionen zu analysieren und sich bei der ersten Stundenplangestaltung beobachtend zu verhalten. Dies kann natürlich nur geschehen, wenn an Ihrer Schule ein Stundenplanteam aktiv ist. Sollten Sie sofort in die Verlegenheit geraten, den Plan aktiv mitgestalten zu müssen, holen Sie sich Rat und Hilfe bei erfahrenen Kollegen. Meistens ist es bei einem Wechsel jedoch der Fall, dass die Pläne schon erstellt worden sind oder bereits im Prozess der Entstehung sind.

Schauen Sie sich diesen Prozess genau an, dies gibt Ihnen einen tiefen Einblick in die innere Struktur Ihres Kollegiums. Intensiv und ertragreich ist diese Beobachtung, wenn mehrere Kollegen an der Aufstellung beteiligt sind. Hören Sie auf die Zwischentöne und achten Sie auf die Richtungen, denen der erstellte Plan folgt. Sie müssen diese später nicht alle ändern, aber stets im Hinterkopf haben. Ebenso wichtig ist der unangenehme Teil der Stundenplanübergabe. Hier können Sie schon anhand der Reaktionen der einzelnen Kollegen Fallstricke erkennen und zukünftig vermeiden.

Seien Sie sich der Tatsache absolut bewusst: Nichts ist sensibler, undankbarer und dennoch nervenaufreibender als die ersten Tage nach der Ausgabe der neuen Stundenpläne. So vielfältig wie Ihr Kollegium ist, so vielfältig sind die Wünsche der Kollegen, die es zu beachten gilt. Der Groll oder die Freude über einen »guten« oder »schlechten« Plan trägt und prägt manchmal ein ganzes Schuljahr. Aber denken Sie auch hier daran, den perfekten Stundenplan gibt es nicht. Irgendwo wird es immer Mängel geben, die in der Organisation von Schule und Unterricht oder dem Primat der Pädagogik geschuldet sind.

Der Stundenplan ist das strategische Steuerungsmittel, das Sie in der Hand haben. Sie können die organisatorische Erstellung ruhig delegieren, aber Sie stellen die Eckpunkte auf, die es zu beachten gilt und die Axiome, die unumstößlich sind. Diese stammen aus Ihren Beobachtungen, Ihrer Personalführung und Ihrer pädagogischen Überzeugung.

Sicherlich ist es ratsam, falls dies an der Schule noch nicht existiert, den Kollegen vor der Erstellung sogenannte Wunschzettel zu verteilen. Die Lehrkräfte können dann Wünsche zum Unterrichtseinsatz, zu Lerngruppen oder Anregungen geben. Aber kennzeichnen Sie diese Anregungszettel stets als »Wunsch« und kommunizieren Sie deutlich, dass nicht alle dieser Wünsche umsetzbar sind.

Zu der Vergabe der Stundenpläne ist anzumerken, dass es durchaus von Vorteil sein kann, die Pläne so früh wie möglich zu erstellen. Ein postalischer Versand in den Ferien ist manchmal angenehmer und reizärmer. Die ersten negativen Schwingungen sind dann bei der Konferenz wieder verraucht. Zudem ist die Gefahr des Vergleichens innerhalb des Kollegiums geringer, was schließlich auch immer wieder zu Unmut führen kann.

Weisen Sie schließlich bei der Konferenz darauf hin, dass Probleme mit dem Plan im Anschluss an die Sitzung individuell zu besprechen sind. Es könnte sonst sein, dass die Probleme einer einzelnen Person zum Problem für das Kollegium werden. Dies sollten Sie vermeiden.

Eine frühe Planung kann im ungünstigsten Fall jedoch doppelt Arbeit bedeuten. Denn wie oft kommt es vor, dass Sie aus dem Urlaub an Ihre Schule zurückkehren und Ihr Personaltableau durch die Schulaufsicht oder krankheitsbedingt durcheinander geworfen wurde. Dann können Sie die Arbeit von vorne beginnen und erhöhen vielleicht den Unmut des Kollegiums. Dies sollten Sie berücksichtigen, wenn Sie eine frühe Plangestaltung in Betracht ziehen.

Organisation der Schreibtischarbeit

Der leere Schreibtisch – ein Wunschtraum? Es gibt Schulleiterzimmer, die so aussehen, weil der Schulleiter hervorragend organisiert ist und auch die nötige Portion Glück hat: ein gutes Team an seiner Seite und eine gute Sekretärin. Ihr Glück kann dieses Buch nicht beeinflussen, aber Ihren Organisationsgrad. Es gibt Schulleiter, deren Schreibtisch aussieht wie Karthago, nachdem die Römer es erobert haben. Dies ist aber nicht eine Folge von Überlastung, sondern von mangelnden Organisationsstrukturen.

Ich empfehle Ihnen dazu die »Katze« auf dem Schreibtisch:

C Computer
A Ablage
T Telefon, Terminkalender, To-do-Liste

Die Katze für Ihre Zeitplanung – der Terminkalender

Gefragte Menschen haben einen vollen Terminkalender. Ungefragte auch, jedenfalls behaupten sie das, denn der Terminkalender ist ein Maßstab für meine Kontakte und meine Bedeutung. Er steht im Mittelpunkt der Organisationsbemühungen eines Schulleiters. Der Weg zu Ihnen sollte fast immer über dieses Instrument führen mit Ausnahme der offenen Sprechstunde. Den Mitarbeiter eines Call-Centers möchten wir gar nicht sehen, es reicht uns, dass er spricht. Schulleitung aber ist Kommunikation im direkten Gespräch, deshalb ist auch das Telefon neben dem Computer und der To-do-Liste nur ein Instrument, den Organisationsaufgaben gerecht zu werden, in deren Mittelpunkt der Terminkalender steht.

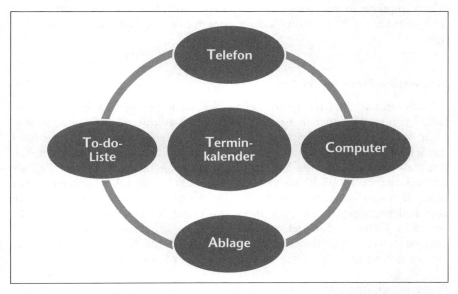

Abb. 36: CAT (Computer, Ablage, Telefon/Terminkalender/To-do-Liste) auf dem Schreibtisch

Für die Anforderung, wie Sie den Terminkalender einsetzen wollen, müssen Sie sich unbedingt Zeit nehmen und die folgenden Fragen im Vorfeld Ihrer neuen Tätigkeit beantworten, denn mit dem Tage Ihres Dienstantritts sollten Sie dieses Instrument beherrschen.

Fragen zum Einsatz eines Terminkalenders

1. Wer führt den Kalender – Sie selbst, eine Sekretärin oder Sie beide?
2. Für wen öffnen Sie den Kalender – die Sekretärin, die Lehrkräfte, Ihre Familie oder sogar die Schulöffentlichkeit?
3. Welche Rechte räumen Sie den an Ihrem Kalender Beteiligten ein? Wer darf Termine nur anschauen, wer darf sie eintragen und wer Termine ändern?
4. Wenn Sie mit unterschiedlichen Kalendern arbeiten (z.B. einer Papierversion und einer EDV-Version), wie werden diese dann synchronisiert?
5. Soll Ihr Kalender mobil sein und Sie zu Besprechungen außerhalb der Schule begleiten?
6. Wie reagieren Sie auf Störungen in der Terminplanung? Gibt es Ausweichfenster, die Sie sich bewusst freigehalten haben?
7. Was sind Sie für ein Gesprächstyp, wie viel Zeit wollen Sie sich und Ihren Gesprächspartnern pro Termin einräumen?

☞ **Tipp:**

Ich empfehle Ihnen für Ihren Terminkalender den Einsatz eines Smartphones in Verbindung mit Microsoft Outlook oder mit dem Terminkalender von Google.

Eine weiche Pfote am Telefon

Nach dem wichtigsten Instrument sollen jetzt die anderen Teilnehmer im CAT-Quintett besprochen werden. Beginnen wir mit dem Telefon, weil es nach dem Terminkalender vielleicht die größte Bedeutung hat. Früher hatte das Telefon eine Wählscheibe und man konnte es in Grau oder Grün bestellen. Kabellängen von mehreren Metern galten als purer Luxus. Heute ist die Zahl der technischen Möglichkeiten so vielfältig, dass es sich lohnt, sich einen Moment damit zu befassen. Dies muss keine Amtshandlung am ersten Tag sein, aber bedenken Sie die Zeit, die Ihnen das Gerät zur Seite stehen soll. Leider oder zum Glück sind in vielen Schulen bereits standardmäßig Telefonanlagen eingebaut, sodass sich Ihr Gestaltungsspielraum deutlich verringert. Trotzdem lohnen sich einige Fragen, die nur angerissen werden können.

Fragen zum Umgang mit dem Telefon

1. Wollen Sie einen Festnetzapparat nutzen oder mit einem mobilen Gerät telefonieren (um sich beim Telefonieren z.B. in der Schule bewegen zu können)?
2. Soll Ihr Telefon Sie begleiten, auch wenn Sie Termine außerhalb der Schule wahrnehmen?

3. Wollen Sie Gesprächspartner im Raum an bestimmten Gesprächen teilnehmen lassen?
4. Sollen Ihre Hände frei sein, sodass Sie sich beim Telefonieren noch Notizen machen können?
5. Wollen Sie das Telefon auch nutzen, um Kontaktdaten speichern und leichter aufrufen zu können?

Schließlich zwei Tipps zum Schluss, die ich selbst oft genug ignoriert und dafür mit Zeitverlust oder Ärger bezahlt habe:

☞ **Tipps zum Umgang mit dem Telefon:**

Machen Sie sich mit den Funktionen der Telefonanlage, die Sie vorfinden, vertraut: dem Stummschalten und Lautstellen und den eingespeicherten Nummern, vor allem aber mit der Weiterleitung oder dem Zurückgeben von Gesprächen ans Sekretariat. Sollte es zu Ihrem Telefon in der Schule keine Gebrauchsanweisung mehr geben, werden Sie im Internet fündig.

Klären Sie mit Ihrer Sekretärin, wann sie Gespräche zu Ihnen durchstellen kann und wann sie dies nicht tun soll. Es gibt wichtige Gespräche oder Ruhephasen, wo außer einem Alarm keine Störung zugelassen werden sollte.

✐ Arbeitshilfe 5.7: Checkliste Vorbereitung Telefonat

1. Wen will ich anrufen? Wer kommt als Gesprächspartner alternativ infrage?
2. Wann ist der günstigste Zeitpunkt für den Anruf?
   - morgens
   - vormittags
   - nach der Mittagspause
   - kurz vor Feierabend
   - abends
3. Was will ich erreichen?
4. Welche Argumente oder Informationen benötige ich für das Gespräch?
5. Mit welchen Argumenten, Einwänden, Fragen muss ich rechnen?
6. Wie kann ich darauf reagieren?
7. Welche Unterlagen brauche ich für das Gespräch?
8. Welche Unterlagen oder Dokumente braucht mein Gesprächspartner?

Quelle: Döbler, Frank: Rationelles Telefonieren – Stressfaktor »Telefon« reduzieren und Missverständnisse vermeiden (Beitrag 52.31) in: Bartz, Adolf; Dammann, Maja; Huber, Stephan G.; Kloft, Carmen; Schreiner, Manfred (Hrsg.): PraxisWissen SchulLeitung. Basiswissen und Arbeitshilfen zu den zentralen Handlungsfeldern der Schulleitung. Köln, Carl Link (Loseblattwerk)

Ohne To-do-Liste verlieren Katzen den Überblick

Einer meiner Hochschullehrer hatte nicht nur an seinem Bildschirm, sondern auch an den Bücherregalen und sogar am Türrahmen seines Büros Klebezettel mit Aufgaben hängen. Auch das war in gewisser Weise eine kreative To-do-Liste.

Im Abschnitt 6.3 finden Sie die Vorlage einer To-do-Liste im Papierformat. Ich empfehle Ihnen aber statt der Papierversion den Computer aus folgenden Gründen:

1. Neben den üblichen Angaben wie Fälligkeitsdatum, Wiederholungsstatus und Priorität sollten sich Verknüpfungen anbringen lassen über das Gebiet, aus dem die Aufgabe stammt: Unterrichtsverteilung, Schulrecht, Projekte, Eltern etc. So wird es für Sie leichter, die Aufgaben zu kategorisieren.
2. Mit der Aufgabe sollten sich Notizzettel oder vielleicht sogar ganze Dokumente verknüpfen lassen, die weitere Informationen enthalten.
3. Die Aufgabenliste muss auch unter Zeitdruck rasch überschaubar sein und sich nach Ihren ganz persönlichen Anforderungen strukturieren lassen.
4. Idealerweise lässt sich Ihre To-do-Liste auch noch nach Stichworten durchsuchen, wenn Sie sich überzeugen wollen, ob eine bestimmte Notiz schon den Weg in die Liste gefunden hat.
5. Notizen und Aufgaben entstehen am Schreibtisch und anderswo. To-do-Listen sind also beweglich und lassen sich von überall bedienen.

Nun ist die Zahl möglicher To-do-Listen-Programme im Alltag so groß, dass eine umfassende Darstellung weder möglich noch sinnvoll ist. Darum werden nur drei Möglichkeiten genannt: »OneNote« von Microsoft, »Evernote« oder »Remember-the-milk«, wobei die beiden letzteren webbasiert sind.

Die Katze im Aktenschrank

Sind Aufgaben erledigt, müssen die Unterlagen abgelegt werden. Typischerweise findet man sie immer dann nicht wieder, wenn man sie gerne eilig zur Hand hätte. Also ist es notwendig, diejenigen Prozesse, die Sie als Schulleiter begleiten, zu identifizieren und danach auch das Ablagesystem auszurichten. Dazu haben Sie umfangreiche Hinweise in Abschnitt 5.5 erhalten.

Am PC kann man sich nicht vorbeischleichen

Schließlich wenden wir uns noch dem Computer und seiner Nutzung zu. Zuvor ging es um Kommunikationsaufgaben (Terminplan, Telefon), die Folgerungen, die daraus resultieren (To-do-Liste) und die abschließende Dokumentation (Ablage). Nun soll dasjenige Instrument, das besonders oft Verwendung findet, knapp betrachtet werden. Das mag erstaunen, weil die Beherrschung des Computers heute als Standard gilt. Wie bei allen mächtigen Instrumenten besteht aber zwischen »Alle meine Entchen« und einem Stück von Bach ein himmelweiter Unterschied im Grad des eigenen Vermögens.

Also ran an den Computer: Microsoft-Word, -Excel, und -PowerPoint sind Pflichtprogramme für den Schulleiter – ganz gleich welcher Schulform. Vor allem Excel oder das Pendant in OpenOffice sind ein Muss für jeden Schulleiter. Die Tabellenkalkulation ist der Dietrich, mit dem Sie nahezu jede Tür im Anforderungsbereich Verwaltung öffnen können. Dazu sollten Sie sich allerdings viel Zeit nehmen, besser noch einen entsprechenden Lehrgang besuchen. Denn wer sich gutherzig ein Wochenende reserviert, um mal eben die Möglichkeiten der Tabellenkalkulation zu ergründen, wird scheitern.

Die Schulverwaltungssoftware, die in erster Linie von den Sekretärinnen gepflegt wird, sollten Sie zumindest in Ansätzen beherrschen: Anlegen von Klassenlisten, Ermitteln einer Telefonnummer aus dem Datenbestand, kleinere Abfragen mit zwei verschränkten Bedingungen, Erstellung einer Klassen- oder Kursliste, die dem Kollegen in die Hand gedrückt werden kann. Meine persönlichen Erfahrungen in diesem Bereich sind eindeutig: Sie werden gelassener, wenn Sie bei einer Anfrage nicht immer erst auf einen »Experten« warten müssen, sondern selbst Experte sind.

Die EDV zur Erstellung eines Stundenplans ist Ihnen ohnehin vertraut, wenn Sie als Schulleiter den Plan machen müssen. Sollten Sie diese Aufgabe aber delegiert haben, so ist es fast selbstverständlich, dass der Schulleiter in diesem Kernbereich schulischer Organisation ein kompetenter Ansprechpartner für den Stunden- und den Vertretungsplaner ist. Sie müssen nicht geschickter sein als diejenigen, an die Sie die Aufgaben delegiert haben, aber der Respekt vor den Anforderungen, die damit verbunden sind, sollte Ihnen mehr wert sein als ein Schulterzucken.

⊘ Auf der CD-ROM finden Sie zum Kapitel 5 folgende Arbeitshilfen:

Arbeitshilfe 5.2: Personaleinschätzung

Arbeitshilfe 5.3.a: Checkliste Konferenzen

Arbeitshilfe 5.3.b: Geschäftsordnung Konferenz

Arbeitshilfe 5.3.c: Bogen Konferenzauswertung

Arbeitshilfe 5.4: Goldene Regeln Fundraising

Arbeitshilfe 5.5: Aktenplan Schule

Arbeitshilfe 5.6.a: Aufbau Hygieneplan

Arbeitshilfe 5.6.b: Muster Hygieneplan

Arbeitshilfe 5.7: Checkliste Vorbereitung Telefonat

6. Die eigene Person im Blick behalten

6.1 Einleitung

Vielleicht wundern Sie sich, dass in einem Buch für neue Schulleitungen der eigenen Person so viel Gewicht beigemessen wird und eines von sechs Kapiteln gewidmet ist. Bei vielen Gesprächen mit aktiven und pensionierten Kollegen lässt sich immer wieder feststellen, dass die meisten bedauern, wie sie mit ihrer Zeit und Gesundheit über lange Zeit umgegangen sind. Deshalb sollen Sie hinsichtlich dieses Themas schon jetzt sensibilisiert werden.

Wir sprechen von Selbstkompetenz, wenn man sich seiner Wirkung auf andere bewusst ist (Fremdbild), wenn man mit seinen persönlichen Ressourcen und seiner Zeit ökonomisch umgeht und wenn man die eigene Gesundheit im Blick hat und pflegt.

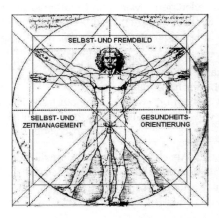

Es wird vermutet, dass Schulleitungen mit hoher Selbstkompetenz auf ihr Kollegium und ihre Schule »abfärben«, einen bewussteren und gelasseneren Arbeitsstil entwickeln und so zu besseren Ergebnissen insgesamt beitragen. Es liegt also nicht nur in Ihrem persönlichen Interesse, sich um sich selbst zu kümmern. Auch die Schule hat einen großen Vorteil, wenn die Schulleitung ihre Selbstkompetenz entwickelt.

Bitte prüfen Sie die beiden Ausschnitte aus Verabschiedungsreden anlässlich der Pensionierung und entscheiden Sie, welche Ihnen lieber wäre!

A	B
»... dabei war er stets ansprechbar und für die Ideen im Kollegium immer aufgeschlossen. Seine Tür stand dabei genau so offen wie sein Ohr für die Belange der Schule.	»... ihm ist es immer wieder gelungen, die Balance zu finden zwischen den Ansprüchen an die anderen und an sich selbst. Er hat etwas an der Schule bewegt, aber er hat auch die Fähigkeit besessen, einen Gang für sich und für das Kollegium zurückzuschalten. ...
Er war morgens der erste und abends der letzte, eine richtige Mittagspause kannte er nicht. Oft war das Licht im Zimmer des Schulleiters noch am späten Abend zu sehen.	Er besaß Vertrauen in die Fähigkeiten der anderen, sodass er Aufgaben und Verantwortung delegieren konnte. Dabei wurde er zwar einige Male enttäuscht, aber meistens war der Erfolg für die Schule gegeben.
... Er schob nicht nur Initiativen an, sondern arbeitete stets voll mit, und er war sich nicht zu schade, auch Kleinigkeiten selbst zu erledigen. Man kann mit Fug und Recht behaupten, er hat sich für die Schule aufgeopfert.	In Mitarbeitergesprächen mit ihm war ein Thema immer wieder, wie man sich selbst Entlastung von Arbeit und Stress verschaffen kann. Dies hat er auch selbst gelebt. Er hat die Lebensfreude nicht zu kurz kommen lassen.
Das kleine Präsent, was ich als Dank vorgesehen habe, kann ich ihm leider nicht persönlich überreichen, da er seit 3 Monaten im Sanatorium weilt. Wir wünschen ihm von hier aus alles Gute...«	Deshalb freue ich mich, ihn heute bei bester Gesundheit in den Ruhestand verabschieden zu können ...«

In den folgenden drei Abschnitten finden Sie Erläuterungen, Hinweise und Tipps, die dazu beitragen können, dass Sie die Rede zu Ihrer Verabschiedung persönlich bei Gesundheit erleben können.

6.2 Selbst- und Fremdbild

Frau Krause, Leiterin einer Grundschule, ist davon überzeugt, den Lehrkräften ihrer Schule viel Wertschätzung entgegenzubringen. Besondere Leistungen werden von ihr in Gesamtkonferenzen lobend erwähnt. Auch z.B. ein Dienstjubiläum ist für sie die Gelegenheit, das große Engagement einer Lehrkraft hervorzuheben. Ein besonderes Anliegen ist ihr als Schulleiterin, dass die Lehrer in Teams arbeiten. Sie selbst bespricht sich regelmäßig mit ihrer Stellvertreterin und trifft Absprachen mit den Kolleginnen, die parallel zu ihr in einem Jahrgang unterrichten.

Umso erstaunter muss Frau Krause nach einer schulinternen Befragung zur Kenntnis nehmen, dass die meisten Lehrkräfte eine angemessene Wertschätzung durch die Schulleitung vermissen. Ebenso teilen sie mehrheitlich mit, dass sie sich eine stärkere Unterstützung von Teamarbeit durch die Schulleitung wünschen. In diesem Fall besteht offensichtlich eine große Differenz zwischen der Selbst- und Fremdeinschätzung.

Jeder Mensch hat eine bestimmte Wahrnehmung von sich selbst, von seinen Eigenschaften, seinen Begabungen, Wertvorstellungen, Idealen und auch von seiner Wirkung auf andere. Dieses Selbstbild ist geprägt durch die individuelle Biographie und durch die verschiedenen Erfahrungen, die im Laufe der Zeit gemacht wurden. Dadurch entsteht auch eine emotionale Einstellung zu sich selbst, die sich in mehr oder weniger Selbstliebe bzw. Selbstachtung äußert. Diese Komponente des Selbstbildes wirkt sich wiederum auf das Handeln der Person aus.

Im Allgemeinen messen sich Menschen in ihrer Selbstwahrnehmung, ähnlich wie Schulleiterin Krause, gern an einem Wunschbild, also daran, wie sie gern sein möchten. Dem Selbstbild gegenüber steht das Fremdbild, also wie jemand von anderen Menschen wahrgenommen wird. Je mehr das Selbstbild mit dem Wunsch- und dem Fremdbild übereinstimmt, desto positiver wirkt sich das auf den Umgang mit anderen Menschen und letztlich auf die psychische Gesundheit aus.[1]

Das Johari-Fenster

Die amerikanischen Sozialpsychologen Joseph Luft (Jo) und Harry Ingham (Hari) stellen im nach ihnen benannten Johari-Fenster dar, dass Selbst- und Fremdwahrnehmung übereinstimmen, aber auch durchaus unterschiedlich sein können, und dass es Bereiche gibt, die anderen, aber auch der eigenen Person verborgen bleiben.[2]

	Mir bekannt	Mir unbekannt
Anderen bekannt	Die öffentliche Person	Mein »Blinder Fleck«
Anderen unbekannt	Mein persönlicher Bereich	Das Unbekannte

Abb. 37: Das Johari-Fenster

Zum Bereich »Öffentliche Person« gehören die Verhaltensweisen, die mir, aber auch anderen bekannt sind. Schulleiterin Krause weiß von sich selbst

---

1 Vgl. Wikipedia »Selbstbild«.
2 Loeber, Heinz-Dieter: Lerneinheit »Lernen und Gruppe«, 1994, S. 187 ff., nach Wikipedia »Selbstbild«.

und wird auch von anderen Menschen eingeschätzt, dass sie eine sehr pünktliche, pflichtbewusste und korrekte Person ist.

Der »Blinde Fleck« bezeichnet die Anteile des Verhaltens, die ich nicht kenne, die nur andere wahrnehmen. Dazu gehören bestimmte Gewohnheiten, die einem nicht bewusst sind, so z.B. hohe Redeanteile im Unterricht oder in Sitzungen, Füllwörter wie »äh«, Gestik und Mimik, aber auch Verhaltensweisen, deren Intention bei den Adressaten nicht ankommt. Offensichtlich kam das, was Frau Krause als Lob mitteilen wollte, bei den Betroffenen nicht so an.

Der »persönliche oder private Bereich« umfasst Elemente der Persönlichkeit, die nur uns bekannt sind, die wir bewusst verbergen und in den wir die anderen nicht so gern hineinblicken lassen. Hier sind wir die »private Person«, die empfindliche Schwachstellen, persönliche Geheimnisse oder auch heimliche Wünsche für sich behält. Frau Krause leidet öfter unter Minderwertigkeitsgefühlen und Selbstzweifeln. Sie hat Angst, dass dies im Kollegium wahrgenommen wird. Deshalb tarnt sie dies mit Korrektheit, Pflichtbewusstsein und Pünktlichkeit.

Im Bereich des »Unbewussten« liegen Sachverhalte, die weder einem selbst noch anderen bekannt sind, zu denen man aber mithilfe tiefen-psychologischer Methoden Zugang finden kann. So können uns z.B. verdrängte Erfahrungen aus früher Kindheit immer wieder zu nicht erklärbarem Verhalten veranlassen. Frau Krause könnte im Laufe einer psychiatrischen Behandlung möglicherweise herausbekommen, was sie zu bestimmten Verhaltensweisen veranlasst.

Welchen praktischen Nutzen können Sie nun aus dem Johari-Fenster ziehen?

Als Schulleiter sollten Sie darauf bedacht sein, Ihren »Blinden Fleck« zu verkleinern, d.h. Sie sollten sich bemühen, möglichst viel über Ihre Wirkung auf das Kollegium (und andere Menschen) zu erfahren. Auf diese Weise wird es möglich, Unterschiede oder Diskrepanzen zwischen Selbst- und Fremdbild zu ermitteln und an deren Beseitigung zu arbeiten. Wenn Sie eine Feedback-Kultur pflegen und entwickeln, ist das die beste Voraussetzung.

☞ Tipps:

- Bitten Sie eine Person Ihres Vertrauens (Stellvertreter, Koordinator) vor der nächsten Konferenz (Dienstbesprechung, Arbeitssitzung) um eine Rückmeldung zu Ihrem Handeln und Verhalten. Geben Sie ihr Hinweise, worauf sie besonders achten soll.
- Beenden Sie die wöchentliche Schulleitungsrunde regelmäßig mit einem kurzen Feedback. Jeder sagt, was ihm gefallen hat und was ihn gestört hat.
- Reagieren Sie auf negative Rückmeldungen nicht mit Abwehr. Bedanken Sie sich für die Ehrlichkeit und fragen Sie ggf. nach: »Wie sollte ich es Ihrer Meinung nach machen?« oder »Wie hätten Sie sich es denn gewünscht?« oder »Können Sie mir konkrete Vorschläge zur Verbesserung machen?«

Die Öffnung des persönlichen Bereichs erfordert Fingerspitzengefühl für das Gegenüber und die Situation: Schulleiter Kaltborn legt großen Wert auf Distanz und schirmt sein Privatleben völlig ab. Er spricht nicht über seine Gefühle und kontrolliert seine Reaktionen ständig. Rektorin Hilbig dagegen öffnet immer ihr Herz. Sie erzählt von ihren Kindern, zeigt Bilder von den Enkeln und teilt Freude wie auch Ärger überschwänglich mit.

Beide Verhaltensweisen sind für die Schulleitung nicht angemessen. Finden Sie Ihren persönlichen Weg zwischen diesen beiden Extrempositionen. Das folgende »Werte- oder Entwicklungsquadrat«[3] kann Ihnen dabei Hilfestellung leisten:

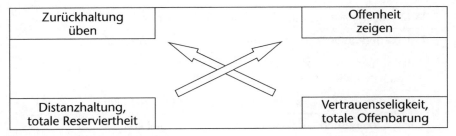

Zurückhaltung üben	Offenheit zeigen
Distanzhaltung, totale Reserviertheit	Vertrauensseligkeit, totale Offenbarung

Abb. 38: Werte- und Entwicklungsquadrat

Die beiden Extrempositionen (Kaltborn und Hilbig) tragen einen positiven Kern in sich. Es ist nämlich einerseits wichtig, angemessene Zurückhaltung zu üben, und andererseits ist eine gewisse Offenheit im Umgang miteinander erforderlich. Wahrscheinlich wissen Sie selbst recht genau, zu welcher Seite Sie eher

---

3 Schulz von Thun, F.: Miteinander reden 2: Stile, Werte und Persönlichkeitsentwicklung. Reinbek, rororo 2008, S. 38 ff.

neigen. Bewegen Sie sich deshalb in der Pfeilrichtung ein Stückchen hin zu der anderen Seite.

☞ Tipps:

- So zeigen Sie mehr Offenheit:
  Teilen Sie mit, wenn Sie sich über etwas gefreut haben.
  Gestehen Sie einen Fehler ein.
  Verraten Sie eine Ihrer Schwächen.
  Erzählen Sie etwas über Ihr Hobby.
  Veranstalten Sie eine Wochenendfahrt mit Ihrer Schulleitungsrunde.
- So üben Sie Zurückhaltung:
  Bremsen Sie sich bei ärgerlichen Äußerungen.
  Klatsch und Tratsch ist für die Schulleitung tabu.
  Sprechen Sie nicht über sehr private Dinge.
  Trennen Sie bewusst zwischen dienstlichen Gesprächen und persönlichen Mitteilungen.

✐ Arbeitshilfe 6.2.a: Selbsteinschätzungsbogen Arbeitsverhalten

Fragebogen

Bitte bewerten Sie folgende Aussagen, indem Sie ein, zwei, drei oder keine Kreuze setzen. Je mehr Kreuze Sie setzen, desto mehr stimmen Sie einer Aussage zu. Insgesamt sollten Sie nicht mehr als 40 Kreuze machen.

1. Ich mache alles gründlich, was ich auch anfange.			
2. Ich erledige beim Telefonieren oft noch andere Aufgaben.			
3. Ich fühle mich verantwortlich, dass wir uns an unserer Schule wohlfühlen.			
4. Ich muss stets alle Fakten wissen, bevor ich handeln kann.			
5. Ich habe gemerkt, dass in Unordnung auch viel kreatives Potenzial liegt.			
6. Ich akzeptiere es nur schwer, wenn es jemand nicht so genau nimmt.			
7. Ich arbeite oft nach der Devise: »Nur nicht locker lassen!«			

Typ B – der »Sisyphus«-Mensch

Der zweite Typ fühlt sich wie Sisyphus in der antiken Sage. Er gönnt sich kaum Pausen und kommt doch auf keinen grünen Zweig. Er fühlt sich für alles verantwortlich und ist deshalb bereit, viel zu viel auf sich zu nehmen. Der Kalender ist oft überfüllt und auf dem Schreibtisch stapeln sich die Dinge in einem bunten Durcheinander. Wichtige Aufgaben für diesen Typus sind: Prioritätensetzung, Delegation und Kalenderführung.

Typ C – der Konsenshersteller

Typ C ist auf Ausgleich bedacht und verwendet sehr viel Zeit und Kraft darauf, einen Konsens zwischen allen Beteiligten herzustellen. Dafür ist er bereit, lange Umwege und einen hohen Arbeitsaufwand in Kauf zu nehmen. Er sieht sich als Diplomat und möchte es nach Möglichkeit den verschiedenen Seiten recht machen. Deshalb hat er für jedermann ein offenes Ohr. Herausforderungen sind: klare Ziele, Prioritätensetzungen und eine effektive Kommunikation.

Typ D – der Nüchterne

Typ D ist stets auf die sachliche und persönliche Distanz bedacht, um die Dinge ganz nüchtern betrachten zu können. Aus eigenem Antrieb sucht er selten Hilfe und den Rat anderer, sondern nimmt sich selbst die Zeit zur Vorbereitung und Reflexion. Telefongespräche bereitet er in der Regel vor. Wenn er angerufen wird, ruft er am liebsten zurück. Typische Herausforderungen liegen vor allem im Bereich der effektiven Kommunikation.

Typ E – der Lebenskünstler

Dieser Typus wird oft als Lebenskünstler wahrgenommen. Er nimmt die Dinge ganz unbefangen, wie sie sind und wie sie gerade kommen. Seine Lösungen zeichnen sich oft durch Kreativität und Spontaneität aus. Verwaltungsarbeit ist ihm eigentlich ein Gräuel. Zur ordentlichen Aktenführung fehlt ihm zuweilen die Selbstdisziplin. Herausforderungen liegen schwerpunktmäßig im Aufbau von Ordnungssystemen, in der Kalenderführung und bei klaren Zielsetzungen.

Literatur

Arns, Evelyn: Zeit und Arbeitsmanagement. Schulungsmaterial, 2005

Quelle: Schnöbel, Marcus: Arbeitsorganisation für Schulleitungsmitglieder – gezielt und effektiv arbeiten (Beitrag 52.21) in: Bartz, Adolf; Dammann, Maja; Huber, Stephan G.; Kloft, Carmen; Schreiner, Manfred (Hrsg.): PraxisWissen SchulLeitung. Basiswissen und Arbeitshilfen zu den zentralen Handlungsfeldern der Schulleitung. Köln, Carl Link (Loseblattwerk)

Das Riemann-Thomann-Kreuz

Das Riemann-Thomann-Kreuz (R-T-Kreuz) ist ein Instrument, das Ihnen helfen kann, sich über Ihr Selbst- und Fremdbild Klarheit zu verschaffen. Ziel ist es, sich selbst nicht entscheidend anders einzuschätzen, als es die Umgebung tut.

Manch einer, der ein Selbstbild pflegt, das mit der Wahrnehmung der anderen wenig zu tun hat, macht sich lächerlich und setzt sich dem Gespött aus.

Schulleiter befinden sich in einer herausgehobenen Position, die häufig eine spontane und ehrliche Rückmeldung verhindert. Umso wichtiger ist es, dieses Problem gezielt anzugehen, damit es Ihnen nicht wie dem Kollegen in der Abbildung geht!

Riemann hat grundsätzliche Antinomien menschlicher Orientierung beschrieben, die Thomann in einem Kreuz dargestellt hat[4]. Es handelt sich um die beiden Gegensätze von Distanz und Nähe sowie von Dauer und Veränderung. Die Darstellung in einem Achsenkreuz ergibt dabei vier Quadranten, die seitdem vielfältig zur Analyse, Beschreibung und Typisierung menschlichen Verhaltens benutzt werden.

In der Abbildung des R-T-Kreuzes sind hier verschiedene Bezeichnungen eingetragen, mit denen die Menschen idealtypisch den Quadranten zugeordnet werden. Die meisten real existierenden Personen werden sich irgendwo dazwischen einstufen, wie z.B. Schulleiter Walter (geschlossener Kreis). Würde er seine Stellvertreterin Bach bitten, ihn im R-T-Kreuz zu lokalisieren, käme sie zu einer abweichenden Einschätzung (gestrichelter Kreis). Dabei ist es fast ohne Bedeutung, wer »recht« hat. Aber die Diskrepanz bei der Einschätzung könnte Walter helfen, sein Selbstbild zu relativieren und sein Verhalten in bestimmten Punkten zu überprüfen.

---

4 Schulz von Thun: Miteinander reden 3: Das »Innere Team« und situationsgerechte Kommunikation. Reinbek, rororo 2008, 262 ff.

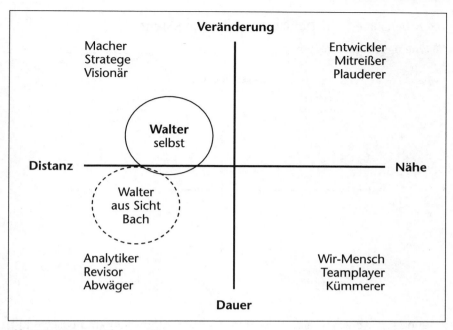

Abb. 39: Das Riemann-Thomann-Kreuz

☞ Tipp:

Benutzen Sie das R-T-Kreuz (siehe CD-ROM) zum Abgleich Ihres Selbstbildes mit dem Bild, das andere von Ihnen haben. Überlegen Sie zunächst, wo Sie sich selbst lokalisieren. Bitten Sie dann verschiedene Personen Ihres Vertrauens (Partner, Stellvertreter, Freund) Ihnen einen Platz im R-T-Kreuz zuzuweisen. Nehmen Sie dazu jeweils ein Blanko-Exemplar, damit die Zuordnung nicht durch vorherige Markierungen beeinflusst wird. Gehen Sie anschließend der Frage nach, weshalb es zu Abweichungen zwischen Ihrem Selbst- und Fremdbild kommt. Fragen Sie nach, welches Verhalten zu der abweichenden Einschätzung führt.

⊘ Arbeitshilfe 6.2.b: Das Riemann-Thomann-Kreuz

Name des Eingeschätzten: _____

Übung zum Abgleich Selbstbild – Fremdbild und zur Teamzusammensetzung:

Sie benötigen für jeden Beteiligten so viele Blanko-Kopien wie Personen beteiligt sind.

Beginnen Sie mit Person 1, deren Namen alle auf dem ersten Blatt notieren.

Person 1 kennzeichnet sein Blatt mit einem S für Selbstbild, die anderen mit einem F für Fremdbild.

Entsprechend wird für alle anderen Beteiligten verfahren.

Nach der Einschätzungsrunde kommt die Auswertungsrunde. Jeder nimmt die Blätter zur Hand, auf denen er oben notiert ist. Er überträgt alle Fremdbildpositionen mit roter Farbe auf das Blatt seines Selbstbildes. Je nach Übereinstimmung und Abweichung von F- und S-Positionen kann der Betroffene Rückschlüsse für sich ziehen.

Vorher sollte gemeinsam festgelegt werden, ob und wie tief anhand der Ergebnisse zum Selbst- und Fremdbild diskutiert wird. Ausgangspunkt sollen Reflexionsfragen der Person, über die gesprochen wird, sein. Die anderen sollten sich auf Wahrnehmungen beziehen und nicht mit Zuschreibungen und Deutungen reagieren.

Quelle: Lungershausen 2010

An dem Beispiel Walter sehen Sie, dass es mithilfe des R-T-Kreuzes möglich ist, eine nützliche Rückmeldung zu erhalten. Schulleiter Walter müsste z.b. fragen: Woran machen Sie das fest, dass Sie mich eher als Abwäger, der Veränderungen scheut, wahrnehmen? Frau Bach würde antworten:»Weil Sie auf jeden Vorschlag mit den Worten reagieren: ›Das muss ich erst mal in Ruhe prüfen!‹«Walter nimmt sich für die Zukunft vor, diese Formulierung zu vermeiden und offener auf Vorschläge zu reagieren.

6.3 Selbst- und Zeitmanagement

Die Leitung einer Schule ist mit vielfältigen und komplexen Aufgaben verbunden, die nur schwer unter einen Hut zu bringen sind: Verwaltungsarbeiten und Organisationstätigkeiten, Umgang mit Gremien, Besprechungen und Konferenzen, Kommunikation mit unterschiedlichen Partnern auf unterschiedlichen Wegen, Besuche und Beurteilungen. Je kleiner die Schule ist, umso mehr Unterrichtstätigkeit kommt für die Schulleitung hinzu.

Die Arbeitstage sind daher bei Schulleitungen z.T. extrem verdichtet. Sie werden es selbst schon wahrgenommen haben: Sie spüren Druck von außen, viele Dinge erscheinen Ihnen gleichzeitig wichtig, die Zeit rennt buchstäblich davon, der Stress ist quasi vorprogrammiert.

Gleichzeitig haben Sie für die konkrete Gestaltung Ihrer Arbeit kaum Vorgaben. Wann und wo Sie einen Stundenplan erstellen, eine Beurteilung anfertigen oder eine Konferenz vorbereiten, das bleibt Ihnen selbst überlassen. Ebenso entscheiden Sie selbst, wie lange und wie intensiv Sie sich mit den einzelnen Aufgaben beschäftigen. Deshalb ist ein Selbstmanagement erforderlich, das es Ihnen ermöglicht, Ihre Arbeit in einem angemessenen Zeitrahmen zu erledigen.

Zeitmanagement

Um der ungesunden Spirale des Zeitmangels und Arbeitsdrucks zu entgehen, ist es wichtig, Strategien zum Umgang mit der Zeit zu entwickeln, sich vor allem aber die Qualitäten von Zeit bewusst zu machen und entsprechend zu leben, d.h. kompetent mit Ihrer Zeit umzugehen. Dazu gibt es das schöne sprachliche Bild: »Die Länge des Tages können wir nicht beeinflussen, aber seine Breite kann man gestalten.«

In Abschnitt 2.4 haben Sie schon drei Bausteine des klassischen Zeitmanagements kennengelernt: Das Pareto-Prinzip, die ABC-Analyse und das Dringlichkeitsquadrat. Dabei müssen Sie selbst herausfinden, welches Instrument Ihnen am hilfreichsten erscheint. Falls Sie immer wieder Probleme mit Ihrem Zeitmanagement haben, sollten Sie sich mit der ALPEN-Methode auseinandersetzen.

Bei der **ALPEN-Methode** geht es darum, Vorhaben zu erfassen, Abläufe zu planen und Prioritäten zu setzen. Das soll in fünf Schritten erfolgen:

- »**A**lle Aufgaben aufschreiben
- **L**änge der Tätigkeiten (Zeitbedarf) schätzen
- **P**ufferzeiten für Unvorhergesehenes einplanen (ca. 30–50% Pufferzeit für unerwartete Aufgaben reservieren)
- **E**ntscheidungen über Prioritäten, Kürzungen, Delegationsmöglichkeiten treffen
- **N**achkontrolle: Unerledigtes auf den nächsten Tag übertragen«[5]

Zunächst müssen Sie überlegen, ob Sie jeweils für den nächsten Tag oder die nächste Woche planen wollen. Diese Entscheidung hängt vom Umfang der verschiedenen Vorhaben und Termine ab. Bei vollem Terminkalender und großer Arbeitsdichte ist es besser, für kürzere Zeiteinheiten zu planen.

Aufgaben	Zeitbedarf	Puffer	Soll	Ist
Schreibtischarbeit				
– Postmappe	0:30	0:20	0:50	
– Beurteilung Krause schreiben	2:00	0:30	2:30	
– Finanzierungsantrag Cafeteria	1:45	0:15	2:00	
Gespräche				
Termine außer Haus				
Sonstiges				

Abb. 40: ALPEN-Plan

---

5 Hatzelmann, E.; Held, M.: Vom Zeitmanagement zur Zeitkompetenz. Weinheim und Basel, Beltz 2010, S. 17.

A

Sie erfassen die Aufgaben in einer »To-do«-Liste, die Sie am besten untergliedern, wie z.B. in dem abgebildeten ALPEN-Plan.

L

Bei jeder Aufgabe kalkulieren Sie grob die Länge des Zeitbedarfs und tragen sie dahinter ein.

P

Dann ergänzen Sie einen Puffer, weil Sie wissen, dass immer Verzögerungen eintreten können. Als Summe von Bedarf und Puffer erhalten Sie eine Soll-Zeit, die Sie im Nachhinein mit der tatsächlich aufgewendeten Zeit (Ist-Zeit) vergleichen können. Dabei stellt sich heraus, ob Sie Ihre Pufferzeiten eher vergrößern müssen oder verringern können.

E

Nachdem Sie die Soll-Zeiten veranschlagt haben, treffen Sie Entscheidungen, was Sie mit welcher Priorität erledigen werden. An dieser Stelle kann Ihnen das Dringlichkeitsquadrat Hilfestellung geben.

N

Bei der Nachkontrolle geht es darum, nicht Erledigtes auf den nächsten Tag oder die nächste Woche zu übertragen und die Konsequenzen aus Ihren Aufzeichnungen zu ziehen. Wenn Sie die veranschlagten Zeiten häufig überziehen, sollten Sie den Zeitbedarf großzügiger ansetzen und/oder die Pufferzeiten verlängern. Wenn Sie viele Ihrer Vorhaben nicht schaffen, sollten Sie Ihre Prioritäten überprüfen: Was muss ich wirklich selbst erledigen? Was kann ich weglassen, delegieren oder auf die lange Bank schieben?

☞ **Tipp:**

Stellen Sie sich einen Kurzzeitwecker auf Ihren Schreibtisch. Immer wenn Sie sich einen Zeitrahmen setzen, stellen Sie den Wecker entsprechend. Das Klingeln erinnert Sie daran, dass die geplante Zeit verstrichen ist. Gespräche werden nach der vereinbarten Zeit beendet, Arbeitsphasen limitiert und Ruhephasen eingehalten.

Wenn Sie trotz des Einsatzes einer Zeitmanagement-Methode weiterhin Zeitmangel und Arbeitsdruck spüren, sollten Sie Ihre »Zeitkompetenz«[6] kritisch überprüfen. Dabei geht es unter anderem um die Punkte Rhythmisierung, Geschwindigkeit und Eigenzeiten.

---

6 Vgl. Hatzelmann, E.; Held, M., S. 124 ff.

✐ Arbeitshilfe 6.3.a: Tätigkeitenprotokoll

Listen Sie einmal alle Tätigkeiten und Aufgaben auf, die Sie realisieren und erfüllen. Unsere Empfehlung: Führen Sie zu diesem Zweck eine Woche lang ein Tätigkeitenprotokoll.

Entscheiden Sie für jede einzelne Aufgabe:

- Diese Tätigkeit kann nur von Ihnen alleine erledigt werden.
- Diese Tätigkeit kann prinzipiell auch von anderen erledigt werden.
- Hierfür ist eigentlich jemand anderes zuständig.
- Hier können durch Abstimmung Effektivitätsgewinne erzielt werden.
- Diese Aufgabe kann arbeitsteilig realisiert werden.

Tätigkeit/ Aufgabe	Kann nur ich	Können auch andere	Müssten andere erledigen	Abstimmung möglich	Arbeitsteilung möglich

Rhythmisierung

Unser Lebensrhythmus wird von dem Tages-, Monats- und Jahresablauf geprägt. Daneben gibt es gesellschaftliche und kulturelle Rhythmen, wie z.B. Feste und Feiertage. Auch spielt der Arbeitsrhythmus eine wichtige Rolle. Für Tätigkeiten in der Schule ist der Ablauf des Schuljahres prägend. Schließlich kommen noch individuelle Rhythmen hinzu (Biorhythmus, familiäre Rhythmen).

Rhythmen strukturieren unsere Lebenswelt und geben uns Orientierung. Es ist einleuchtend, dass man gegen die prägenden Rhythmen nur schwer arbeiten kann. Wer ständig gegen Rhythmen lebt, riskiert auf Dauer sein Wohlbefinden und seine Gesundheit. Deshalb sollte man sich über seine eigenen Rhythmen klar werden und die Arbeitsplanung entsprechend anpassen.[7]

Sorgen Sie für einen angemessenen Lebensrhythmus und beachten Sie die entsprechenden Grundregeln:

- Ein wichtiger Zeitgeber ist das Tageslicht. Deshalb ist es wichtig, regelmäßig ans Tageslicht zu gehen. Nachtarbeit sollte nicht zur Regel werden.
- Nach einer Phase der Anspannung sollte eine Phase der Entspannung folgen. Damit wird Geist und Körper eine Chance zur Regeneration gegeben.
- Pausenzeiten sind wichtig. Die Frühstücks- und Mittagspause fällt in der Schule zeitlich in hektische Phasen. Deshalb hat die Schulleitung oft keine Gelegenheit, diese Zeit zur Pause zu nutzen. Verzichten Sie nicht auf die Pause, sondern verlagern Sie diese, z.B. Mittagspause ab 13:30 Uhr.

☞ Tipp:

Einige Schulen richten eine Mittagspause für die Schule ein: Das Sekretariat und die Schulleitung nehmen sich von 13:15–14:00 Uhr Zeit. Das Sekretariat ist geschlossen, auf Anrufe wird mit einer freundlichen Ansage des Anrufbeantworters reagiert: »Bitte haben Sie Verständnis, dass unsere Mitarbeiterinnen ihre Mittagspause von 13:15 bis 14:00 Uhr benötigen. Anschließend stehen wir Ihnen wieder gern zur Verfügung.«

- Neben einem eigenen Tagesrhythmus ist es sinnvoll, auch einen eigenen Grundrhythmus für die Woche und den Monat herauszufinden.

☞ Tipp:

Begrenzen Sie Ihre Arbeit für die Schule mit einem festen Endtermin, z.B. 17:00 Uhr, und halten Sie sich einen Tag der Woche komplett frei, z.B. Sonntag. Richten Sie einen Nottermin für besonders intensive Phasen ein, z.B. samstags von 9:00–12:00 Uhr. Überschreiten Sie diese Grenzen nur in ganz besonderen Ausnahmefällen.

- Jeder sollte seine Planung für die Arbeit und das Privatleben an die berufsbedingten Rhythmen anpassen. Dieser ist von den unterschiedlichen Ansprüchen des Schuljahres und den Ferienzeiten geprägt und sieht an den meisten Schulen ähnlich aus.

---

7 Vgl. Hatzelmann, E.; Held, M., S. 62 ff.

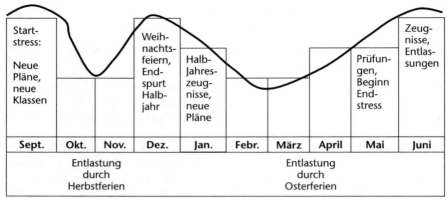

Abb. 41: Belastungskurve während eines Schuljahres

☞ **Tipp:**

Erstellen Sie Ihre persönliche Belastungskurve für das Schuljahr entsprechend dem abgebildeten Beispiel. Verlagern Sie konzeptionelle Arbeiten in die »ruhigeren« Phasen des Schuljahres. Planen Sie für die Stress-Phasen ein Wellness-Wochenende oder etwas Ähnliches ein, das bei Ihnen für den Stressabbau sorgt.

- Beachten Sie Rhythmusveränderungen durch die Zunahme des Lebensalters. Die Schlafgewohnheiten, das Pausenbedürfnis, der Bewegungsdrang verändern sich im Lauf der Zeit. Deshalb ist es erforderlich, die »Arbeitsgewohnheiten« entsprechend umzustellen.

Geschwindigkeit und Eigenzeit

Im schulischen Alltag erfordern die verschiedenen Aufgaben unterschiedliche Geschwindigkeiten. Entscheidend ist es abschätzen zu können, welches Zeitmaß in der jeweiligen Situation angemessen ist. So ist z.B. bei bestimmten Gesprächen und Sitzungen aufmerksames Zuhören, Geduld, das richtige Augenmaß, Offenheit und Flexibilität gefragt. Dazu wird ausreichend Zeit benötigt. Andere Situationen erfordern schnelles Handeln, z.B. kurzfristige Terminvorgaben oder Unfälle, Störungen, Beschädigungen, also Notfälle aller Art.

Auch der richtige Zeitpunkt, das »Timing«, ist in manchen Angelegenheiten von entscheidender Wichtigkeit.

- Wann z.B. ist die beste Gelegenheit für ein dienstliches Gespräch mit Lehrkraft X?
- Wann ist der beste Zeitpunkt, um ein bestimmtes Thema auf die Tagesordnung der Konferenz zu setzen?

- Wann bietet es sich an, mit dem Schulträger über den Ausbau der Cafeteria zu sprechen?

Ein weiteres Stichwort ist »Multitasking«. Die Informationstechnologie erlaubt es uns, viel stärker als früher Tätigkeiten gleichzeitig wahrzunehmen: SMS schreiben und frühstücken, telefonieren und E-Mails lesen, Fernsehen und Fachzeitschrift durchsehen. Durch diese Formen von Multitasking wird Zeit gespart. Allerdings kann es dazu kommen, dass die gleichzeitige Wahrnehmung von Tätigkeiten dazu führt, dass sie nicht in der gewünschten Qualität erfolgen. Männern wird gern unterstellt, dass sie mehrere Tätigkeiten nicht gleichzeitig ausüben können. Wir alle sollten überprüfen, was wir parallel (und zwangsläufig nicht mit großer Konzentration) erledigen wollen, und wofür wir uns Zeit und Geduld nehmen und die entsprechende Qualität erreichen wollen.

Das Arbeitstempo, das Gespür für das richtige Timing und die Fähigkeit zum »Multitasking« sind individuell sehr unterschiedlich. Deshalb gehört zum kompetenten Umgang mit der Zeit die Kompetenz, seine **Eigenzeiten**[8] zu kennen und zu beachten. Dazu sollte man für sich folgende Fragen klären:

Zu welcher Tageszeit bin ich besonders munter?

- Bin ich ein Morgenmensch (Lerche) und schon frühmorgens munter?
- Bin ich eher ein Abendmensch (Eule) und kann bis in die Nacht aktiv sein, habe aber Schwierigkeiten mit dem frühen Aufstehen?

Wie sieht es mit der Schlafdauer aus?

- Bin ich ein Kurzschläfer und brauche weniger als sechs Stunden Schlaf pro Nacht?
- Bin ich ein Normalschläfer (etwa sechs bis neun Stunden Schlaf)?

Welches Pausenbedürfnis habe ich?

- Brauche ich eine längere Mittagsruhe, evtl. einen kurzen Mittagsschlaf?
- Brauche ich eine Mittagspause ohne zu schlafen?
- Brauche ich außer einer kurzen Mahlzeit/Kaffeepause keine Mittagspause?

Wie gehe ich mit Wartezeiten um?

- Bin ich ein ungeduldiger Typ? Tue ich mich mit Wartezeiten schwer und werde dann schnell nervös?
- Kann ich gut und entspannt warten und nutze die Zeit für mich?

---

8 Vgl. Hatzelmann, E.; Held, M., S. 83 ff.

Wie sieht es mit meiner Fähigkeit zum »Multitasking« aus?

- Fällt es mir leicht, mehrere Tätigkeiten gleichzeitig zu machen, bzw. schnell hin und her zu schalten?
- Ziehe ich es vor, eine Tätigkeit nach der anderen zu erledigen?

Wie stehe ich zur Zeitplanung?

- Ziehe ich es vor, meine Zeit detailliert einzuteilen und die geplanten Aufgaben gewissenhaft zu erfüllen?
- Stelle ich einen Zeitplan auf, halte mich aber nur je nach Situation daran?
- Reagiere ich lieber spontan und vermeide Zeitplanungen?

Wie stehe ich zur Pünktlichkeit?

- Bin ich ein sehr pünktlicher Mensch und halte mich genau an Zeitvorgaben?
- Bin ich eher je nach Situation pünktlich?

Welchen Wert messe ich der Zeit bei?

- Nutze ich die Zeit vorrangig, um Ziele zu erreichen, Pflichten zu erfüllen und materiellen Wohlstand zu steigern?
- Können Zeiten bei mir auch einen Eigenwert bekommen?
- Steht bei mir im Vordergrund, Zeit zu haben für die angenehmen Dinge des Lebens?

Werden Sie sich selbst über Ihre Eigenzeiten klar, berücksichtigen Sie die prägenden Rhythmen und planen Sie Ihre Arbeits- und Freizeitphasen entsprechend. Wenn es Ihnen gelingt, den Plan auch umzusetzen, haben Sie Zeitkompetenz erworben.

Das Zeitproblem ist nicht neu, wie der alte irische Segenswunsch belegt, den man noch heute als guten Rat annehmen kann:

»Nimm dir Zeit
Nimm dir Zeit zu arbeiten – das ist der Preis des Erfolges.
Nimm dir Zeit zu denken – das ist die Quelle der Macht.
Nimm dir Zeit zu spielen – das ist das Geheimnis der ewigen Jugend.
Nimm dir Zeit zu lesen – das ist die Grundlage der Weisheit.
Nimm dir Zeit freundlich zu sein – das ist der Weg zum Glück.
Nimm dir Zeit zu träumen – sie bewegt dein Gefährt zu einem Stern.
Nimm dir Zeit zu lieben und geliebt zu werden – das ist das Vorrecht der Götter.
Nimm dir Zeit, dich umzusehen – der Tag ist zu kurz, um selbstsüchtig zu werden.
Nimm dir Zeit zu lachen – das ist die Musik der Seele.«[9]

---

9 Multhaupt, H.: Möge der Wind immer in deinem Rücken sein. Alte irische Segenssprüche. 15. Auflage, Aachen, Bergmoser + Höller 1995.

✐ Arbeitshilfe 6.3.b: Planung Zeitmanagement

Zeitfresser aushebeln	meine Vorsätze:
Aufgaben: Zahl der Verpflichtungen einschränken, nicht alle Aufgaben übernehmen, delegieren, »Nein« sagen können, Mut zur Lücke beweisen	
Gespräche: vorher Ziel und Dauer festlegen oder vereinbaren, rechtzeitig Ende signalisieren, konsequent und freundlich beenden	
Sitzungen und Konferenzen: mehr Effektivität durch straffe Tagesordnung, Zielangabe, Zeitplan, bei Abschweifungen intervenieren	
Kreativphasen: klappen nicht auf Kommando, verlegen auf »Totzeiten«, wie z.B. Bahnfahrten oder Sitzen im Wartezimmer	
Daddeln: kann zur Entspannung nützlich sein, muss aber begrenzt werden, nicht beim Surfen/Spielen im Web die reale Welt vergessen	

Abwechslung organisieren	meine Ideen:
Arbeitsphasen variieren: lange einseitige Phasen immer dann unterbrechen, wenn die Arbeit stockt oder langweilig wird, z.B. Schreibtischarbeit mit Bewegungsphase unterbrechen	
Entspannung einplanen: Entspannung zur rechten Zeit schafft Energiereserven, die bei Belastung aktiviert werden können und Stress vorbeugen	
Bonbons vorsehen: Nach erfolgreichen Arbeitsabschnitten ist eine Belohnung angebracht (Tasse Kaffee, Anruf zu Hause, Musikstück).	

Zeiteinteilung strukturieren	meine Maßnahmen:
Notizen machen: Aufgaben für Tag/Woche schriftlich festhalten, z.B. mit der ALPEN-Methode	
Prioritäten setzen: Vorhaben nach dem Dringlichkeitsquadrat einschätzen und priorisieren.	
Planung einhalten: Das beste Zeitmanagement hilft nichts, wenn die Vorsätze nicht umgesetzt werden.	
Ergebnisse auswerten: Was noch nicht gut gelaufen ist, kann verbessert werden.	

Quelle: Lungershausen 2010

6.4 Gesundheitsorientierung

Die bisher umfassendste Studie zur Lehrergesundheit hat besorgniserregende Ergebnisse gezeigt. In der »Potsdamer Lehrerstudie«[10] wurden vier Persönlichkeitsmuster identifiziert und anteilmäßig ermittelt.

Muster G (Gesundheit): starkes, aber nicht exzessives berufliches Engagement, positive Gefühle, Widerstandsfähigkeit, hoher Ehrgeiz bei dosierter Bereitschaft zur Verausgabungsbereitschaft

Muster S (Schonung): geringes Engagement, wenig Streben nach Perfektion, Gelassenheit, relative Zufriedenheit, niedrige Resignationstendenz

Risiko-Muster A (Anstrengung): überhöhtes Engagement bei geringer Widerstandsfähigkeit, negative Emotionen, »das dankt mir doch keiner«

Risiko-Muster B (Burn-out): resignative Haltung und Gefühl der Überforderung, es mangelt an der Fähigkeit zur Distanzierung, aber die Bedeutung der Arbeit wird als gering erfahren, die Kraft wird gebraucht, um »über die Runden zu kommen«

---

10 Schaarschmidt: Lehrergesundheit erhalten und stärken (Ergebnisse und Schlussfolgerungen aus der Potsdamer Studie zur psychischen Gesundheit von Lehrerinnen und Lehrern, 2006 (coping-ppt)).

Muster	Anteil bei Lehrern	Anteil bei Schulleitern
G	17 %	40,5 %
S	23 %	20,5 %
A	30 %	32,6 %
B	29 %	6,4 %

Abb. 42: Ausprägung der Persönlichkeitsmuster bei Lehrern und Schulleitern

Im Hinblick auf das arbeitsbezogene Verhaltens- und Erlebensmuster lässt sich nach Schaarschmidt feststellen, dass Schulleiter im Vergleich zu Lehrkräften einen stärkeren beruflichen Ehrgeiz haben, eine etwas größere Distanzierungsfähigkeit und eine geringere Resignationstendenz zeigen, mehr Ruhe und Ausgeglichenheit besitzen und ein stärkeres Erfolgserleben im Beruf sowie eine größere Lebenszufriedenheit empfinden. Das hängt sicherlich damit zusammen, dass durch das Bewerbungsverfahren eine Positivauswahl getroffen wurde.

Die Ergebnisse belegen, dass Schulleitungen in erster Linie gesundheitsfördernde Bedingungen für ihre Kollegien schaffen müssen (»salutogenes Leitungshandeln«). Es wird aber auch deutlich, dass fast 40 % der Schulleiter zu den Risiko-Mustern A/B zu rechnen sind.

Gerade Schulleiter, die neu im Amt sind, neigen zu exzessiver Arbeit ohne Rücksicht auf die persönliche Gesundheit. Man möchte sich selbst und den anderen beweisen, dass man den Anforderungen der neuen Tätigkeit gewachsen ist und gute Ergebnisse vorweisen. Das führt dazu, dass die verträgliche Arbeitszeit überschritten wird, dass zu wenige Pausen eingelegt werden und dass regelmäßige Mahlzeiten und Bewegungsphasen zu kurz kommen. Je nach individueller Disposition führt solch ein Verhalten über kurz oder lang zum Verlust der Gesundheit.

Achten Sie darauf, dass Sie nach der hektischen Startphase nicht in diese Tretmühle kommen. Drehen Sie nach den erforderlichen Anfangsaktivitäten (von 120%) Ihren Regler zurück auf max. 100%, sodass Sie der Dauerbelastung gewachsen sind.

Merkmale gesunden Verhaltens

Schulleiter sind aber sehr wohl auch für sich und die eigene Gesundheit verantwortlich, denn nur gesunde Schulleiter besitzen die Kraft und die Leistungsbereitschaft, die Entwicklung einer guten Schule voranzutreiben. Sie können nur glaubhaft für Gesundheitsorientierung eintreten, wenn sie dies beispielhaft vorleben. Deshalb haben Sie die Verpflichtung, persönliche Gesundheitspflege zu betreiben. Der erste Schritt besteht darin, sich die wesentlichen Merkmale eines gesunden Verhaltens bewusst zu machen:

- **Realistische Ansprüche und Ziele**
  Nehmen Sie sich nur so viel vor, wie machbar erscheint. Lassen Sie sich nicht zusätzliche Aufgaben aufbürden. Lernen Sie, öfter »nein« zu sagen.
- **Erfahrungsoffene Einstellungen**
  Vermeiden Sie fertige Konzepte im Kopf. Legen Sie sich bei Entscheidungen nicht zu früh fest. Entwerfen Sie zunächst Gedankenskizzen, die Sie mit Partnern diskutieren und relativieren.
- **Distanzierungsfähigkeit**
  Trennen Sie zwischen beruflicher Rolle und Privatleben. Nehmen Sie die Arbeit (und ihre Probleme) nicht mit nach Hause. Sprechen Sie sich mit einer vertrauten Person über beruflichen Ärger aus, um ihn aus dem Kopf zu bekommen.
- **Misserfolgsverarbeitung**
  Lernen Sie Misserfolge abzuhaken und nicht persönlich zu nehmen. Eine Ar-

beit ohne Fehler und Pannen gibt es nicht. Vergegenwärtigen Sie sich Ihre Erfolge.

- **Positive Einschätzung der eigenen Person und Handlungen**
  Kleben Sie Briefe, Pressemeldungen und andere positive Statements über sich auf die Innenseite einer Schranktür in Ihrem Dienstzimmer. Falls Sie Selbstzweifel überfallen, holen Sie tief Luft, öffnen den Schrank und schauen sich Ihre positiven Seiten an.
- **Erleben sozialer Unterstützung**
  Schulleiter bekommen durch die herausgehobene Stellung aus ihren Kollegien relativ wenig soziale Unterstützung. Bauen Sie sich ein Netzwerk, z.b. mit neuen Schulleitern der Region oder mit Schulleitern derselben Schulform. Die Praktizierung von kollegialer Beratung[11] ist besonders hilfreich.
- **Organisation des Arbeitsalltags**
  Viele Tätigkeiten lassen sich mit Know-how aus Organisation und Erfahrung einfacher und besser erledigen. Befragen Sie gezielt erfahrene Kollegen, übernehmen Sie Beispiele von »best practice« oder besuchen Sie Kurse zu Themen, bei denen Sie einen Verbesserungsbedarf spüren.

Selbstregulation

Die Berufsrolle eines Schulleiters ist mit besonderen Anforderungen verbunden, die z.T. belastend sein können, z.B.

- die hohen Ansprüche an die soziale Sensibilität und Empathie
- das Verantwortungsbewusstsein für Menschen und Prozesse
- das erforderliche Durchsetzungsvermögen
- der Anspruch an die Qualität der eigenen Arbeit
- die hohe Unterrichtsverpflichtung an kleinen Schulen
- die Aufmerksamkeit für z.T. gleichzeitig geforderte Tätigkeiten
- die Regulierung von Konflikten mit Schülern, Eltern, Lehrkräften, usw.
- die unterschiedlichen Rollenerwartungen von Eltern, Lehrkräften, Schülern, Schulbehörde, usw.
- der Umgang mit politischen Entscheidungen, Erlassen u.ä., die der persönlichen Intention teilweise nicht entsprechen.

Es gibt weder Arbeitsplatzbeschreibungen oder Handlungsanweisungen für Schulleiter, wie sie mit der Fülle der Anforderungen umzugehen haben. Deshalb sind Sie auf eine vernünftige Selbstregulation angewiesen.

Dazu können Sie auf das »Modell für die Selbstregulation von (Un-)Zufriedenheit« von Sieland[12] zurückgreifen, das sich auf drei Verhaltensdimensionen beschränkt und deshalb auch für psychologische Laien handhabbar ist. Die

---

11 Tietze, K.-O.: Kollegiale Beratung. Problemlösungen gemeinsam entwickeln. 3. Auflage, Reinbek, rororo 2008.
12 Sieland, B.: Mentale Modelle für gesundheitsbezogenes Handeln. In: Paulus, P., Brückner, G. (Hrsg.): Wege zu einer gesünderen Schule. Tübingen, dgvt 2000, S. 65 ff.

drei Dimensionen tragen symbolische Namen, die jeweils für die positiven Merkmale (oben) stehen. Am unteren Ende stehen die Gegenpole.

PROMETHEUS	BUDDHA	DIONYSOS
Leistung, Erfolg, Fortschritt	Werterfahrung, Besinnung, Askese	Lebensfreude, Genuss, Lust
++	++	++
+	+	+
o	o	o
–	–	–
–	–	–
Versagen, Frustration, Stillstand	Verarmung, Hektik, Sucht	Pessimismus, Ängste, Lethargie

Abb. 43: Modell für die Selbstregulation von (Un-)Zufriedenheit (Sieland)

Wichtig ist, alle drei Dimensionen zu berücksichtigen und in ihnen die persönlichen Erfahrungen zu sichern. Im Allgemeinen bevorzugen Menschen eine Dimension und werten eine andere, die sie damit für unvereinbar halten, ab. Das wiederum kann zu Spannungen zwischen Menschen mit unterschiedlichen Grundhaltungen und Lebensstilen führen (z.B. »Leistungshammel« contra »Vergnügungssüchtiger«). Dabei provoziert meistens der Kontakt mit der eigenen ungelebten (oder unterdrückten?) Dimension.

Das Modell zur Selbstregulation bietet Möglichkeiten zur Auseinandersetzung mit ungelebten Anteilen und der eigenen (Un-)Zufriedenheit, auch zum größeren Verständnis für andere Menschen und zur Sensibilisierung für einseitige Gewöhnungsprozesse und »Blinde Flecken« (vgl. Abschnitt 6.2).

☞ Tipp:

Stufen Sie sich vor dem Weiterlesen in den drei Säulen selbst ein, um zu erkennen, welcher Bereich bei Ihnen gut entwickelt ist oder eher vernachlässigt wird. Sie können anschließend schneller praktische Konsequenzen ziehen.

Zunächst wird ermittelt, wie man sich jeweils innerhalb der drei Säulen einstuft. Diese Selbstreflexion wird am besten durch ein Gespräch mit einer vertrauten Person ergänzt. Dabei können die folgenden Reflexionsfragen eine Hilfestellung bieten.

zu Prometheus

- Habe ich eine Zielvorstellung für mein privates und berufliches Leben entwickelt?
- Sind die Ziele eher zu hoch (ehrgeizig) oder zu niedrig gesteckt?
- Wo habe ich »objektive« Erfolge/Misserfolge zu verzeichnen? (Prüfungen, Bewerbungen, Beförderungen, Projekte, Vorhaben)
- Was bewerte ich »subjektiv« als Erfolge oder Fortschritte?
- Kann ich bei mir eine Entwicklung sehen? – Bin ich damit zufrieden?

zu Buddha

- Welche Wertvorstellungen, Grundsätze und Vorbilder habe ich?
- Wie vertrete ich diese Werte? (gar nicht/vorsichtig, offen/selbstbewusst, dogmatisch/missionarisch)
- Kann ich mit einem Vertrauensvorschuss für andere arbeiten?
- Für welche Werte bin ich bereit, etwas zu tun oder auf etwas zu verzichten?
- Wie gehe ich mit Suchtgefährdungen um? (Alkohol, Nikotin, Essen, TV oder Internet, Glücksspiel ...)

zu Dionysos

- Gehe ich mein Leben eher optimistischer oder pessimistischer an?
- Welche Momente erlebe ich als lustvoll und erfüllend, welche als öde oder bedrohend?
- Was kommt häufiger vor?
- Kann ich mir etwas gönnen und mich selbst belohnen?
- Kann ich fröhlich sein und damit ansteckend wirken?

In einem zweiten Schritt sollten Sie sich Ideen und Vorschläge vor Augen führen, um zur erfolgreichen Selbstregulation zu gelangen. Dabei sollten Sie die Maßnahmen auswählen, die zu Ihrer Person passen (Authentizität) und die Sie auch durchführen können (Praktikabilität).

PROMETHEUS	BUDDHA	DIONYSOS
Abschied von unrealistischen Erwartungen, Ziele tiefer hängen	Wertereflexion betreiben, sich neu besinnen	Positive Momente bewusst genießen
Zielreflexion betreiben	Commitments eingehen (Selbstverpflichtungen, z.B. für das Abnehmen)	Essen und Trinken stilvoll zelebrieren
Eigene Ansprüche »entrümpeln«	Konsumverhalten überprüfen und bewusst verzichten	Arbeitszeiten begrenzen
Erfolge nicht bagatellisieren		Feierabend/Wochenende von Arbeit frei halten
Misserfolge im anderen Licht sehen	Systematisch an Entspannung, Konzentration und Selbstbesinnung arbeiten (Yoga, Meditation, Fasten, Sauna, progressive Muskelentspannung usw.)	Freizeit und Urlaub gezielt und stressarm planen
Masterplan erstellen		Rituale pflegen
Supervision oder Coaching nutzen	Sport oder Gymnastik regelmäßig betreiben	Sich selbst Geschenke machen
	Gelassenheit einüben	

Abb. 44: Maßnahmen für eine erfolgreiche Selbstregulation

✐ Arbeitshilfe 6.4: Erhaltung Schulleiter-Gesundheit

Was kann ich zur Erhaltung meiner Schulleiter-Gesundheit tun?

Strukturelle Arbeitsplanung	• Denken in Entwicklungslandschaften • Mittelfristige Arbeits-/Vorhaben-Planung (z.B. Masterplan) • Arbeit nach ABC-Analyse oder Dringlichkeitsquadrat	
Entlastung durch Organisation	• Prozessbeschreibungen für Routinen • Delegation von Arbeiten nach Organisationsplan • Schulung der Führungskräfte in Projektmanagement • Postverteiler überarbeiten • Zeitmanagement einhalten • Wiedervorlage einrichten • Konflikt- und Beschwerdemanagement einrichten • Feedback- bzw. Blitzlichtrunde nach Sitzungen durchführen	
Präventive Maßnahmen	• Regelmäßige Pausen für Essen/Entspannen einplanen • Max. Tagesarbeitszeit festlegen • Überprüfung des Ernährungsverhaltens • Körperlicher Ausgleich (Bewegung, Sport, Yoga u.Ä.) • Psychische Entlastung (kollegiale Beratung, Gesprächspartner u.Ä.) • Gesundheitsplan (Vorsorgeuntersuchungen, Kur)	

© Lungershausen 2008

✐ Auf der CD-ROM finden Sie zum Kapitel 6 folgende Arbeitshilfen:

Stichwortverzeichnis

Arbeitshilfenverzeichnis

Autorenverzeichnis

Stefan Behlau
Lehrer für die Sekundarstufe I in den Fächern Deutsch und Geschichte; mittlerweile über fünf Jahre in der Schulleitung tätig, seit 2008 als Schulleiter der Konrad-Adenauer-Schule (Hauptschule) in Bad Honnef.

Sein Motto: »Stets das Beste hoffen, das Schlimmste kommt von ganz allein!«

(Kapitel: 3.1, 3.3, 3.4, 3.6, 5.2, 5.3, 5.7)

Harald Grieser
Leitete fast 20 Jahre die Ursula-Kuhr-Hauptschule in Köln-Heimersdorf. Sieben Jahre Erfahrung als Schulamtsdirektor des Schulamts Köln. Seit 2005 gibt er seine Erfahrung als SeniorExperte der Stiftung Partner für Schule NRW an Schulleitungen weiter.

Sein Motto: »Eine gute Schule ist eine geleitete Schule!«

(Kapitel: 3.5)

Barbara Horvay
Seit August 2009 Schulleiterin der Willy-Brandt-Gesamtschule in Köln. Begann ihre Laufbahn als Lehrerin für die Fächer Spanisch, Wirtschaft und Deutsch an zwei Berufskollegs im Raum Köln. Zwischendurch ca. sechs Jahre in Lima/Peru im Auftrag von CIM/GTZ tätig. Von 2004–2009 abgeordnet an die Bezirksregierung Köln u.a. als Fachberaterin für das Modellprojekt »Selbstständige Schule«.

Ihr Motto: »Wähle einen Beruf, den du liebst, und du brauchst keinen Tag in deinem Leben mehr zu arbeiten.« (Konfuzius)

(Kapitel: 1.1, 1.2, 1.3)

Dr. Helmut Lungershausen
Dipl.-Hdl., war 21 Jahre als Lehrer für Wirtschaft, Deutsch und Politik an einer berufsbildenden Schule in Northeim sowie bundesweit in der Lehrerfortbildung für Handelsberufe tätig. Er leitete 13 Jahre lang eine berufsbildende Schule in Hannover und nahm an der Ausbildung als Trainer für die Schulleitungsqualifikation teil. Über 120 Schulleiter wurden vom ihm für das neue Amt trainiert. Seit 2009 ist er als Trainer und Coach für Schulleitungen tätig. Er hat Fachbücher, Aufsätze und Cartoons veröffentlicht.

Sein Motto: »Mit einem Lächeln bewegen Sie mehr als nur ein paar Gesichtsmuskeln!«

(Kapitel: 2.1, 2.2, 2.3, 2.4, 2.5, 2.6, 3.2, 3.3, 3.4, 5.1, 5.2, 5.3, 5.4, 5.5, 6.1, 6.2, 6.3, 6.4)

Stefan Menzel
Schulleiter des St. Leonhard-Gymnasiums in Aachen seit dem 01.08.2010, vorher stellvertretender Schulleiter am Kreisgymnasium in Heinsberg. Ununterbrochen in Schulleitung oder mit Schulleitungsaufgaben betraut seit zehn Jahren, mit Erfahrungen aus unterschiedlichen Schulformen und Bundesländern.

Sein Motto: »Pragmatisch, ideenreich und heiter!«

(Kapitel: 1.4, 5.4, 5.6, 5.7)

Annette Messner
Blickt auf eine 30-jährige Erfahrung in der Schulleitung zurück, zunächst als zweite Konrektorin an einer Grundschule und seit 25 Jahren als Schulleiterin der zweizügigen Grundschule Horst in Garbsen. Sie war in der Lehrerfortbildung und der Schulleitungsbegleitfortbildung tätig und nahm an der Ausbildung als Trainerin für die Schulleitungsqualifizierung teil. In diesem Bereich war sie fünf Jahre lang bis 2009 aktiv.

Ihr Motto: »Miteinander Schule gestalten.«

(Kapitel: 6.2, 6.3, 6.4)

Christiane von Schachtmeyer
Schulleiterin des Gymnasiums Marienthal Hamburg, gelernte Lehrerin für Deutsch und Geschichte. Nach Abschluss des Referendariats fünf Jahre tätig in der Erwachsenenbildung. Seit 1995 im Hamburger Schuldienst, seit 2000 Schulleiterin des Gymnasiums Marienthal in Hamburg, bis 2009 im Schulleitungstandem, ab 2009 als alleinige Schulleiterin. Außerhalb der Schulleitungstätigkeit Engagement in der Schulleiterqualifizierung. Ihr großes Interesse liegt in der Unterrichtsentwicklung, v.a. für Ganztagsschulen.

Ihr Motto: »Führung ist Haltung!« Und: »Das Leben ist schön. Nicht, dass es so wäre, aber ich sehe es so.«

(Kapitel: 4.1, 4.2, 4.3, 4.4)

Literaturempfehlungen

Bartz, Adolf; Dammann, Maja; Huber, Stephan G.; Kloft, Carmen; Schreiner, Manfred (Hrsg.): PraxisWissen SchulLeitung. Basiswissen und Arbeitshilfen zu den zentralen Handlungsfeldern der Schulleitung. Köln, Carl Link (Loseblattwerk)

Beiler, Anke; Hafner, Verena (Red.): Meine Schule leiten. Management für pädagogische Führungskräfte. Stuttgart, Raabe (Loseblattwerk)

Bessoth, Richard; Brockmeyer, Rainer; Lohmann, Armin; Oechslein, Karin E.; Risse, Erika (Hrsg.): Pädagogische Führung. Zeitschrift für Schulleitung und Schulberatung. Köln, Carl Link

Buchen, Herbert; Rolff, Hans-Günter (Hrsg.): Professionswissen Schulleitung. 2. Auflage, Weinheim und Basel, Beltz 2009

Pfundtner, Raimund (Hrsg): Grundwissen Schulleitung I. Handbuch für das Schulmanagement, 2. Auflage, Köln, Carl Link 2010

Pfundtner, Raimund (Hrsg): Grundwissen Schulleitung II. Anregungen für die Praxis. Köln, LinkLuchterhand 2009

1. Den Amtsantritt bewusst gestalten

Rüttimann, Dieter; Hüppi, Hans-Martin: Erfolgreich kommunizieren. Regeln und Beispiele zur Gesprächsführung in der Schule. Köln, Carl Link 2011

Schulz von Thun: Miteinander reden: 1 Störungen und Klärungen, 2 Stile, Werte und Persönlichkeitsentwicklung, 3 Das »Innere Team« und situationsgerechte Kommunikation. Reinbek, rororo 2011

2. Die Schule als Entwicklungslandschaft verstehen

Horster, Leonhard: Changemanagement und Organisationsentwicklung, in: Buchen, Herbert; Rolff, Hans-Günter (Hrsg.): Professionswissen Schulleitung. 2. Auflage, Weinheim und Basel, Beltz 2009, S. 229 ff.

Hubrig, Christa; Herrmann, Peter: Lösungen in der Schule. Systemisches Denken in Unterricht, Beratung und Schulentwicklung. 3. Auflage, Heidelberg, Carl-Auer 2010

Peters-Kühlinger, Gabriele; John, Friedel: Taschenguide Soft Skills. 2. Auflage Stuttgart, Rudolf Haufe 2008

Rolff, Hans-Günter; Rhinow, Elisabeth; Röhrich, Theresa; Teichert, Jörg (Hrsg.): Qualität in allen Schulen. Handbuch für ein schulinternes Qualitätsmanagement. Köln, Carl Link 2011

3. Das Umfeld der Schule erkunden

Regenthal, Gerhard; Schütte, Jan: Öffentlichkeitsarbeit macht Schule. Ein praxisorientiertes Handbuch zur Umsetzung von PR an Schulen. Köln, Carl Link (Loseblattwerk)

4. Die Schule im Team und mit Netzwerken führen

Huber, Stephan (Hrsg.): Handbuch Führungskräfteentwicklung. Grundlagen und Handreichungen zur Qualifizierung und Personalentwicklung im Schulsystem. Köln, Carl Link 2011

Lohman, Armin; Minderop, Dorothea: Führungsverantwortung der Schulleitung. Handlungsstrategien für Schulentwicklung. 3. Auflage, Köln, Link-Luchterhand 2008

5. Die Leitungsarbeit in den Griff bekommen

Bartz, Adolf: Karriere im Lehrerzimmer. Personalmanagement für die Schulleitung. Köln, Carl Link 2011

Böhm, Thomas: Alles was Recht ist. Grundwissen Schulrecht für Schulleitungen. 2. Auflage, Köln, LinkLuchterhand 2009

Buhren, Claus G.; Kempfert, Guy: Fachkonferenzen für Fortgeschrittene. Bausteine zur Schulentwicklung, Köln, LinkLuchterhand 2010

6. Die eigene Person im Blick behalten

Deister, Winfried: Der 48-Stunden-Tag. Zeitmanagement für Schulleitungen. 2. Auflage, Köln, LinkLuchterhand 2009

Hatzelmann, Elmar; Held, Martin: Vom Zeitmanagement zur Zeitkompetenz. Das Übungsbuch für Berater, Trainer, Lehrer und alle, die ihre Zeitqualität erhöhen möchten. Weinheim und Basel, Beltz 2010

Paulus, Peter; Brückner, Gerhard (Hrsg.): Wege zu einer gesünderen Schule. Handlungsebenen – Handlungsfelder – Bewertungen. Tübingen, dgvt 2000.

Regenthal, Gerhard: Wie soll ich das alles nur schaffen? Schulleitungs-Coaching für die neuen Anforderungen. 2. Auflage, Köln, LinkLuchterhand 2008